高校德育成果文库

GaoXiao DeYu
ChengGuo WenKu

润心铸魂　立德树人
全国水利院校德育教育优秀成果选集

中国水利教育协会
浙江同济科技职业学院　编

光明日报出版社

图书在版编目（CIP）数据

润心铸魂　立德树人：全国水利院校德育教育优秀成果选集 / 中国水利教育协会，浙江同济科技职业学院编． -- 北京：光明日报出版社，2023.10
ISBN 978-7-5194-7550-5

Ⅰ．①润… Ⅱ．①中…②浙… Ⅲ．①水利系统—高等学校—德育工作—成果—汇编—中国 Ⅳ．①G641

中国国家版本馆 CIP 数据核字（2023）第 198159 号

润心铸魂　立德树人：全国水利院校德育教育优秀成果选集
RUNXIN ZHUHUN LIDE SHUREN：QUANGUO SHUILI YUANXIAO DEYU JIAOYU YOUXIU CHENGGUO XUANJI

编　　者：	中国水利教育协会　浙江同济科技职业学院	
责任编辑：	杜春荣	责任校对：房　蓉　乔宇佳
封面设计：	中联华文	责任印制：曹　净

出版发行：光明日报出版社
地　　址：北京市西城区永安路 106 号，100050
电　　话：010-63169890（咨询），010-63131930（邮购）
传　　真：010-63131930
网　　址：http://book.gmw.cn
E - mail：gmrbcbs@gmw.cn
法律顾问：北京市兰台律师事务所龚柳方律师
印　　刷：三河市华东印刷有限公司
装　　订：三河市华东印刷有限公司

本书如有破损、缺页、装订错误，请与本社联系调换，电话：010-63131930

开　　本：	170mm×240mm		
字　　数：	359 千字	印　　张：	20
版　　次：	2024 年 1 月第 1 版	印　　次：	2024 年 1 月第 1 次印刷
书　　号：	ISBN 978-7-5194-7550-5		
定　　价：	98.00 元		

版权所有　　翻印必究

编委会

主 任：张明俊

副主任：江 影　王韶华

编 委：童志明　吴宏平　林冬妹

主 编：江 影

副主编：吴宏平　吴敏启

编 辑：汪 骅　梁 莹　叶子薇　韩光耀　汤 超

前 言

党的十八大以来，以习近平同志为核心的党中央高度重视学校思想政治教育工作，党的二十大报告中强调，培养什么人、怎样培养人、为谁培养人是教育的根本问题。全国水利院校深入贯彻落实习近平新时代中国特色社会主义思想和党的二十大精神，牢记为党育人、为国育才的初心使命，坚持把立德树人作为教育的根本任务，将思想政治工作贯穿教育教学全过程，全面推进学校思想政治工作再上新台阶、展现新作为。

为全面贯彻党的教育方针，充分发挥课程、实践、文化、网络、心理、组织等方面的育人功能，交流共享具有示范性、引导性、推广性、可持续性的德育教育先进经验和典型做法，进一步推进水利院校"三全育人"的"大思政"工作格局纵深发展，现编辑出版《润心铸魂　立德树人——水利院校德育教育优秀成果选集》（以下简称《选集》）。

《选集》重点选取了2019年以来，在中国水利教育协会举办的第一届、第二届全国水利院校德育教育优秀成果评选活动中，获评一等奖、二等奖的共42篇优秀成果。这些德育教育优秀成果来自全国水利院校推荐（含本科、高职、中职），重点围绕课程育人、实践育人、文化育人、网络育人、心理育人、组织育人等基本类型，注重实践、实干、实绩，具有鲜明的特色性、优良的延续性、较好的实效性。这些成果是水利院校实施两年以上探索和实践的结晶，既有课程建设、教学改革典型，也有培养体系、育人模式，操作性强、涵盖面广，具有理论价值和实践意义。编印出版《选集》，旨在积极推广水利院校的创新方法和实践经验，提升立德树人育人实效，深入推进新时代水利院校思想政治和德育工作，为新阶段水利高质量发展培养高素质创新型人才！

目 录
CONTENTS

本科院校

支部引领　德育创新　强水兴农
——新时期突出农工交融的中国农业大学水利工程卓越人才实践培养体系建设 …… 1

可持续育教融合的实践育人新模式
——以河海大学土木水利类本科教学系列蓝皮书为辐射牵引的德育教育成果 …… 10

融合课堂联动资源扎根中国面向世界
——清华大学水利水电工程系构建多维度、全覆盖的社会实践育人体系 …… 17

以课程思政引领培养拔尖创新人才
——大连理工大学"水力学"课程思政一流课程建设与实践 …… 25

创新驱动水利科研育人体系建设清华大学
——清华大学"科研平台—学术论坛—导学思政"一体化高水平水利创新人才培养体系 …… 31

"专业实践+劳动实践+创新实践"
——河海大学农业水利工程专业实践育人体系建设的探索与实践 …… 38

高校思想政治理论课"三讲四联动"教学模式研究与实践
　　——华北水利水电大学思想政治理论课"三讲四联动"教学模式研究与实践 …………………………………………………………… 44

教工党员"双带头"全员育人"加油站"
　　——郑州大学水利科学与工程学院全员育人实践 ………… 50

以兵团精神为基石搭建边疆高校课程育人体系
　　——以石河子大学水利水电工程系农业水利工程专业为例 ………… 57

铸造有爱灵魂　培育向上生命
　　——河海大学"三爱"心理育人新模式实践与探索 ………… 67

倾心长江水利人　共筑华美中国梦
　　——武汉大学水利水电学院响应国家长江经济带相关战略实践育人系列活动 …………………………………………………………… 74

绿水青山间的追梦人
　　——浙江水利水电学院"河小二"大学生乡土实践育人工程 ………… 81

基于工匠精神和红色基因的水工钢筋混凝土结构课程思政建设
　　——大连理工大学基于工匠精神和红色基因的课程思政案例库建设与"5措互补"教学法研究 ………………………………………… 88

四轮驱动的课程思政协同育人范式
　　——立兴水报国之志　育厚宽高强之才 ………………………… 93

以水励人　润心铸魂
　　——西安理工大学水利水电学院组织育人视角下的"四位一体"研究生德育体系建设 ……………………………………………… 100

涵养水文化　培育新时代水利人才
　　——长沙理工大学水利与环境工程学院"三做三育"文化育人模式探索与实践 ……………………………………………………… 113

新时代边疆高校实践育人模式探索与应用
　　——以石河子大学水利建筑工程学院为例 ………………… 119

牢抓创新实践 水利创新育人
——南京信息工程大学开设水利创新实验班,强化水利教育科普,探索水利专业人才创新培养模式 ………… 126

职业院校

扬伟人精神 树厚德之人
——浙江同济科技职业学院创建"周恩来班""邓颖超班"伟人育人文化品牌建设 ………… 132

"工匠"铸魂 "三全"育人
——江西水利职业学院"1+4+2"思政育人模式探索与实践。…… 139

二十四节气暨农耕文化教育工程
——杨凌职业技术学院基于二十四节气暨农耕文化传承教育的实践研究 ………… 146

融合新时代水利精神的德育模式创新
——浙江同济科技职业学院"3234"德育教育模式研究与实践 …… 152

课程育人德技并修绘河山 教学有道铸魂育人攀高峰
——黄河水利职业技术学院"GNSS定位测量"课程建设 ………… 159

"三平台三维度三课堂"课程思政建设模式研究与实践
——山东水利职业学院围绕"三主"推进课程思政建设走深走实的基本做法与启示 ………… 168

上善若水 启智润心
——广东水利电力职业技术学院大思政育人模式的探索与实践 …… 178

HOPE育心工程建设
——广西水利电力职业技术学院积极心理健康教育体系的研究与实践 ………… 184

基于"校园大职场"下的水文化育人建设
——黄河水利职业技术学院文化育人的探索与实践 ………… 191

3

构建"基地+团队+项目"三元一体实践育人模式
　　——长江工程职业技术学院以关爱留守儿童为例探索实践育人新模式 ┈┈┈┈┈┈┈┈┈┈┈┈┈┈┈┈┈┈┈┈┈┈┈┈┈┈┈┈┈┈┈┈┈┈ 197

文化立魂　德育固根
　　——新疆水利水电学校校园文化建设优秀成果介绍 ┈┈┈┈ 203

构建水文化育人体系建设的探索与实践
　　——以重庆水利电力职业技术学院特色文化景观水文化长廊为例 ┈ 209

中国特色社会主义新时代背景下大学生宪法意识的培育
　　——山东水利职业学院宪法育人工作创新实践 ┈┈┈┈┈┈ 212

党员队伍进社区　结对共建促发展
　　——广东水利电力职业技术学院探索市政工程系党员志愿服务队进社区党建共建模式 ┈┈┈┈┈┈┈┈┈┈┈┈┈┈┈┈┈┈┈┈┈┈┈┈ 220

爱水利　学水电　兴水业
　　——湖北水利水电职业技术学院水电站运行与管理专业思政特色育人 ┈┈┈┈┈┈┈┈┈┈┈┈┈┈┈┈┈┈┈┈┈┈┈┈┈┈┈┈┈┈ 226

水文化"境—堂—戏"模式培养新时代水利职业精神的研究与实践
　　——以重庆水利电力职业技术学院为例 ┈┈┈┈┈┈┈┈┈ 240

"全覆盖"思想引领"一站式"管理创新
　　——安徽水利水电职业技术学院构建"双轮驱动"三全育人新模式 ┈┈┈┈┈┈┈┈┈┈┈┈┈┈┈┈┈┈┈┈┈┈┈┈┈┈┈┈┈┈ 250

三全育人特色，水利文化增活力
　　——以江西水利职业学院水生态文明类公益系列动画片《河小青历险记》为例 ┈┈┈┈┈┈┈┈┈┈┈┈┈┈┈┈┈┈┈┈┈┈┈┈┈┈┈┈ 264

创新德育模式　培养三江源基层水利人才
　　——杨凌职业技术学院民族学生"双主体、四融合、六育人"德育教育模式的创新与实践 ┈┈┈┈┈┈┈┈┈┈┈┈┈┈┈┈┈┈┈┈┈ 268

以水育人　筑梦青春
　　——湖北水利水电职业技术学院打造荆楚水文化"三融通"育人长效机制 ·················· 275

实施"正禾"工程，打造育人特色品牌
　　——杨凌职业技术学院深化立德树人的创新与实践 ·················· 280

水蕴匠心：办"思源"道德大讲堂建典型培育"微阵地"
　　——长江工程职业技术学院"依托讲堂树典型、涵养道德育新人"文化育人工作实践 ·················· 286

技工院校学生良好习惯养成研究
　　——黑龙江省水利学校德育教育的探索与思考 ·················· 292

"大思政"下中职劳动育人实践研究
　　——以湖南省水利水电建设工程学校为例 ·················· 298

本科院校

支部引领 德育创新 强水兴农
——新时期突出农工交融的中国农业大学水利工程卓越人才实践培养体系建设

王素芬,刘浏,牛俊,苏艳平,李云开

(中国农业大学 水利工程系)

摘要:"全国样板党支部"水利水电工程系教工党支部始终坚持以立德树人为根本任务,以服务党和国家重大战略为根本目标,引领全系教师不断创新教学方法,探索教育规律,增强思政育人实效,创建的水利工程卓越人才实践培养体系荣获2018年国家教学成果二等奖和2018年中国学位与研究生教育学会研究生教育成果特等奖。主要成果如下:突出农工交融和农业特色,创建了实践创新、素质培养及立志"三农"思政教育有机融合的"分层次、多模块、一体式"工程实践教育体系与"1+1+N"校外工程实践教育平台,创新了"五链环"野外综合实训平台与"四融合"人才培养模式,构建了"长藤结瓜"式实践教学主链,实现了全时程、不断线、融通式工程实践教育模式。

关键词:三全育人;立德树人;农工交融;水利工程;工程实践

一、成果背景

1. 支部引领、德育创新

水利水电工程系教工党支部坚持深入学习贯彻习近平新时代中国特色社会主义思想和党的十九大精神，按照新时代党的建设总要求，围绕"高质量党建引领高质量发展"的中心思想，积极推进新时代高校基层党建和教学科研工作双融合。聚焦"七个有力"建设目标（见图1），充分发挥党员模范带头作用和支部战斗堡垒作用，在稳步推进"全国党建工作样板党支部培育创建"的进程中，使党支部带动教师全员融入立德树人大格局，让"三全育人"落地生根，充分发挥"样板"具有的引领和辐射效应。为一流学科的建设、培养德智体美全面发展的社会主义建设者和接班人提供有力的组织保证。

图1 "七个有力"保障党建引领　立德树人

2. 工程实践、强水兴农

欧美发达国家一直将工程教育作为高等教育最重要的组成部分，我国已建成世界上最大规模的高等工程教育体系，但人才培养质量（知识、能力和素养等）有待提高，培养模式亟待改革创新。水利是农业的命脉，国际水利工程学科的发展方向逐步向水科学与水管理转变，农工交融和农业特色的水利工程学科具有良好的发展前景。农业院校水利工程类专业是将水利工程科技与现代农业交叉、融合，直接服务"三农"。然而，目前水利工程人才培养主要是采用清华大学、武汉大学、河海大学等典型工科学校模式，过分的趋同化已难以适应该类专业强复合、强交叉的特点，缺乏多样性和适应性；工农交融、农业特色考虑不足，有针对性的工程实践教育体系和平台匮乏。如何参考、落实工程教育专业认证和卓越工程师、卓越农林人才培养的标准要求，构建适宜的卓越人才实践培养体系是目前该类专业建设亟须解决的问题。作为全国农业院校水利工程学科的排头兵，理应在农业特色水利工程类专业卓越人才培养模式改革探索、创新应用等方面起到引领和示范作用。

二、主要做法

1. 新模式构建的总体思路

围绕现代农业发展和水利工程建设对卓越工程、农林人才的重大需求，瞄准农业院校水利工程类专业学生解决复杂工程问题能力不足、立志"三农"意志薄弱等问题，在对国内外先进工程教育思想和模式进行充分调研的基础上，将 Outcome Based Education（OBE）产出导向、学生中心、持续改进等发达国家高等工程教育先进理念与中国农业大学水利类专业人才培养实际相结合，通过"顶层设计、试点先行、逐步推进"，逐步建立具有国际实质等效、互认的农业院校水利工程卓越人才实践培养体系（见图2）。

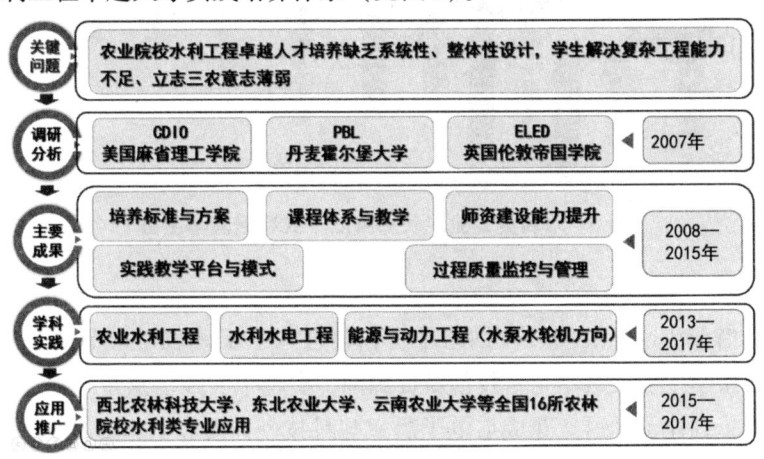

图 2　成果总体思路

2. 新模式构建

创建了适宜农业院校水利类专业的"分层次、多模块、一体式"工程实践教育体系，"1+1+N"校外实践教育平台，全时程、多循环教育模式，创新了虚拟仿真实验教学资源及方法，构建了一条贯穿四年、不断线的"长藤结瓜"式实践教学主链，大幅提升了学生科技创新能力、领导能力、伦理素质以及立志"三农"意志。

①建立了"分层次、多模块、一体式"工程实践教育体系及信息化管理网络。实践教育过程中强调"学思互馈，知行合一""学中思"与"思中学""学中做"与"做中学"。统筹考虑课程实验、实习实训、主题设计、科技创新、工程综合、社会实践六个实践教学基本元素特性与功能，按照教学内容的层次性、关联性、渐进性原则进行整体设计，合理布局、统筹规划，各专业设计形成一条"长藤结瓜"式实验教学主链（见图3），贯穿本科四年不断线，构成相互影响、相互衔接的工程实践教学课程体系。

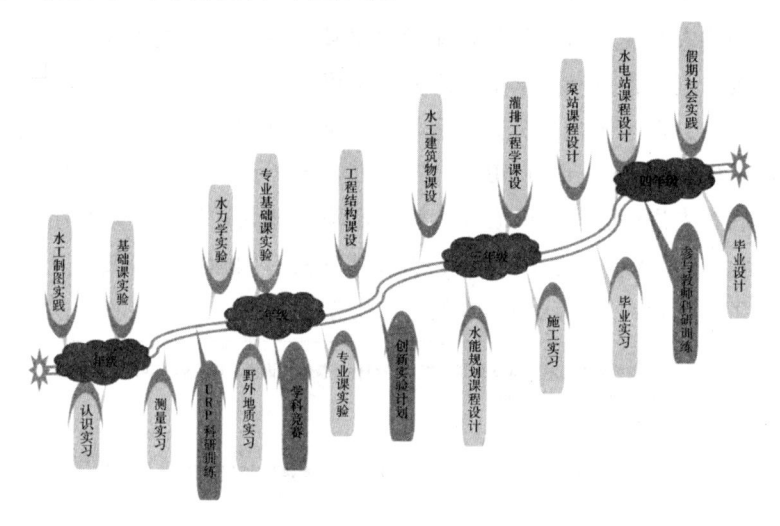

图3 水利类专业"长藤结瓜"式实践教学主链

充分借助快速发展的校园网络平台，整合六个实践教学环节的各项资源，组织开发了学生实践教学与科技创新资源网，实现了实践信息发布、过程记录、感想交流，创建了学科竞赛成果电子展室与科技创新发布的电子期刊《水利与土木工程》，建设了实践乐园、共享资源等互动板块，形成了大学生实践教学网，做到了信息有地方了解、过程有地方记录、感想有地方表达、成果有地方展示，有力地激发了学生的创新思维、学习兴趣，提升了学生分析表达、沟通协调及领导的能力。

②积极引入虚拟仿真实验教学技术，创建了虚实互补工程实践教育平台（见图4）。2015年，成立了水利与土木工程学院实践教育中心，进一步强化整

合、统筹协调了实验教学、科技创新计划、学科竞赛等实践教学环节管理。强化流体力学、土力学、热工、建筑材料、工程测量、工程地质、建筑结构等工程类、基础类实验室建设，建设了水利与土木工程北京市实验教学示范中心，研制了河湖渗滤大型土柱系统、智能式灌水器抗堵塞性能测试系统等新型装备11件。积极引入虚拟仿真实验教学技术，坚持以"虚实结合、相互补充、能实不虚"的基本原则，以"长时程实验短时化、大尺度实验微缩化、微观实验可视化、高难实验仿真化、危险实验安全化、工程系统综合化"为建设理念，开发了64项虚拟仿真实验教学资源，并已经成功应用于"水利工程施工""水力机械原理与设计""灌溉设备原理与设计"等课程教学。2015年，获批建设了水利与土木工程国家级虚拟仿真实验教学中心。

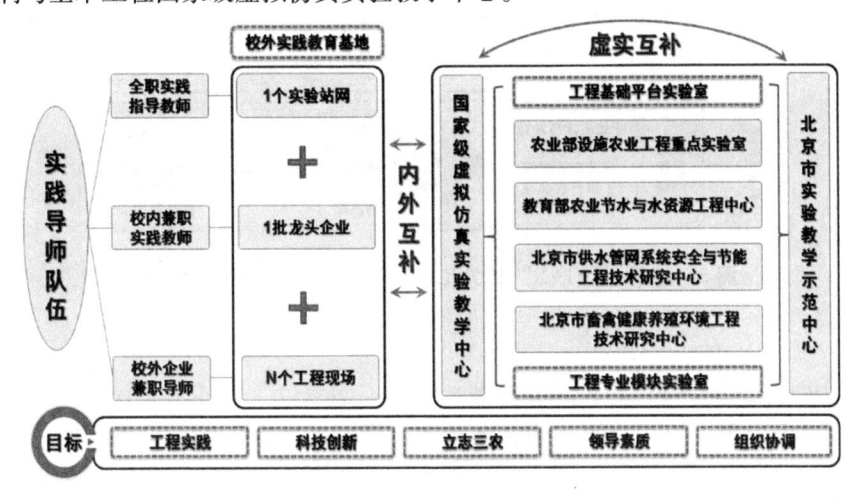

图4 工程实践教育平台

③构筑"1+1+N"校外实践基地与分阶段、融通式教育模式，实现学生创新智慧与立志"三农"思想、工程素质的全面提升。针对农业院校水利工程类专业特色，创建了"1+1+N"校外工程实践教育基地（见图5）："1"表示建设了一个实验站网，用于学生开展技术观摩、引进消化、创新研究与集成组装等工作，包括各类型实验站16个，覆盖全国11个水问题严重的省份；"1"表示遴选了以色列Netafim，中国甘肃大禹、内蒙古沐禾等一批龙头企业（6家为上市公司）作为工程实践教育基地；"N"表示选择若干个动态的工程施工与建后管理现场作为工程实践教育基地。

创建了"以卓越人才'实践—理论—再实践'全时程、多循环、不断线培养为主体，辅以不定期社会实践"的教育模式，依托基地实现本科阶段"认知实践—理论学习—综合实践"初级循环以及研究生阶段"入学前实践再锻炼—学校理论课程学习—研究分析解决问题"深度循环的融通式工程教育。并通过在基地开展主题党日活动等了解三农现状，本着"零距离、零门槛、零时差和零费用"的原则，鼓励学生积极参与基地的农民开放日、田间课堂等示范与培训，彻底改变了传统以实验室为主的实践方式。通过实践，激发学生专业兴趣，培养学生爱农、学农、知农的热情。

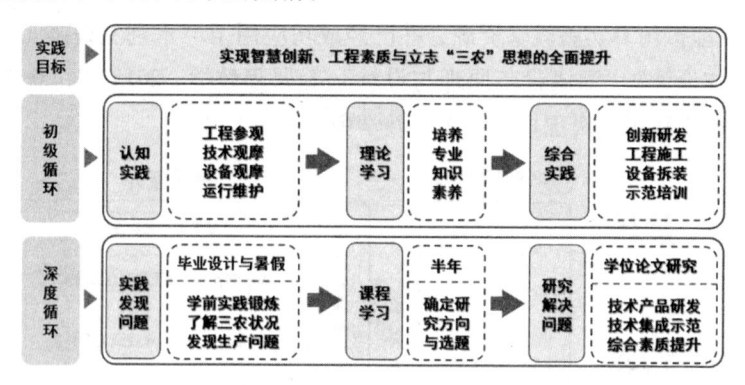

图5 基于"1+1+N"校外工程实践基地的多目标教育模式

④创建"五链环"野外综合实训平台与"四融合"人才培养模式，既能密切联系生产实际，又能在野外艰苦条件下占据国际学科前沿，培养具有较高综合素质的农业院校应用学科研究生。采用链环式布局、多功能融合和系统化设计的方法，在传统单一野外实验站或科技示范基地基础上，创建"五链环"一流野外综合实训平台（实验站—示范基地—田间学校—科技农户—德育基地），为在偏僻艰苦环境下培养能顶天立地的高素质人才提供了硬件支撑和示范样板；在单项实践创新能力培养的基础上，创新并实践了基于野外综合实训平台的"四融合"高素质人才培养的"8858"模式——科技创新与组织管理能力有机融合，瞄准国际学术前沿与服务中国大地能力有机融合，掌握多学科知识与系统解决复杂问题能力有机融合，精湛专业技能与家国情怀有机融合。该成果是新时代农业院校应用学科高层次人才培养重要的教育实践成果，为农业院校应用学科培养出既密切结合生产实际又具有国际化视野的高素质人才提供了有效途径和模式参考，为推动学科发展和解决西北旱区水问题做出了重要贡献，受到有关国家领导人的高度评价和社会的广泛关注。

⑤建立健全了多样化的工程实践各环节考核评价方法，有效解决了实践过

程管理、成果评价的难题。学院针对每门实践教学课程支持一定经费（3000元/班）用于强化考核，建立了多样化的实践教学评价和考核办法（见图6）。例如，毕业设计，分别在开题、中期、答辩的各个环节，每个专业各抽取2名同学进行公开报告，未抽中的同学将到场进行观摩，邀请具有丰富工程经验的校内外专家担任评委，主要目的是让学生全面了解毕业设计各环节究竟应该做些什么，做到什么地步，从评委的点评中认识到自己毕业设计中的不足和差距，吸取经验教训。

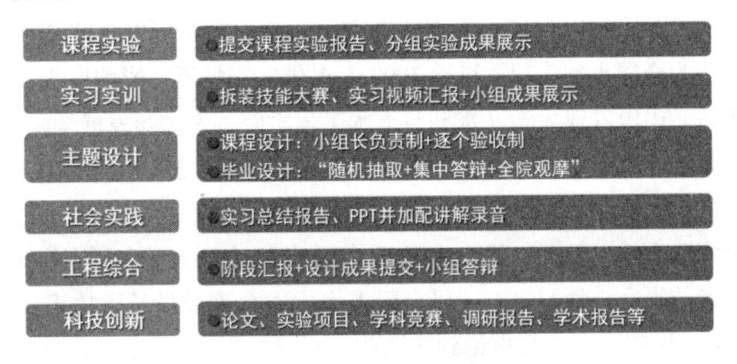

课程实验	提交课程实验报告、分组实验成果展示
实习实训	拆装技能大赛、实习视频汇报+小组成果展示
主题设计	课程设计：小组长负责制+逐个验收制 毕业设计："随机抽取+集中答辩+全院观摩"
社会实践	实习总结报告、PPT并加配讲解录音
工程综合	阶段汇报+设计成果提交+小组答辩
科技创新	论文、实验项目、学科竞赛、调研报告、学术报告等

图6 多样化的实践教学考核办法

三、成效与启示

中国农业大学创建并实践的水利工程卓越人才实践培养体系，以"学思互馈，知行合一"理念为指导，最大限度地满足了水利类专业"技术+产品+工程"的全方位实践教育要求。通过卓越人才"实践—理论—再实践"多循环、不断线培养，实现了实践创新与立志"三农"思想教育和素质培养的有机融合，建立健全了多样化的工程实践各环节考核评价方法，有效解决了实践过程管理、成果评价的难题，有力地保障了卓越人才工程实践教育质量与能力提升。其中，重点解决了农业院校水利工程卓越人才培养过程中工农交叉融合的复杂性，培养标准和方案的系统性、整体性设计不足，持续改进机制缺乏的问题；解决了工程与农业深度交叉、工程技术与非技术要素有机融合、行业院校学生通专平衡等多重需求协调的难题；解决了工程复杂与创新能力不足及立志服务"三农"意识薄弱等问题。

1. 实践教学体系与平台的建设成效显著，已面向多所农林院校水利类专业开放

学校水利类专业实践教学条件日趋完善，三个专业实验教学的仪器设备达

到3477台（套）、价值6629.34万元。2010年，获批了水利与土木工程北京市实验教学示范中心；2015年，获批建设了水利与土木工程国家级虚拟仿真实验教学中心（农业院校水利类第1个、全国水利类第3个），并逐步将先进的虚拟仿真技术用于实践教学过程，开发了42项虚拟仿真资源，其中，基础规范类实验13项、综合设计类实验18项、创新探索类实验11项；此外，获批软件著作权42项；武汉大学、河海大学、石河子大学、天津农学院、东北农大等高校来中国农业大学进行学习和交流，在国内产生了一定的影响。

建立的"1+1+N"校外工程实践教育平台已面向多所农林院校水利类专业开放，每年为全国水利工程学科近3000人提供实践场所，影响巨大。例如，石羊河实验站，中国农业大学（水利与土木工程学院、人文与发展学院、工学院、农学院、园艺学院、信息与电气工程学院、资源环境学院、生物学院等）、西北农林科技大学、清华大学、武汉大学、北京师范大学、兰州大学、北京林业大学、甘肃农业大学以及美、英、法等10余国的30余所大学和研究机构300余人次专家学者前来交流学习。十一届全国人大常委会副委员长蒋树声在考察实验站时指出，"搭建了一个从理论到实践相互促进的平台"。十二届全国人大常委会副委员长张宝文考察石羊河实验站并给予高度评价："为涉农高校的研究生培养创立了新模式。"中国工程院院士、原土木水利与建筑学部主任、清华大学水利水电工程系主任雷志栋教授在张宝忠、李思恩博士学位论文答辩会上很动情地发表了一段讲话："中国农业大学的博士生5年有4年、每年6—7个月坚持在石羊河实验站，依据大量的野外实测资料，不是仅在办公室的计算机上做研究，这是当今中国高校科研与人才培养的方向。""石羊河模式"先后被科技日报、中国科学报、中国水利报、英国兰卡斯特大学新闻网、甘肃日报、甘肃电视台、武威电视台、中华新闻网等媒体报道。

2. 学生专业基础、创新能力及综合素养得到明显提高，促进了继续深造与行业内高质量就业的协调发展

水利工程类专业学生参加创新计划、学科竞赛等科技创新活动已达到100%，学生参加各类学科竞赛获得各类奖励39项。其中，省部级特等奖6项、一等奖8项，尤其在全国水利创新设计大赛中已获得一等奖以上奖励8项。本科生纪晶晶、朱春焕分获美国国际大学生数学建模竞赛一等奖和二等奖。本科生侯鹏获得国家专利4项。本科生何玲艳利用流体力学知识完成了南水北调大型双吸泵流动分析和结构动力分析，为南水北调运行工况选择提供了科学依据。利用校外基地，将大学生科技创新项目、本科生毕业论文、暑期实践、研究生实地调研及科研训练与免试推荐研究生、选拔硕博连读生有机结合，实践教育

成效显著。2004届本科毕业生张宝忠和文章两位同学的博士学位论文分别荣获2011年度全国优秀博士学位论文、全国优秀博士学位论文提名奖。2008级汪晨霞、2009级邱让建、2010级王菲本科阶段提前进入实验站开展研究工作，硕士一年级均以第一作者发表了SCI论文。

近5年来，本专业深造率达到62.1%，62人前往美国康奈尔大学、中国清华大学等国内外大学攻读研究生；一次就业率都在98%以上，且85%以上的毕业生就业岗位是从事本专业技术工作，广受用人单位好评，如北京市水利水电规划设计院等就业单位均认为学生"用得上、留得住、后劲足"。正是因为毕业生的良好表现和专业声誉，著名的以色列Netafim公司，美国的Hunter、Toro、RainBird等公司，中国的东方润泽生态科技股份有限公司、北京禹冰水利勘测规划设计有限公司纷纷为专业学生设立奖学金，以吸纳更多优秀毕业生。

可持续育教融合的实践育人新模式
——以河海大学土木水利类本科教学系列蓝皮书为辐射牵引的德育教育成果

沈扬，刘云，潘静

（河海大学）

摘要：河海大学土木与交通学院以习近平新时代中国特色社会主义思想为指导，全面贯彻全国教育大会、新时代全国高等学校本科教育工作会议精神，全面落实立德树人根本任务，创新性地提出了以本科教学系列蓝皮书为辐射牵引的可持续育教融合的实践育人新模式。

通过统筹规划、顶层设计"四个系统"+"一个闭环"质量保障体系，全过程育人；育教融合，充分发挥"课堂主阵地"+"课外正能量"，全方位育人；创新实践，发扬"工匠精神"+"钉钉子精神"，全员育人；可持续发展，优质资源薪火传承，传承育人。2013年起，河海大学土木与交通学院完成了一套7部的《河海大学土木类本科教学系列蓝皮书》（150余万字），通过辐射全国土木水利类等相关专业，成为全国相关专业中首套供大学四年全教学环节使用的专业管理类丛书。以系列蓝皮书为辐射牵引，取得了显著的育人成效，目前已在全国31个省份253所高校（其中，"双一流"高校61所）中得到推广应用。

关键词：育教融合；蓝皮书；德育教育；实践育人

一、背景思路

河海大学土木与交通学院始终以习近平新时代中国特色社会主义思想为指导，深入贯彻落实全国教育大会、全国高校思想政治工作会议和新时代全国高校本科教育工作会议精神，把立德树人作为人才培养的根本任务，把育人的中心任务融入教育政策的顶层设计和具体执行，贯彻到教育教学各个环节，充分发挥实践育人功能；把理想信念教育、社会主义核心价值观教育贯穿实践育人，深入推进全员、全过程、全方位育人,培养具有"中国灵魂、全球视野、河海特质"的一流人才。

秉承"以生为本、教学相长"的教学理念,以土木类本科教学系列蓝皮书为引航,将第一课堂与第二课堂结合,理论与实践结合,实现教育教学深度融合,形成具有可示范、可引领、可辐射的可持续育教融合实践育人新模式,并在全校土木水利类专业中得到推广。

二、主要做法

1. 统筹规划——"四个系统"+"一个闭环"质量保障体系,全过程育人

构建由"四个系统"和"一个闭环"组成的土木类专业本科教学质量保障体系(见图1),确保实践环节高效、有序运作。由教学工作委员会和专业建设工作组制定专业及课程建设、实践实习等各教学环节的质量标准,形成质量目标子系统,以"为谁培养人、培养什么人、怎样培养人"作为所有评价标准的制定依据;从教材的选用、班导师的管理、导师制的实施、实习实践教学的运行等教学管理的各个环节明确标准机制,责任落实到人,保证教学管理子系统平稳运行;在监督、评估、奖惩、评优等环节突出师德垂范、为人师表的指标权重,使监控评价子系统能够有效提升教师课堂内外的思政水平;通过在校生、毕业生对实践育人的意见反馈,用人单位对人才需要的实时建议,定期研讨,保障反馈改进子系统的功能得到有效发挥,促成常态化、融入化的实践育人资源协同机制。

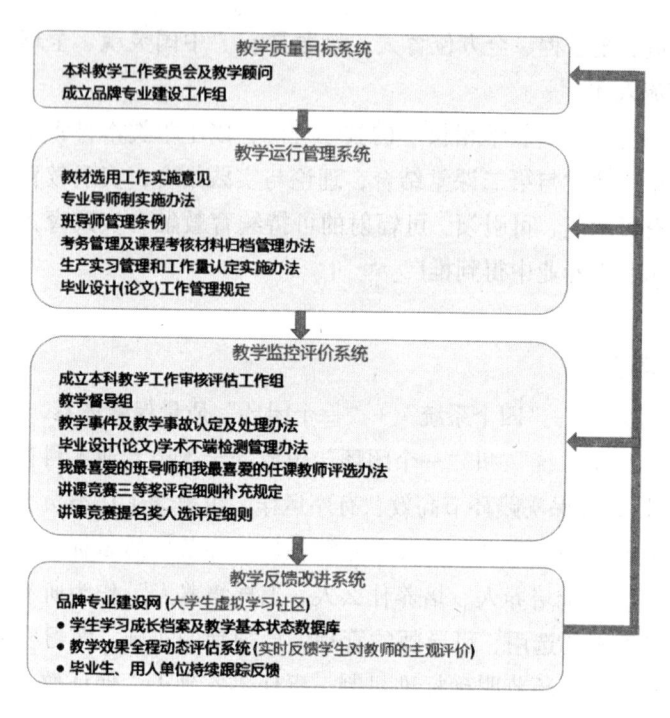

```
┌─────────────────────────────┐
│      教学质量目标系统        │
│  本科教学工作委员会及教学顾问│
│  成立品牌专业建设工作组      │
└─────────────────────────────┘
┌─────────────────────────────┐
│      教学运行管理系统        │
│  教材选用工作实施意见        │
│  专业导师制实施办法          │
│  班导师管理条例              │
│  考务管理及课程考核材料归档管理办法 │
│  生产实习管理和工作量认定实施办法 │
│  毕业设计(论文)工作管理规定  │
└─────────────────────────────┘
┌─────────────────────────────┐
│      教学监控评价系统        │
│  成立本科教学工作审核评估工作组 │
│  教学督导组                  │
│  教学事件及教学事故认定及处理办法 │
│  毕业设计(论文)学术不端检测管理办法 │
│  我最喜爱的班导师和我最喜爱的任课教师评选办法 │
│  讲课竞赛三等奖评定细则补充规定 │
│  讲课竞赛提名奖人选评定细则  │
└─────────────────────────────┘
┌─────────────────────────────┐
│      教学反馈改进系统        │
│  品牌专业建设网(大学生虚拟学习社区) │
│  • 学生学习成长档案及教学基本状态数据库 │
│  • 教学效果全程动态评估系统(实时反馈学生对教师的主观评价) │
│  • 毕业生、用人单位持续跟踪反馈 │
└─────────────────────────────┘
```

图 1 本科教学质量保障体系示例

2. 育教融合——"课堂主阵地"+"课外正能量"，全方位育人

（1）课堂主阵地

依托国家级一流课程、国家级课程思政示范课程、国家级精品资源共享课、国家级规划教材、省重点教材等一批已有优质教学资源，打造五类金课（线上金课、线下金课、线上线下混合式金课、虚拟仿真金课、社会实践金课），培养具有责任感、探索创新精神、解决问题实践能力的适应新行业产业形态的土木类卓越工程人才，引导学生认同通过对国家基础设施建设而走上强国道路的观念，从而激发其产生更多的社会责任感和家国情怀。

（2）课外正能量

在课堂上"春风化雨、润物无声"，通过师生互动实现育教融合。在课外，利用土木大讲堂、微讲堂、社会实践、创客空间、ASCE-ISG 河海分会及虚拟学习社区等虚实结合的创新实践平台作为第二课堂载体，以"正心塑魂强能力，明职定责促担当"为宗旨，一方面服务社会，另一方面锻炼学生。

3. 创新实践——"工匠精神"+"钉钉子精神",全员育人

(1) "工匠精神"

以学生为主体,设计"启迪挖掘""观摩辅导""选拔攻坚""教练顾问"四阶段实践培育模式(见图2),促成贯穿大学四年的创新人才"成长输血"与"反哺造血"良性循环。

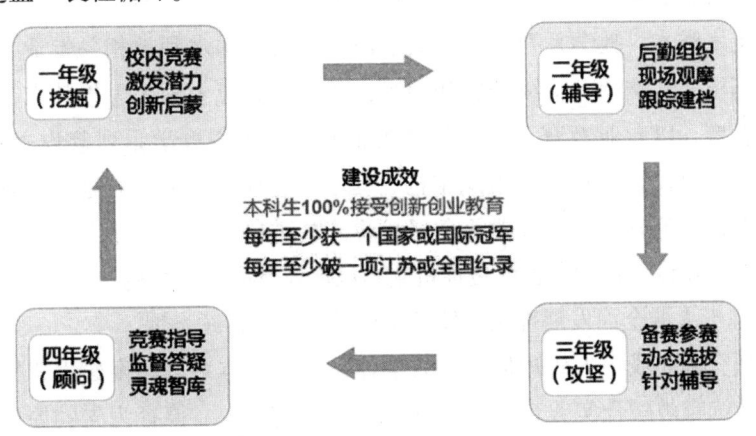

图 2 薪火传承式创新育人

培养学生不断提高自主精神、创新精神和创造能力;配备"创训+育人"导师,实现本科生全员、全过程创新素质薪火传承式培养,发扬朋辈间艰苦奋斗、团结互助精神。在创新实践育人过程中,传递河海声音,讲好中国故事。

(2) "钉钉子精神"

依托土木新型校企双导师制,以"干工作、抓落实,最重要见成效"的"钉钉子精神",通过强化层进式、重基础的整体教学体系建设和推动协进式、重实效的个性指导管理模式培育研究生储备人才。在导师制的实施过程中,以国家级、省级、校级大学生创新创业训练计划项目为科研平台,结合导师的研究课题使本科生提前进课题组。制定《河海大学土木与交通学院本科生专业导师制》《土木与交通学院大学生参加创训和学科竞赛培育体制及实施办法》《土木与交通学院关于加强基层教学组织建设的指导意见》等管理制度,明确岗位育人职责和评价考核标准,加强督导考核,确保力度和韧劲,把实践育人贯穿人才培养全过程,推动各项改革任务真正落到实处。

4. 可持续发展——优质资源代代传承

针对新进青年教师、群体青年教师和骨干青年教师三类师资主力,以"与工程实际相结合、与前沿热点相结合、与科研成果相结合"为创新实践课堂评

价标准，分别配备教学帮扶、研讨升级和名师成长三类教学质量提升方案，引导广大教师热爱教学、潜心育人，营造重视实践、投身实践、奉献实践的良好氛围，推进优质师资力量不断传承。

三、特色创新

以土木类本科教学系列蓝皮书为引航，辐射土木水利类相关专业，形成实践育人新模式。秉承可持续发展新理念，遵循新时代大学生思想特点，融入思想政治教育，以专业教育、创新教育为中心，以本科教学系列蓝皮书为基础，系统、规范地设置教育教学组织结构、程序、过程、资源，构建本科教学质量保障体系，规范教学实践管理的全部活动，做到有章可循、有"法"可依，形成主体自主建设、自我完善的良性机制，该模式具有以下特色。

1. 基于人的全面发展理论，使学生成长成才可持续发展

不断完善实践育人管理体系、教学体系、评价体系等制度建设，构建了新时代可持续育教融合实践育人新模式。坚持以人为本、德育为先的原则，以理想信念和励志厉行为重点加强学生思想引导；通过构建"四个系统"+"一个闭环"的本科教学质量保障体系、"课堂主阵地"+"课外正能量"的育教融合模式、"工匠精神"+"钉钉子精神"的创新实践育人机制，实现全员、全过程、全方位的实践育人。

2. 基于师生成长的共同体理论，使实践育人模式可持续发展

充分认识新时代、新思想、新发展对学生创新与实践能力提出的新挑战，重视实践活动对青年学生思想观念的锤炼以及人格养成的重要作用，构建创新实践育人共同体，促进师生共同发展，互为主体，相互影响，相互促进，共同成长，用科学的实践育人理念培养学生的团队协作意识与创新创造精神，促进教师队伍素质提升，增强教师的责任感、成就感和自豪感。

四、工作成效

1. 教学研究与实践成果

质保体系载体《河海大学土木类本科教学系列蓝皮书》获2019年江苏省高等教育科学研究成果特等奖，以此为主要支撑，河海大学土木专业主持获2021年江苏省教学成果特等奖。

土木专业经过多年建设，新增全国黄大年式教师团队1支，牵头教育部首批虚拟教研室建设点"土木工程课程群虚拟教研室"。入选国家级一流课程、国

家级课程思政示范课程、国家级精品资源共享课近20门；入选国家首届教材奖1部、国家精品教材奖1部，获立项国省级教材近30部。另有教师获宝钢教育基金优秀教师特等奖、霍英东全国高校青年教师一等奖、全国高校青年教师教学竞赛一等奖、全国三八红旗手、江苏省五一劳动奖章、江苏青年五四奖章、全国（首批）创新创业导师、江苏省青蓝工程优秀教学团队、江苏省高校优秀基层教学组织、江苏省高校辅导员年度人物等代表性人才计划或荣誉。

2. 人才培养成效显著

（1）锤炼品德修为，担当时代责任

第一课堂与第二课堂结合，理论与实践结合，培养学生较强的责任感和职业道德以及吃苦耐劳的品质。涌现出"全国土木工程学会优秀毕业生奖""全国水利优秀毕业生""全国水利院校十佳未来水利之星"等一批代表性育人成果和先进典型。

（2）参与创新实践，增强综合能力

近年来，我校土木专业本科生获国际、国家级学科竞赛奖励260多项（一等奖及以上占43%）。在被誉为"国际土木类专业大学生学科竞赛的奥林匹克"的美国、加拿大国际顶级土木工程竞赛中，我校与加州大学伯克利分校、伊利诺伊大学香槟分校、多伦多大学、同济大学、浙江大学、东南大学等土木名校同场竞技，斩获以美国大学生土木工程竞赛可持续赛总决赛冠军、加拿大全国大学生土木工程竞赛钢桥总决赛综合亚军、美国全美大学生岩土工程挡土墙赛亚军为代表的冠、亚、季军22项，唱响河海声音，讲好中国故事。在土木类全国赛场中，我校土木专业本科生在中国土木专业大学生唯一最高赛事"全国大学生结构设计竞赛"中获特等奖（冠军）；在中国土木专业大学生高水平赛事"全国大学生岩土工程竞赛"中获一等奖（冠军）；在"全国土木工程本科生优秀创新实践成果竞赛"中获特等奖2项（其中，冠军1项）、一等奖8项；在中国土木、交通专业大学生高水平赛事"全国茅以升公益桥——小桥工程创新比赛"中三届蝉联一等奖。

（3）学生培养质优，用人单位满意

近三年调研了黄河水利委员会、长江水利委员会、中建三局、中交三航局、中铁四局、上海建工等用人单位，用人单位对我校毕业生总体评价较高。其中，54.55%的用人单位认为河海大学土木专业毕业生优秀，超出人才引进预期。用人单位对河海大学毕业生满意度较高的知识是现代科技基础知识（92.47%），其次是社会人文知识（86.76%）和跨学科专业知识（83.42%）。用人单位对河海大学土木专业毕业生满意度较高的职业能力是动手操作能力（90.96%），其次是科学思维能力（89.24%）和应用分析能力（87.73%）。用人单位对河海大学土木专业毕业生满意度较高的职业素养是做事方式、情感与价值观（均为93.65%），其次是个人品质（92.36%）和自我管理（86.22%）。

五、辐射推广

《河海大学土木类本科教学系列蓝皮书》是河海大学土木与交通学院师生历经10年不断改进并完善的可持续质保体系载体，包括《本科教学全程导引》《专业课程教学设计示例》《学科竞赛攻略手册》《基础课程攻略词典》《专业课程攻略词典》《教学教务工作实用手册》《专业型学团组织工作指导书》等一套7部涵盖培养方案的全面剖析和引导教师教书育人、学生基础及专业课程学习、学院成套管理机制举措、学生创新实践活动、学团组织工作等方方面面内容的可持续专业课程地图。

系列蓝皮书辐射推广至全校水利类所有专业，并在南京大学、同济大学、哈尔滨工业大学、东南大学、中南大学、天津大学、武汉大学、重庆大学等全国31个省份253所高校13个学科门类下的专业中得到推广借鉴，具有显著的示范和辐射作用。2020年，时任教育部副部长的钟登华、高等教育司司长的吴岩等领导现场检阅丛书，指示将其作为质保构建典型成果寄往教育部。

融合课堂联动资源扎根中国面向世界
——清华大学水利水电工程系构建多维度、全覆盖的社会实践育人体系

朱德军,张饶,王睿,杨大文,张建民

(清华大学 水利水电工程系)

摘要:在全面深化教育教学改革的过程中,清华大学水利水电工程系积极响应习近平总书记希望青年"面向实际,深入实践"的号召,将"实践育人"贯穿人才培养始终。从老一辈水利人"真刀真枪做毕业设计",到新时代水利人知行合一、深入一线,社会实践已成为我系育人体系的关键环节。融合一、二课堂,扎根祖国大地,拓展全球视野,我们构建起一套多维度、全覆盖的社会实践育人体系。近年来,系内同学参与社会实践的热情高涨,实践育人成效显著,涌现出一大批优秀人才和品牌实践项目。社会实践给同学提供了解中国、认识世界的机会,赋予他们扎根祖国、改变世界的勇气,培养他们成为肩负使命、追求卓越的新时代拔尖人才。

关键词:实践育人;课堂融合;全球视野;成效显著

社会实践是青年认识国情民意的重要途径,是高校实现立德树人的重要手段,是党和国家培养社会主义建设者与接班人的重要载体。习近平总书记在与北大师生交流座谈会上提出了"爱国、励志、求真、力行"的要求,希望广大青年"面向实际,深入实践",再次强调了"知行合一,做实干家"的重要意义。在全面深化教育教学改革过程中,清华将"完善实践育人模式"列为重要举措,"实践育人"已成为清华大学水利水电工程系教育教学体系中不可或缺的关键环节。多年来,清华大学水利水电工程系一直站在人才培养和学科创新的战略高度充分重视学生社会实践工作。从老一辈水利人奋战密云,真刀真枪做设计,到新时代水利人扎根祖国大地,深入行业勤探索,面向未来拓展海外视野,走向世界看中国,水利水电工程系将实践育人的理念贯穿人才培养始终。

一批批学子在实践中坚定远大理想，增长知识才干，成长为勇立时代潮头的中流砥柱。

而今，青年获取信息渠道多元，个人发展选择广泛，但与此同时也要面对信息碎片化、知识快餐化带来的影响。为使学生真正沉下心性感悟时代，知行相流脚踏实地，水利水电工程系以社会实践为枢纽，集中发力推进改革，撬动内外资源，联动第一课堂，扎根中国大地，拓展海外视野，形成了一套有广度、有深度、有力度的实践育人体系。

一、融合一、二课堂，深挖实践育人功效，构建全覆盖、多维度工作体系

脚踏实地深入一线，知行合一重视实践是水利学科的内在要求，也是代代相传的精神财富，更是水利学科转型期间的迫切需要。近年来，水利水电工程系持续加强对实践育人的重视程度、顶层设计和保障力度，规划构建了一套以"培养同学家国情怀、国际视野、专业素养、坚定信念"为目标，以"项目带动、教师参与、基地支持"为保障，全覆盖、多维度的实践育人体系。

联结第一课堂，推动教师参与，盘活各方资源，教学相映相长。2014年起，水利水电工程系将大一学生暑期社会实践纳入"认识实习"，设为2学分的必修专业认知课程，至此水利水电工程系本科生培养方案中包括了"认识实习""测量实习""地质实习""生产实习"四门专业实践类课程。自此以后，本科生社会实践不仅是学生组织开展的"课外活动"，而且成了院系人才培养环节中的必然要求。"认识实习与社会实践"课程设立专人负责组织协调，要求院系领导班子与各年级班主任直接参与到开题立项、对外联络、资源保障、结题考核等环节中，鼓励一线教师结合学术研究为学生提供选题建议和具体指导，要求学生将实践与第一课堂学习深度结合。这一举措有效提高了学生的参与热情，有力保障了院系的投入力度，进一步提升了社会实践的水准质量，实现了支队指导教师的全覆盖，搭建了师生互动的平台。近年来，水利水电工程系实践项目中产生了诸如华北地区水资源短缺、甘肃石羊河流域生态修复、深圳海绵城市建设效益、无锡智慧水利建设等既紧密结合国家社会发展需求又符合水利专业背景的社会实践话题。学生结合专业课程，系统学习学科历史、现状与前沿知识，锻炼了自身发现问题、思考问题的能力。而来自一线的实践成果也在一定程度上为教师的课题研究提供了参考建议，师生之间实现了教学相长的良性互动。

项目前延后拓，打造完整体系，创新工作方法，提升实践质量。我们始终认为，社会实践不应仅满足于一次性、体验式走马观花。唯有通过育人者精心设计的系统工作和参与者层层递进的持续深耕，才能真正实现学生"受教育、

长才干、做贡献"的目标。经过多年探索尝试，水利水电工程系凭借院系实践氛围浓郁的已有优势，将社会实践和思想教育、党建与集体建设、教学计划、服务社会、事业选择和职业规划相结合，构建出具有水利特色的社会实践体系。

表1 清华大学水利水电工程系学生社会实践工作体系

时间	实践主题	参与主体	实践目标
大一寒暑假	专业认知初探	大一学生	增进学生对专业、行业的了解，为大一暑期实践培养、选拔支队骨干
	"涌浪计划"班团骨干实践	大一骨干	提升班团骨干综合素质，促进集体建设
	专业认知必修实践	大一学生	增进对专业、行业的了解，培养调查研究的基本能力与脚踏实地的家国情怀，"受教育、长才干"
本科高年级寒暑假	长期性、学术性专业实践	高年级学生	通过必修实践孵化出的品牌项目，锻炼学生深入调查研究、解决问题的能力，产出一定科研成果，争取"做贡献"
	党建主题实践	党课小组/党支部	加深对社会问题的认识，坚定服务国家人民的信念
	自选类型实践	高年级学生	学生根据自身兴趣自选主题，围绕热点话题、热点领域拓宽视野，提升综合素质
	海外实践/实习	高年级学生	了解行业国际前沿，把握"一带一路"建设动态，开拓同学国际视野，增强国际胜任力，提振自信，调动激发学生"走出去"的热情与勇气
研究生寒暑假	研究生就业实践	研究生	深入单位一线，实地参与基地工作，锻炼提高综合素质，为就业求职积累经验
学期中实践	行业调研/就业认知	本研学生	综合调动系友"生涯导师"、合作企业等资源，走访企业、政府、科研单位，了解行业发展现状、前景及对人才的需求，引导同学"入主流、上大舞台"

在多年的坚持推动下，"大一进行专业认知，大二参与行业调研，大三引领品牌项目，大四和研究生指导实践"的寒暑假实践模式格局已经形成，环环相扣、层层递进的实践教学环节充分利用假期时间，有节奏、有深度地实现了学生综合素质的锻炼提升，同时充分调动系友、对口企业等资源，积极开展学期中短时高效的行业认知实践。伴随院系实践体量的增加，组织工作的开展也面

19

临着新的挑战。经过近 5 年的摸索，水利水电工程系在各个年级培养、储备了一大批热情高、能力强、经验足的实践骨干，并通过他们孵化了一批有特色、有水平、可持续的品牌项目团队。院系成为资源平台的提供者，系内"自生长""自运行""传帮带"的良性实践生态不断发展壮大。

二、主动争取资源支持，创建海外实践平台，培养国际领军人才

水利水电工程系的人才培养始终与国家、民族需要紧密结合。伴随我国综合实力的提升以及全球化的推进，中国已越来越多地参与到全球事务、国际合作中，急需一批"扎根中国，了解世界"的新型人才。在新时代背景下，水利水电工程系将"开拓同学国际视野，提升同学全球胜任力"列为重要的人才培养目标，集全系之力推进海外实践项目。

开拓盘活内外资源，搭建海外实践平台。"推进海外实践"的目标确立后，水利水电工程系通过系务会、班主任辅导员联席会、系领导接待日等平台统一思想、充分动员，迅速取得了师生的广泛支持。5 年内，院系划拨不少于 300 万元作为支持本科生海外实践的专项经费，提供资金保障；动员全体教职员工整合自身海外资源，为支队主题选择、对外联络提供直接帮助；选派中青年骨干教师随队出访，近距离指导实践、保障安全。在充分调动系内、校内资源的基础上，院系师生积极向外寻求支持、建立网络。2017 年以来，水利水电工程系先后与三峡集团及其下属的中国水利电力对外有限公司、墨尔本大学、澳洲国立大学、马来西亚理科大学、亚洲理工学院、亚洲开发银行等跨国企业、海外高校、国际组织建立了合作关系。短短两年时间里，水利水电工程系先行先试，勇于开拓，社会实践的广度大大提升，海外实践网络已经激活运转。

精心设计项目环节，切实增强学生能力。较之国内实践，海外实践成本更高，风险更大，工作更复杂。在组织者、参与者经验相对不足的情况下，很容易浮于表面、流于形式。在重重挑战下，水利水电工程系在项目启动之初就立下了高标准、严要求的目标，在探索中不断拓展提升实践项目的广度与深度。

表2　2018 年、2019 年清华大学水利水电工程系支持海外社会实践参与情况

时间	参与人数/人	前往国家
2018 年寒假	31	日本、老挝、马来西亚
2018 年暑假	66	美国、厄瓜多尔、乌干达、老挝、马来西亚、泰国

续表

时间	参与人数/人	前往国家
2019年寒假	26	日本、老挝、马来西亚
2019年暑假	57	以色列、厄瓜多尔、澳大利亚、老挝、秘鲁、几内亚

开展海外实践至今，水利水电工程系每学年可将近百名本科生（每个年级约80名）送出海外，每名本科生在大学期间均具有至少一次的出境实践机会，且出行过程中均有院系科研一线教师带队。"在发达国家了解水利行业尖端前沿、在'一带一路'沿线认识中国企业'走出去'的机遇与挑战、在国际高校进行学术访问与交流"的多元实践结构逐渐成形。海外实践引导学生"正确认识中国特色和国际比较，全面客观认识当代中国、看待外部世界"，显著提升了学生跨文化沟通交流的能力与信心，实现了多维度、深层次的国际化人才培养目标。参与其中的学生们充分认识到了中国经济的全球影响力与中国水利、基建行业的全球领先地位，牢固树立了"四个自信"。在院系"敢拼敢闯"的氛围激励下，年均有20余位本研学生通过其他校级实践项目迈出国门。"到海外去"已从少数先行者的选择逐渐成了水利人的"标配"。

三、引领成才报国，练就过硬本领，实践育人成效显著

在全体师生的共同努力下，水利水电工程系扎实推进社会实践工作，引导学生"扎根中国，放眼世界"，树立"四个正确认识"，取得了一系列突出的育人成效。

实践热情持续提升，品牌项目不断涌现。若想耕植良材，须先孕育土壤。学生的积极参与是做好实践工作、实现育人目标的基本保障。清华大学水利水电工程系本科生人数规模不大，总共约有300名。2015年以前，每年约有80名本科生参与暑期实践，尚无成形支队参与寒假实践。从2016—2019年寒暑假社会实践情况来看，国内实践稳步参与规模在200人次以上，海外实践人数自2018年起出现大幅增加（2019年，系内有139名学生在暑假参与国庆庆典游行等活动筹备，实践规模略有缩小）。院系对实践工作的重视与投入在学生的参与情况上得到了直观反馈。

在系内师生的共同努力下，水利实践涌现出一批以"水权水价改革""海绵城市建设""河长制"等项目为代表的品牌支队，在校内外的实践评比中屡获佳绩。成绩的背后，是学生们在实践中真正受教育、长才干的体现，是水利实践发挥出社会影响力、学术影响力和政策影响力的体现。

表3　清华大学水利水电工程系2016—2019年学生社会实践荣誉一览表

奖项	获奖支队/个人
中国农村研究院"农村调查研究一等奖"	"河山入梦"灌溉管理体制改革支队（2016年）
清华大学社会实践金奖支队（每年全校共13支）	"河山入梦"灌溉管理体制改革支队（2016年） "海晏河清"河长制调研支队（2017年） "兴水之利"暑期海外实践支队（2018年） 达曼主题调研支队（2018年） "兴水之利"赴三国调研水利行业发展支队（2019年）
清华大学社会实践银奖支队（每年全校共26支）	"邂逅海绵"调研海绵城市建设支队（2016年） 赴舟山调研填海造陆支队（2017年） "行水问路"水利水电工程系行业调研支队（2017年） "使命四十年"石羊河流域生态修复调研支队（2018年） "问川兴"汶川地震十周年防灾减灾调研支队（2018年） "行益西南"留守儿童体育活动体系构建与防性侵教育支队（2018年） "探江源"赴青海三江源地区调研生态移民支队（2018年） "爱随行"赴广西玉林支教支队（2019年）
清华大学社会实践铜奖支队（每年全校共39支）	赴洞庭湖调研洞庭湖生态修复支队（2016年） 长江江豚生存现状调研及保护宣传支队（2017年） "远方的家"库区移民调研支队（2017年） "使命四十年"海晏河清河长制调研支队（2018年） "乡遇太湖"农村水污染治理调研支队（2019年） "智水浚源"赴太湖、抚河智慧水利实践支队（2019年）
北京大学生暑期实践百强支队	"邂逅海绵"调研海绵城市建设支队（2016年）
"青年中国行"2018年暑期大学生社会调研实践活动全国百强团队	"使命四十年"石羊河流域生态修复调研支队（2018年）
清华大学社会实践金奖个人（每年全校共10人）	刘中祥（2016年） 崔世博（2018年） 胡诗若（2019年）

续表

奖项	获奖支队/个人
"青年服务国家首都大中专学生社会实践先进个人"	崔世博（2017年、2018年）
清华大学社会实践年会金牌分会	水利水电工程系

发挥实践迁移价值，培育多元卓越人才。借助社会实践这一有效载体，水利水电工程系探索出一套转化成果、激发迁移价值的"社会实践+"模式，助力班团集体建设，提升同学综合素质，锻炼培养骨干人才。在整体氛围的熏陶下，水利水电工程系多个本科生团支部将"社会实践"列为自身的"支部事业"，开展以"实践"为主题的主题团日活动。水利水电工程系2018级本科生三个班级均在大一学年就自主开展过至少一次班级集体行业认知实践，加深了学生间的了解信赖，显著提升了集体的凝聚力。在深入实践过程中，一批优秀学生结合自身兴趣，发挥自身在实践、科研、社工、公益等方面的特长，茁壮成长。2016级本科生崔世博同学从大一开始关注河长制制度，3年参加社会实践10余次，先后取得了"清华大学学生社会实践金奖个人""青年服务国家首都大中专学生社会实践先进个人"等荣誉，并将实践总结以第一作者发表会议论文，成为校内社会实践优秀学生的突出代表。2016级本科生黄清林对基层工作非常感兴趣，积极参与志愿类社会实践，并将实践与未来个人发展相结合，入选清华大学研究生支教团。2017级本科生胡诗若关注流域治理问题，先后前往我国甘肃、北京，澳大利亚开展流域治理调研工作，将实践与科研结合，参加清华大学挑战杯获得二等奖和"清华大学挑战杯最佳新秀奖"，并荣获"清华大学学生社会实践金奖个人"。社会实践已成为新水利人探寻自身兴趣，实现多元发展的起点。

服务就业引导工作，上大舞台做大事业。在紧盯"怎样培养人"的同时，始终不能忘记"为谁培养人"的根本。水利水电工程系坚持社会实践与就业引导相结合，通过对社会实践的顶层设计、长期规划、结构优化，鼓励学生在社会实践过程中了解学科行业发展与国家社会建设的一线情况，把握新时代背景下建功立业的伟大历史际遇，"立大志，入主流，上大舞台，干大事业"。近年来，水利水电工程系先后与多家重点科研院所、重点企业签订了系级就业实践基地协议，并与多家单位就组织学生参与短期就业实践建立了密切联系。

表4 清华大学水利水电工程系开展就业实践相关单位一览

系级就业实践基地	长江科学院、黄河水利科学研究院、南京水利科学研究院、浙江省水利勘测设计院、江苏水利勘测设计院、三峡集团、中国水利电力对外有限公司等
短期就业实践单位	国家防汛抗旱总指挥部、中国水利水电科学研究院、水利水电规划设计总院、北京水利规划设计研究院、华东水利勘测设计研究院、南水北调东线总公司等

依托"水滴"因材施教计划，邀请各行各业优秀校友担任在校学生"生涯导师"，并为学员提供相应实习的机会。伴随海外实践的拓展，水利水电工程系逐渐形成了学期中实践、寒暑假国内实践、海外实践有机结合的就业实践体系，点面结合，由浅入深，引导学生了解行业、认同行业、投身行业。水利水电工程系通过社会实践鼓励学生把个人职业规划与国家发展战略、个人价值实现与国家民族复兴有机结合起来。在校期间的社会实践经历对学生的选择产生了深远影响，涌现了一大批积极投身重点行业、重点领域建设，到国家需要的地方去、到世界需要的地方去的优秀典型。多年来，水利水电工程系就业率、重点率一直位于全校前列，连续六年获得"就业工作先进集体"，连续八年获得"启航金奖集体"，多名学生获得"毕业生启航奖"。

经过多年的努力与发展，清华大学水利水电工程系已经构建成了以"培养同学家国情怀、国际视野、专业素养、坚定信念"为目标，以寒暑假海内外实践、学期中实践为主要抓手，以课程融合、资源支持、生涯规划为主要手段的全覆盖、多维度的实践育人体系。实践热情的不断提高，品牌项目的不断发展，优秀个人的不断涌现是实践育人的重要成效体现。清华大学水利水电工程系将继续把实践育人的理念贯穿人才培养始终，帮助学生长知识、增才干、拓视野，为学生创造走遍祖国、走向世界的机会，最终培养出不负党的期望、人民期待与民族重托的社会主义接班人。

以课程思政引领培养拔尖创新人才
——大连理工大学"水力学"课程思政一流课程建设与实践

刘亚坤，李冬生，张帝，金生，艾丛芳，张志强

（大连理工大学　建工学部）

摘要：本成果将思政元素融入"水力学"专业课教学中，充分发挥课堂主渠道在思政工作中的作用，实现了知识传授与价值引领的有机统一。通过课程思政建设，深入挖掘蕴含在"水力学"课程中的思政教育资源，结合课程本身知识点，将教学目标和德育目标相结合，在知识传授中融入价值引领，将思想政治工作贯穿课程体系，把家国情怀自然渗入课程方方面面，使专业课程成为集价值塑造、能力培养、知识传授"三位一体"的"思政课程"，注重将学生个人发展与社会发展、国家发展结合起来，培养学生德才兼备、全面发展，大批优秀学生脱颖而出，多次在国内外大赛中斩获佳绩。在拔尖创新人才培养方面做出了显著成绩，取得了一批重要成果，起到了很好的示范辐射作用。

关键词：思政元素；水力学；知识传授；价值引领；拔尖创新人才

一、成果背景

"水力学"是大连理工大学水利类、土木类各专业的重要技术基础课，教学中以提升人才培养质量为核心，以促进学生全面发展和适应经济社会发展需求为基本定位，以培养实践创新能力为导向，以专业知识传授与思政价值引领相结合为目标，以学生发展、学习效果为中心，将思想政治工作贯穿课程体系，把家国情怀自然渗入课程方方面面。在传授专业知识的基础上，引导学生将所学知识和技能转化为内在德行和素养，注重将学生个人发展与社会发展、国家发展结合起来，激发其为国家学习、为民族学习的热情和动力。在创造社会价值过程中，明确自身价值和社会定位，达到全员全程全方位育人，培养创新能力强、适应社会发展需要的拔尖创新人才。

本成果围绕"水力学"一流课程建设，依靠实力雄厚的师资队伍、强大的

学科平台、先进的实验室和专业的实践基地，注重资源整合，发挥整体优势，深化改革教学方法，注重以课堂讲授为引导、以学生讨论为手段、以文化认同为目的，丰富教学模式，充分发挥学生自主学习的积极性。创建以课堂教学为主体、网络教学和实践教学为补充的"课堂—网络—实践"立体化教学模式，提升课程的思想性、理论性、针对性和亲和力，充分发挥课堂主阵地作用，保证教学育人效果，并不断完善教学内容，深入挖掘水力学课程蕴含的思想政治教育元素和所承载的思想政治教育功能，着力将思想政治教育融入教学过程，实现"课程思政"与"思政课程"同向同行、协同育人。

同时，不断加强师资队伍建设，持续优化师资结构，积极动员青年教师参加课程思政教学技巧的培训学习，逐步形成一支理想信念坚定、结构优化、教学水平高、教学效果好的教师团队。注重科研与教学紧密结合，将最新科研成果融入教学，提升学生学习兴趣，引导学生参加竞赛，重点培养吃苦耐劳、团队合作的精神。

本成果将思政元素融入"水力学"专业课教学中，充分发挥课堂主渠道在思政工作中的作用，实现了知识传授与价值引领的有机统一。水力学教学团队及成员先后被评为学部"课程思政"示范建设教学团队、"课程思政"示范培育课程"名师引路"指导教师。在团队的共同努力下，大批优秀学生脱颖而出，多次在国内外大赛中斩获佳绩。

通过课程思政建设，深入挖掘蕴含在"水力学"课程中的思政教育资源，结合课程本身知识点，将教学目标和德育目标相结合，在知识传授中融入价值引领，使专业课程成为集价值塑造、能力培养、知识传授"三位一体"的"思政课程"，培养学生德才兼备、全面发展。

二、主要做法

1. 改革教学方法

以"知识传授与价值引领相结合"为目标，充分发挥教学在育人中的主渠道、主阵地作用，着力将教书育人内涵落实于课堂教学的主渠道中。教学过程中，注重以课堂讲授为引导、以学生讨论为手段、以文化认同为目的，丰富教学模式，充分发挥学生自主学习的积极性，以古今中外水利工程为依托，引入工程案例，弘扬民族文化，展示我国水利古国、水利大国的风采，以及劳动人民的勤劳和聪明才智，和学生共同探讨水力学在工程中的应用，让学生了解中国源远流长的水利文化，熟悉并敬畏工程伦理，在课堂上体会"科学、求实、创新"的新时代水利精神。

"水力学"课程不仅有深厚的理论基础，而且实践性比较强，教学中注重理论联系实际，充分利用本学科的优势条件，利用科研项目的实验模型和环境开展"水力学"教学工作，使学生深入接触学科前沿，得到扎实的基本技能训练，培养学生创新能力和吃苦耐劳的精神；同时，教学与工程实践紧密结合，和学生共同探讨水力学理论在实际科研中的应用，让学生知道学"水力学"课程的用处，增强学生学习的动力和激情。

2. 丰富教学内容

着力将思想政治教育融入教学过程，为更好地践行"德育为先、能力为重、全面发展"的教育理念，实现"课程思政"与"思政课程"同向同行、协同育人，落实立德树人根本任务，积极开展"课程思政"示范课建设，深入挖掘水力学课程蕴含的思政教育元素和承载的思政教育功能。

水力学教学坚持以学生为本，不断改进和完善教学内容，如教学时列举古今洪涝灾害，给学生讲解国家大量投入资金、人力及物力，积极建设水利工程的重要性和必要性；介绍三峡水利工程、南水北调工程、锦屏水利工程等世界瞩目的超级水利枢纽工程对解决水患、促进经济发展所起到的巨大作用，培养学生对国之重器的自豪感和认同感，通俗易懂地将职业素养、社会主义核心价值观等融入教学过程中，以提高学生人文素养和责任意识，加强对学生文化自信、工匠精神和爱国情怀的熏陶。

不断优化师资结构，积极做好青年教师的引进和培养工作，先后从国外和本校引进5名品学兼优的博士后和博士，补充到"水力学"理论和实验教学团队中，保证教学质量始终处于国内同类院校同类课程的领先水平；积极动员青年教师参加课程思政教学技巧的培训学习，通过思想政治教育理论的熏陶，促使其树立课程思政的责任和担当意识，带动教师融入立德树人大格局；各任课教师坚定正确方向、传递正向能量，使专业课程与思想政治理论课同向同行，把思政教育与知识能力、价值情感教育融为一体；坚持教书和育人相统一，言传和身教相统一，潜心问道和关注社会相统一，学术自由和学术规范相统一。

"水力学"教学团队成员分别毕业于清华大学、西澳大学、弗吉尼亚理工大学、北京航空航天大学、大连理工大学等国内外知名高校，有宝钢教育基金优秀教师奖获得者、大连理工大学教学名师、水力学及河流动力学学科带头人，团队从层次、结构、数量、学科分布等方面逐步进行了优化和整合。

3. 实施立体化教学

创建以课堂教学为主体、网络教学和实践教学为补充的"课堂—网络—实践"立体化教学模式，提高教学质量，提升课程的思想性、理论性、针对性和亲和力，保证教学育人效果。

"水力学"实验教学中以实际水利工程项目为背景，制作了"大型水库消能设计及溃坝洪水演进虚拟仿真实验"平台，真实再现了我国水利工程的宏伟之处。学生在虚拟环境中可以从不同角度直观观察水利枢纽的各组成部分及其功能。这种直观、实时和互动的特点不仅激发了学生的学习兴趣，也有助于学生全面了解所学专业知识的用武之处，使学生在赞叹祖国宏伟工程的同时，提升职业认同感与自豪感，树立文化自信。

三、特色创新

1. 润物无声

深入挖掘课程思政元素，设计"思政教案"，课堂内容上融入正向价值观，融入思政案例故事，注重正确价值观的培养。结合"课程思政"，选取典型案例，将家国情怀、感恩教育、奉献精神、生态理念、公平正义等价值理念与专业知识有机结合，润物无声。教学方法上重项目体验，实现学生品格和实践能力的体验式培养，如吃苦耐劳、团结合作、认真求实、诚实守信等。考核方式上以细化态度考核促进优良行为习惯养成，取得很好的效果。

2. 教学相长

凝聚课程思政，合力将思政元素融入"水力学"专业课教学中，充分发挥课堂主渠道在思政工作中的作用，实现了知识传授与价值引领的有机统一。发挥教师的思想政治教育主体作用及团队的专业素养与人生阅历优势，实现深度融合、优势互补，共同助力学生成长成才，达到教学不仅是传播专业知识，更重要的是塑造灵魂、塑造品行、塑造人格的目的。

3. 育教融合

充分利用课堂主阵地作用，依托省级精品课程、省级规划教材、国家级实验教学示范中心、国家重点实验室等已有平台及基础，培养专业扎实、有责任感、能解决实际工程问题的拔尖人才，引导学生对国家基础设施建设、强国道路发展的认同，从而激发学生更多的社会责任感和家国情怀。

4. 创新实践

创建实践育人新模式，教学与科研相融合，以"教改、科研课题"为依托，通过实验、实习、科研等实践活动使学生做到知行合一、内化于心、外化于行，培养学生不断提高自身的自主精神、创新精神和创造能力；通过竞赛使学生能充分体现个性化特点，挖掘创新潜能，培养吃苦耐劳、团队合作的精神。在创新育人过程中，加强学生品德修养，培养奋斗精神，厚植爱国主义情怀，提高学生综合素质。

四、推广与应用价值

1. 成果应用范围与程度

本成果成效显著，有重要推广价值。本成果从2007年1月开始实践，目前已经覆盖水利类、土木类中的水利水电工程、港口航道与海岸工程、海洋资源开发技术、土木工程、土木工程国际班等专业的毕业生，共涉及4000余名学生，受益面广，应用效果显著。

2. 成果实施效果

"水力学""课程思政"的最终目标是对学生进行正确的价值引导。"课程思政"以"专业知识传授与思政价值引领相结合"为课程目标，是构建全课程育人格局，实现"三全"育人的重要途径。实现"课程思政"的因素包括教师本身、教学内容两大部分。教师是实现"课程思政"的关键因素；教学内容是实现"课程思政"的重要手段。"课程思政"不仅传授了专业知识，也引导学生深入理解学习知识的重要意义，实现育人的"润物细无声"，培养学生的专业荣誉感与职业使命感。

本成果以"水力学"一流课程建设为依托，通过实施教学方法改革、教学内容完善、师资队伍建设、教学手段更新、科研和教学相融合等措施，育人成效明显，教学成果丰富。通过课程思政建设，将思政点与专业知识进行有机融合，使思政内容贯穿课程始终，显著提升了学生的专业认同感、民族自豪感、社会责任感与使命感，价值观引领效果明显；多样化的教学手段，提升了学生的学习热情，使学生在课上注意力更加集中，使课堂气氛更加活跃；科研与教学相融合，课堂教学引入学科前沿知识，激发了学生学习积极性，使学生由以往的被动式学习转变成主动式学习，创新能力大幅提高，大批优秀学生脱颖而出，多次在国内外水利创新大赛中斩获佳绩。教师团队不断优化，逐步形成了一支理想信念坚定、结构优化、教学水平高、教学效果好的教师团队，团队教师经常参加国内各类教学研讨会，与兄弟院校交流教学改革经验。

"水力学"课程获"辽宁省精品课程"称号，精品课程的教学资料已经在网上使用，研制的教学多媒体课件在网上发布，教材、多媒体课件、自制实验仪器等已推广到天津大学、吉林大学、辽宁师范大学、沈阳农业大学等高校使用，并产生了一定影响，对同类课程起到了辐射和示范作用。水力学教学改革的研究与实践成果获得校和省部级教学成果奖。

"水力学"教学团队及成员被评为学部"课程思政"示范建设教学团队"名师引路"指导教师；教学团队成员作为牵头人撰写《教育部专业类课程思政教学指南》；教学团队成员作为副主编完成了《土木、水利与交通工程课程思政案例汇编》，2020年由中国水利水电出版社出版发行，取得了良好的推广效果。课程建设对科研工作的带动作用也非常显著，骨干教师承担了包括国家自然科学基金重点项目、国家重大研发项目、国家自然科学基金等多项国家级科研课题，在为重大工程服务中发挥了高水平研究团队的作用，立足东北大型水利工程，面向全国和国际科技市场。除沿海城市之外，还承担了西南、新疆、西藏等地区的工程研究，也在马来西亚、缅甸、柬埔寨、巴基斯坦等国的国际项目中参加了科研和技术咨询，取得了良好的经济和社会效益，发挥了强大的辐射功能。随着进一步的改革，成果和应用范围进一步扩大，示范和辐射作用进一步加强。

五、成效与启示

本成果围绕"水力学"一流课程建设，将思想政治教育工作贯穿"水力学"课程体系，在传授专业知识的基础上，引导学生将所学知识和技能转化为内在德行和素养，明确自身价值和社会定位，以达到培养具有深厚的专业基础知识、出色的创新能力、高尚的道德品质、崇高的职业素养、适应社会发展需要的拔尖创新人才的目的。

本成果在"以课程思政引领，培养拔尖创新人才"上有重要创新，教学理念先进，理论水平高，实践效果好，达到了培养全面发展的高素质拔尖创新型精英人才的目标。

创新驱动水利科研育人体系建设清华大学
——清华大学"科研平台—学术论坛—导学思政"一体化高水平水利创新人才培养体系

王睿,单楷越,傅旭东

(清华大学 水利水电工程系)

摘要:科研育人已经成为高层次创新人才培养中的核心环节,而构建良好的科研育人体系是重中之重。近五年来,清华大学水利水电工程系围绕党和国家要求及水利行业需要,精准定位同学科研需求与当前创新环境建设难点,积极整合校内外资源,从科研氛围、教师、朋辈多个层面发力,聚焦软环境建设、学术交流、科研素养、导学思政等多个领域,开展科研育人体系建设。

本文对清华大学水利水电工程系科研育人体系进行了总结,并就科研信息平台、博士生论坛、导学思政等重点工作进行深入分析与深刻解读;阐述了通过打造信息平台、加强价值引领、树牢育人意识、突出行为示范、注重实践体验等具体措施,实现了科教融合背景下的科学精神引育,总结了科研育人成效,提供了科研体系的模板范式,探索了大学科研育人驱动新路径。

关键词:科研育人;科研服务平台;博士生论坛;导学思政;创新人才培养

一、引 言

科研育人是高校人才培养的核心任务,是水利学科教育的重要目标,是"大思政"工作格局与青年学者成长需求的重要契合点,更是党和国家科研强国战略的重要组成部分。习近平总书记在清华大学110周年校庆考察时寄语,当代中国青年应"在攀登知识高峰中追求卓越,在肩负时代重任时行胜于言,在'真刀真枪'的实干中成就一番事业",勉励青年勇于探索,勇担时代重任。当前,水利发展的历史方位已进入新阶段,李国英部长提出了推动水利高质量发展的工作要求,强调应全面提高水安全、水资源、水生态、水环境治理和管理能力,更好地满足人民日益增长的美好生活需要。

高阶的行业发展目标，离不开科研一线人员的默默奋斗，离不开高校育人环节的大力培养。为此，清华大学水利水电工程系积极响应以习近平同志为核心的党中央号召，围绕水利行业发展需要，坚持数据驱动理念，依托"水研学术""一站式"信息服务平台整合学术资源，完善学术诚信及监督体系；坚持"产学研"一体化理念，打造"博论+水沐"两大学术交流平台，推动学科交叉，激发同学创新内驱力。坚持导学互动理念，发挥教师"从游"引领作用，兼顾价值塑造与知识技能，培养学生的思想政治素质、科学精神，塑造科研品格，不断推进以"三全育人"为导向的科研育人体系建设，服务我国水利行业高水平创新型人才培养。

二、数据为先，导学互动，创新完善科研育人体系建设

清华大学水利水电工程系以"科研引领、形式创新、学术互助、朋辈激励"为宗旨，依托水研学术"一站式"平台，实现学术活动信息化；围绕良师益友及朋辈辅导，开办"水沐"系列讲堂；以博论为契机，打造全国水利学科学生学术交流品牌；组建学习交流社群，促进朋辈科研技巧分享；制度、环境双向发力，营造校内外师生互动、朋辈互助良好的学术氛围，着力搭建科研育人学术软环境支持体系。

1. 建立一站式科研服务平台，提升学术活动信息化水平

为了更好地营造学术氛围和推动科研育人建设，满足学生多元学术交流需求，同时优化学生学术活动认定流程，监督科研培养全过程，清华大学水利水电工程系创新性地搭建了清华大学首个科研一站式平台"水研学术"，服务学生科研选题、项目研讨、科学研究、成果交流、诚信监督全过程。

该平台于2019年9月中旬推出，包括网页客户端和微信小程序两部分，平台集讲座信息整合、学术资源发布、活动管理认证、导师浏览审阅四大功能于一体，着力打造"一站式"学术科研服务信息平台。如今，该平台已经实现本研同学100%覆盖，科研讲座发布数量及学术活动参与人数稳步提升。

互联互通，全面覆盖。平台在挖掘院系内资源的基础上，同土木系、环境学院、地学系、航院等院系建立了常态化互通机制，整合汇总与水利专业相关的学术活动信息，并为教师发布讲座信息提供便捷通道，帮助学生定位讲座信息的同时覆盖到全体学生，构建起"破壁"的线上学术交流生态，营造充满活力的多领域、全方位学术交流环境。

考核评优，闭环管理。信息平台对加强研究生学术活动参与情况的管理考核起到了重要作用，并与毕业要求和评奖评优进行衔接，实现了对研究生群体

学术活动考核的"审核—认证—导出"全流程闭环监督管理，优化了研究生在毕业时提交学术活动认证流程，全方位助力研究生科研发展。

在监督管理研究生参与学术活动方面，大力推动H5"超文本标记语言"技术制作研究生的《水研学术学期报告》，总结个人学术活动参与情况，该机制可以有效激发研究生参与学术活动的积极性。平台上线以来，学术活动参与累计2626人次，认证申请记录累计超过8000条。其中，个人最高认证讲座数达64场。截至2021年，平台已保障161位研究生顺利毕业，其中博士研究生99人，硕士研究生62人。

"水沐"讲座，共话前沿。依托科研信息平台，水利水电工程系致力于拓展"水沐"系列讲座框架，线上、线下联动推出"水沐系列讲座"。其中，"同行"系列聚焦朋辈激励，共话学术领航；"讲坛"系列聚焦杰出教师，强化大师引领；讲座内容涵盖学术前沿、技能培训、访学交流等方面，并与经管学院、自动化系、环境学院、建筑学院等建立学术联络机制，形成了师生双向并行的学术交流分享体系。

自"水沐"系列讲堂开办以来，邀请了17名国家奖学金获得者、4名学术新秀获得者和8名来自不同单位的国内外知名学者，举办了15场"水沐同行"讲座与8场"水沐讲坛"活动，单场最高参与人次达300人，共覆盖校内外同学1162人，显著助力了水利水电工程系研究生塑造前瞻的国际化视野，推动了优良学术学风的形成。

平台投入使用至今，共计开展学术讲座及微沙龙124次，其中，包含线上活动44次、线下活动80次，涉及水利水电工程系、地学系、土木系、环境学院等院系，内容包含学术前沿、科研经验、常用科研软件辅导、文献管理等。"水研学术"平台有效拓宽了邀请教师的渠道，激发了校内外教师的参与热情，同时提高了报告质量，2020—2021学年讲座发布数较上学年增长了20%，学术平台的优化明显促进了院系整体科研环境的改善。

"水研学术"信息平台的建立有效解决了讲座数据收集难、学术活动认证烦琐、学术信息不畅、学术交流不足的问题。依托该平台，水利水电工程系推出有层次、有深度、高质量的"水沐讲坛"品牌活动，常态化开展学术前沿、技能培训、访学交流等活动，提升了学生的学术技能，突出了学生的主体性，线上线下联动营造了良好的系内学术交流氛围。

此外，水利水电工程系研工组通过搭建研究生学术交流考核与奖励联动体系，规范管理水利专业相关学术团体学生组织，营造了良好的学术交流氛围和"严谨、勤奋、求实、创新"的学风，为学术软环境建设提供制度保障。在科研信息平台的助力下，讲座数量和参与人次逐年增加。据不完全统计，信息平台使用后，每个学年讲座发布数量实现翻倍式增长。

2. 以博论为契机，打造全国水利学科学生学术交流品牌

为加强学术交流，促进学科交叉，增强学生创新意识，提高创新能力，水利水电工程系积极筹备"治者论水"博士生论坛，依靠清华大学博士生论坛平台资源，依托清华大学品牌效应及水利工程学科优势，广泛邀请各高校/科研单位的教师、学生参加，围绕国家重大工程和需求，共话水利学术前沿。经过多年的发展，论坛报名人数与参会单位数量稳步增加，逐步形成国家级水利学科研究生学术交流品牌。

本节将以2021年清华大学"治者论水"博士生论坛暨清华大学第623期博士生学术论坛为例，介绍论坛相关举措。该论坛经过3个多月的筹备，共计邀请河海、武大等28个水利水电工程系兄弟院校、协办单位的近300位教师和学生相聚北京，共话学术发展。

整合校内外学术资源，保障优质交流环境。本次论坛使用了线上、线下融合的开展形式，以"线上线下双通道"方式进行报名，进一步优化了学生的投稿体验。

本次论坛共有23名教师参会，累计开展特邀学术报告6场、口头报告近80份以及海报展示40余份。学生在此次论坛中博采众长，各项数据皆创新高，论坛学术交流成效显著，品牌效应进一步增强。

切实关注学生需求，推动博论形式创新。为优化博论组织形式，提高学生获得感与参与感，论坛引入特色的科研论文绘图系列活动。活动采用前期投票、现场汇报、自由交流的形式，引导学生就科研绘图软件技巧、海报制作经验开展交流。针对毕业年级学生的就业需求及低年级学生了解行业的需要，博论组委会积极联络优秀系友，开展优质的职业发展微沙龙。从职业选择、心态转变、行业动态等多个方面开展职业生涯辅导系列活动，为各年级学生"产学研"一体化生涯体系规划提供了思路。

活动复盘及时高效，学风建设扎实稳健。为进一步推动学术学风建设，水利水电工程系学术工作小组及时整理复盘，形成了《学术软环境建设指导手册》，为科研育人体系传承添砖加瓦。此外，为了更好地完善学术诚信教育与监督体现，论坛组委会组织召开跨院校学风建设研讨会，校际的学风建设交流不仅为优化水利水电工程系的科研育人及学风建设体系提供了宝贵参考，也有助于全国范围内学术软环境整体氛围的建设与发展，为广大水利院校提供了发展经验。

经过多年探索，清华大学"治者论水"博士生学术论坛已经成为覆盖全国数十家水利院校的师生学术交流平台，连续多年获评清华大学五星级博士生论坛（最高等级），入选 2020—2021 年度首都大学、中职院校"先锋杯"优秀学生会创建工作成果。

3. 积极开展"导学思政"工作，坚守立德树人育人初心

在新时代研究生教育理念改革的背景下，清华大学水利水电工程系着眼于导师与学生的双向互动过程，积极开展"导学思政"工作，强化"从游"理念，坚守"立德树人"育人初心，提出导师"既做学业导师，又做人生导师"的更高要求，深入贯彻"全员育人、全过程育人和全方位育人"的育人理念。

加强课程顶层设计，引领把握战略方向。清华大学水利水电工程系创新打造"水利工程学科前沿系列讲座"研究生课程，邀请16位院士与数名业界专家共同开设，围绕全球气候变化、"碳中和、碳达峰"和"智慧水利"等话题，对新时代水利科技发展和工程前沿开展深入讲解，拓宽学生的学术视野，引领学生准确把握国家战略方向和专业发展趋势。

建设水利水电工程系导学空间，构筑学术交流生态。清华大学水利水电工程系大力促进师生在学术科研、校园生活和职业发展等方面的多维互动，强化对导师"既做学业导师，又做人生导师"的育人要求，在系馆核心区域开辟专门区域打造导学交流空间，推出"以体会师"体育品牌活动、"以文会师"文化品牌活动、导学交流谈心活动和系领导接待日活动等，拓宽导学互动场景，营造热烈轻松的师生交流氛围。导师与学生的交流从研究生外延至本科生，新生导师制、生涯导师制和高年级导师制等计划，加强了本科生与导师在科研与生活等方面的沟通，拉近了导师与本科生之间的关系，显著提升了本科生的科研热情和学术信心。

承前启后打破导学交流屏障，立德树人发挥导学引领作用。为进一步贯彻落实全国研究生教育会议精神，打通导学互动的"最后一千米"，清华水利水电工程系探索建立导学联络人机制。导学联络人是课题组与外部联系的桥梁和纽带，是导学关系建设的骨干力量，可以牵头营造"平""亲""清"导学关系，建设优良学风，打破科研资源壁垒，实现水利水电工程系学术资源全面贯通。联络人制度建立以来，在学术讲座信息共享、师门活动组织、导学关系促进等方面发挥了巨大作用。过去5年内，水利水电工程系共3名教师获评校级"良师益友"称号，并在导学空间与学术社群等方面实现了从无到有的突破，推动了导学关系稳定健康的发展。

三、队伍建设成效显著，科研业绩稳步提升，人才获奖屡创新高

投身国家重大科研需求，积极参与重大科研项目。2016—2020 年，以清华大学水利水电工程系为第一，完成单位累计获得授权专利 141 项，包含发明专利 139 项，实用新型专利 59 项，计算机软件著作权登记证书 63 项，SCI 收录论文 867 篇，其中，一区的论文数量达 297 篇，博士生王泰华的 *Porous-fiber module increases infiltration and reduces runoff*、杨文婷的 *South-to-North Water Diversion stabilizing Beijing's groundwater levels* 等成果更是刊登于 Science、Nature 子刊等顶级期刊。同时，含研究生作为主要参与人的"复杂水域动力特征和生境要素模拟与调控关键技术及应用"等成果获国家科技进步二等奖 5 项、国家技术发明二等奖 1 项、教育部自然科学一等奖 3 项、教育部科学进步一等奖 2 项、国家自然科学二等奖 1 项、高等学校科学技术奖 6 项、大禹奖 12 项、其他奖 74 项。项目成果服务于南水北调、白鹤滩、溪洛渡、小湾、雅江下游水电开发等重大工程，产生了巨大的政治经济效应。

海外教育有声有色，国际交流竿头直上。多次主办大型、有影响力的国际会议，包括"全球水循环遥感与水利大数据""天河工程"学术研讨会等国际会议 10 次以上，切实做到"走出去，请进来"，清华大学水利水电工程系学生积极在国际舞台上发声。2020 年前，清华大学水利水电工程系年出国交流学习的研究生达到 160 余人，积极参与高水平国际合作，研究生人均超过 1 次参与国际学术活动。2020 年，在籍国际研究生增至 41 人，实现国际研究生数量超 10%、全英文课程在十门以上的目标。

改革创新成果评价方式，优化奖助评价体系。突出对研究生的创新成果评价"破五唯"，营造了尊重知识、鼓励创新、追求真理的学术风气。水利水电工程系奖、助学金评定，包含国家奖学金、助学金、综合奖学金、系设奖学金、单项奖学金，每学年获奖人数在 50~80 人，奖励金额总体呈上升趋势，系设奖学金从 2015 年的 6.65 万元提高到 2020 年的 11.90 万元。近 5 年来评选出了博士研究生国家奖学金获得者 30 余位和硕士研究生国家奖学金获得者 20 余位，在合理的奖、助学金评价体系下，涌现出了刘广煜、王泰华等清华大学研究生"学术新秀"候选人，张乐昕、唐国强等 30 余位北京市优秀毕业生和清华大学优秀毕业生，黄琦、郑冠恒等 31 位研究生学位论文被评为校级优秀硕士、博士学位论文。

强化就业引导，服务国家战略需求。经过多年科研育人的努力与发展，清华大学水利水电工程系毕业生去向得到进一步优化。构建成了以"培养同学家

国情怀、国际视野、专业素养、坚定信念"为目标，以"立大志、入主流、上大舞台、成大事业"为就业导向的育人体系。近5年就业率稳定在100%，水利重点行业和重点单位就业率超75%，毕业生赴国民科研、经济、政治建设的主战场建功立业。在价值引领和思想引领方面，水利水电工程系屡获就业工作先进集体、就业工作职业辅导奖，朱德军、陆杨、王睿、宋云天等获得就业先进个人，水硕14、水博12、水博13、水博14等获得启航集体奖。5年来共有109位毕业生前往国内外高校、科研单位继续深造，占整体毕业生的30%，为国家发展培养了一批创新型人才。

清华大学水利水电工程系强调理念育人、过程育人和环境育人，形成了环境建设"软硬"兼备、学术学风双管齐下的教学、科研、文化三位一体的完整、和谐的科研育人体系。未来将持续优化一站式科研服务平台，打造"水沐"系列讲座金字招牌，塑造探索、交流、科学、追求真理的氛围；加强校内外资源整合，创新"治者论水"品牌博论，打造学术共同体，进一步提升科研软环境的广度与深度；发挥学术社群的自主性，通过细化诉求调研、建立长效制度、适当提供奖励支持等手段，帮助学生更好、更自发地开展学术交流活动；依托导学空间，建立良好开放的交流环境，营造轻松的交流氛围，举办高效的交流活动，推动导学关系、学术学风环境建设进一步发展。紧紧围绕"十四五"规划方向，把握社会主义办学方向和"立德树人"的目标，实现"三全育人"，服务创新人才培养目标，使清华大学水利水电工程系科研育人站上新的阶梯。

"专业实践+劳动实践+创新实践"
——河海大学农业水利工程专业实践育人体系建设的探索与实践

朱成立,陈菁,徐俊增,郑润,陈丹,薛璟

(河海大学 农业水利工程专业)

摘要:水利是农业的命脉,乡村振兴国家战略对农业水利工程专业人才实践能力和综合素质提出新要求。河海大学以立德树人为根本任务,强化思政教育价值引领,积极探索农业水利工程专业实践育人新途径和新模式。通过多途径开发实践教学资源,创新实践教学模式,构建思想教育、专业教育与劳动教育"三融合"的劳动实践教育模式,形成"本—硕—博"联动与"创新训练—学科竞赛—毕业论文"一贯式创新实践模式,创建了"专业实践+劳动实践+创新实践"一体化实践育人体系,全面提升了学生的思想素质、实践能力和创新精神,增强了学生"爱国爱水爱农"的使命情怀。实践育人体系建设创新做法和经验赢得了社会各界广泛认可,辐射示范作用显著。

关键词:专业实践;劳动实践;创新实践;实践育人体系

一、成果形成背景

水是生态环境的重要载体,水利是农业的命脉。进入 21 世纪以后,我国水利事业发展和农业农村建设都发生了深刻变化,乡村振兴、生态文明建设都对农业水利工程人才的知识结构、工程素质、实践能力、创新意识提出了新要求。同时,由于农业水利属于传统的农、林、水等艰苦行业,因此进一步加强课程思政和耕读教育,增强学生的社会责任感和专业认同感,培养具有家国情怀和"知农、爱农、为农"新型农业水利工程人才具有重大的现实意义。

河海大学紧跟新时期人才需求和高等教育形势变化,以立德树人为根本任务,响应"五育并举"的人才培养要求,强化思政教育价值引领,积极探索农业水利工程专业实践育人的新途径和新模式。通过多途径开发实践教学资源,创新实践教学模式,构建思想教育、专业教育与劳动教育"三融合"的劳动实践教育模式，形成"本—硕—博"联动与"创新训练—学科竞赛—毕业论文"一贯式创新实践模式，创建了"专业实践+劳动实践+创新实践"一体化实践育人体系，全面提升了学生的思想素质、实践能力、创新精神，增强了学生"爱国爱水爱农"的使命情怀，取得了一系列育人成果，并成功助力本专业成为首批国家级一流专业建设点。

同时，实践育人体系中的创新做法和经验赢得了社会各界广泛认可，被10余所高校学习借鉴，辐射示范作用显著。

二、主要做法

第一，多途径开发实践教学资源，充分挖掘思政元素，构建多元化的实践教育教学资源体系。建成了农业水利工程实验教学中心，以高效灌排、水土保持、现代设施农业、水泵与水泵站为重点方向，建成了10多个专门实验室，自主研发了水肥一体化自动灌溉实验系统、离心泵性能实验台等教学平台与设备，逐步完善传统的实验教学平台。依托"力学与水工程虚拟仿真中心"（国家级实验教学中心、江苏省虚拟仿真实验教学共享平台）开展了基础课程的虚拟仿真实验教学，自主开发了水泵全性能特征曲线、泵站进水流态优化等专业课虚拟仿真实验项目。

新建"固定基地—动态现场"式实习基地12处，结合固定实习基地工程项目及时调整和更新实习现场和实习内容；新增典型工程建设全过程视频资源及其档案资料2000多分钟，解决了由于学时限制学生实习期间难以全程亲历工程实施所有工艺流程等问题。建立了契合现代工程技术和科技前沿的毕业设计选题动态更新制度，先后新增了70多个毕业设计（论文）选题，选题范围从传统的水工、泵站、灌区规划拓展至现代水工、生态节水灌区、灌区信息化、农村生态河道、水土保持生态治理等新方向。

充分挖掘不同实践教学环节蕴含的思政元素，让学生在实践教学过程中进一步增强专业认同感以及主动服务国家战略的自觉性和责任感。

第二，充分发挥现代信息技术优势，创建灵活多样的实践教学模式，有效创新实践育人手段。基于实体教学平台、虚拟仿真实验项目和平台，开展理论力学、材料力学、结构力学、水力学、土力学等专业基础课程和水泵与水泵站、农田水利学等专业课程的实验教学，实现了实验教学的虚实结合。

创新了"体验式"实践教学方法，依托实习基地和视频资源库等，通过现场实训、专家讲座、顶岗实习、专题研讨等传统实习方式，结合虚拟仿真实习、现场视频连线、施工过程录像、空中课堂等线上实习教学，实现了实习教学的线上线下结合，既克服了时空的限制，有效拓展了实践教学空间，又增强了学生的"体验感"。

毕业设计（论文）教学环节，基于动态更新的毕业设计（论文）选题库，实现了满足学生多元化需求的自主选题，开展了线上线下混合式指导、评价与考核，利用毕业设计（论文）智能管理系统实现了毕业设计（论文）全过程的规范化管理。

第三，思政教育、专业教育与劳动教育"三融合"，构建劳动实践教育新模式，有效拓展了实践育人途径。劳动教育持续融入思政元素。通过劳模宣讲、新思想公开课、季节性耕种等劳动教育和生产实践，端正学生的劳动观念、弘扬劳动精神、涵养劳动情怀。以"中国农民丰收节"为切入点，在每年的秋分时节，举办"河海大学丰收节"，展示劳动教育成果，培养学生"爱国爱水爱农"的情怀使命和价值追求，激发学生服务"三农"献身水利的责任担当。"河海大学丰收节"紧密围绕水利与农业现代化、乡村振兴、水问题和粮食安全、生态文明建设等国家战略与前沿问题，开展高端学术论坛、节水园区耕地劳作教育实践、智能节水灌溉系统演示、中华农耕文化进校园、丰收节文艺演出、"助农扶贫"农产品展销、世界水利灌溉工程遗产图片展等系列活动，迄今已成功举办3届，充分发挥学校农业水利工程学科优势和专业特色，构建了水利院校涉农学科特色校园劳动教育新模式，成为学校思政教育精品工程和校园文化特色品牌。

劳动教育全面融入专业教育。制定了贯穿人才培养全过程的农业水利工程专业劳动教育实施方案，率先将"农业水利工程劳动教育课"纳入本科生人才培养方案，作为必修课程，设置2个学分共计32个学时；在"农田水利学""土壤学与农作学""水泵及水泵站""农业水利工程创新训练课"等课程中设置课程劳动环节，如幼苗培育、移栽苗木、泵机拆装等，在劳动实践中内化专业知识；组建由专业教师、班导师、辅导员等组成的劳动教育指导团队；依托农业水利工程教学实验中心、江宁节水实验园区、大学生创新实验室，建设了河海大学劳动教育实践基地等长期稳定的劳动教育实践平台。

第四，遵循"三全育人"理念，形成了全员全过程全方位培养的创新实践能力培养模式，有效提升了实践育人成效。依托教学实验中心、节水园科研实验基地、大学生创新实验室等搭建了农业水利人才培养创新创业实践平台。

通过综合实践平台对学生的科学思维和科学实验进行训练，增强了学生的自主创新意识和动手实践能力。充分利用校友资源、行业资源、研究生培养基地资源，构建了一支具有水利、农业、机械、信息、管理等多学科背景的专任教师、行业专家、学工队伍组成的全员育人创新实践指导队伍，对学生进行多学科基础知识培训，培养学术兴趣，积累科研经验，对接企业需求，培育创新成果。同时，加大组织协调力度，全面整合校内外资源，有效提升了团队的指导水平。

在创新实践人才培育模式方面，以大学生创新创业训练项目、学科竞赛为载体，瞄准农业水利工程前沿领域，实施了"本—硕—博"创新训练计划，推行了"创训—竞赛—论文"一贯式培养方式，通过创新知识传授、技能训练、竞赛组织、实践平台的有效衔接和整合，形成了全过程、全方位创新实践人才培养模式，全面提升了本专业学生的创新意识、创新思维和创新实践能力。

三、特色创新

第一，创新了"固定基地—动态现场"式实习基地建设理念，构建了常建常新的多元化实践教育教学资源体系，建成了"固定基地—动态现场"式专业实习基地平台，构建了"线上虚拟仿真+线下实体实验"的实验教学资源体系、"实体工程实习基地+典型工程建设全过程视频资料"的实习教学资源体系，建立了融入最新科研成果与工程新技术的毕业设计（论文）选题动态更新机制。

第二，创建了线上与线下相融合的专业实习教学模式，丰富了专业实践教育教学路径，融合了线上虚拟仿真实习、现场视频连线、施工过程录像、空中课堂与线下现场实训、专家讲座、顶岗实习、专题研讨教学方式。

第三，遵循"五育并举"教育方针，创新了农业水利工程专业劳动实践育人模式，将劳动教育贯穿人才培养全过程。在水利高校率先开设了"农业水利工程劳动教育"必修课程；以节水实验园区为依托，建立全校劳动实践教育示范基地；以"河海大学丰收节"为平台，成功打造校园劳动教育文化品牌，拓展了劳动实践教育新路径，构建了具有农水专业特色，思政教育、专业教育与劳动教育"三融合"的劳动实践育人新模式，充分发挥了"树德、增智、强体、育美"的综合育人功能。

第四，形成了"本—硕—博"联动与"创新训练—学科竞赛—毕业论文"一贯式创新能力培养模式。依托《河海大学大学生创新创业训练计划管理办法》，强化大学生创新训练指导的激励机制；构建专业教师、学工队伍、行业专家全员育人的指导团队；以大学生创新创业训练项目、学科竞赛为载体，针对基础好、能力强、有潜力的同学，配备专业导师，提前进入科研团队，形成了"本—硕—博"联动全程培养与"创新训练—学科竞赛—毕业论文"一贯式全方位创新实践能力培养模式。

四、成效与启示

近年来,通过本成果的应用实施,显著提升了农业水利人才的政治素质、工程素养、实践能力与创新意识,进一步强化了"厚基础、宽口径、重实践、强能力"的办学特色。

(一)工作成效

第一,多元化的实践教学资源与灵活多样的教学模式,有效地解决了实践教学资源不足、传统线下教学信息量少、效率偏低等问题。2017年以来,新建"固定基地—动态现场"式专业实习基地平台12处,积累视频教学资源2000多分钟,线上、线下结合开展专业实习300余人次,线上总学时150小时以上,线上线下混合指导本科生毕业设计(论文)实现了全覆盖,为保证实习教学有效实施、毕业设计工作的顺利推进发挥了至关重要的作用。

第二,毕业设计(论文)每年获校级优秀毕业设计(论文)5~6篇(占6%~8%);灌区规划及节水工程优化设计指导组获江苏省普通高等学校本专科优秀毕业设计(论文)团队称号;2篇毕业论文分获江苏省高等学校本专科优秀毕业设计(论文)二等奖、三等奖。

第三,实现了劳动教育的全覆盖,形成了劳动教育与思想政治教育、专业教育、创新实践教育等有机融合,增强了全体学生的新时代劳动观念,实现了现代劳动技能和专业实践水平的同步提升。本专业劳动教育课"重温马克思主义经典,培养正确劳动价值观"入选2019年河海大学共青团工作创新创优工程重点项目和河海大学校级信仰公开课——青马公开课。结合劳动教育,打造了"河海丰收节"劳动教育校园文化活动品牌,培训学校"青马工程"学生骨干60余人次。

第四,大学生参与创新创业训练实现全覆盖,学生的创新创业能力得到显著提升,每年获省级和国家级大学生创新创业训练项目6项左右,本科生参加的省级以上各种学科竞赛获奖率高达85%。近3年来获得"互联网+"大学生创新创业大赛全国银奖、全国大学生水利创新设计大赛特等奖、全国大学生农业水利工程及相关专业创新设计大赛特等奖、全国大学生土地整治与生态修复工程创新设计大赛特等奖、"互联网+"青年红色筑梦之旅大赛省赛一等奖、第十八届"挑战杯"全国大学生课外学术科技作品竞赛"黑科技"专项赛江苏省选拔赛省赛二等奖、江苏省研究生智慧农业科研创新实践大赛二等奖在内的各级奖励20余项,形成发明专利20余项,一批本科学生凭借创新特长实现了"本

—硕—博"联动培养。

总体来说，本专业实践育人成效显著，人才培养质量不断提升。2018年，高质量通过工程教育专业认证；2019年，入选国家级一流专业建设点。毕业生赢得社会的广泛认可，历年供需比均在1∶5以上，就业率保持在97%以上，升学与出国率超过50%。近3年跟踪调查显示，用人单位对毕业生总体满意度达95%，尤其对学生的思想政治素养、创新意识、实践能力等方面认同度高，普遍认为河海大学农业水利工程专业毕业生"思想政治过硬、专业基础扎实、创新实践能力强"。

（二）成果辐射

实践育人取得的成果产生了广泛的辐射示范效应。近年来，10多所兄弟院校的同行到河海大学农业科学与工程学院交流，围绕多种类型典型工程建设全过程的视频教学资源库、融入新科研成果与工程新技术的毕业设计题库、研发的水肥一体化灌溉实验系统、离心泵性能实验台等教学平台与设备，已被多所学校借鉴和采用。

依托专业特色的"三融合"劳动实践教育模式，被河海大学作为可持续、可示范的典型并应用于"青马工程"骨干培养。2020年，该模式被全国高校思想政治工作网、中国水利、江苏省教育厅网站、未来高校网、新浪门户、中国高校之窗等知名媒体进行了广泛报道，产生了积极的社会影响和示范效应。

高校思想政治理论课"三讲四联动"教学模式研究与实践
——华北水利水电大学思想政治理论课"三讲四联动"教学模式研究与实践

张梅,贾兵强,杨建坡

(华北水利水电大学)

摘要：习近平总书记指出,思想政治理论课是落实立德树人根本任务的关键课程,是培养一代又一代社会主义建设者和接班人的重要保障。教育部要求,把高校思想政治理论课教学工作摆在更加突出的位置,更加重视加强和改进教学改革,更加重视提升教学质量,不断提升思想政治理论课的亲和力和针对性。为深入贯彻习近平总书记关于加强和改进思想政治理论课建设的重要精神,深化教学模式改革创新,增强思政课的思想性、理论性和亲和力、针对性,自2015年以来,华北水利水电大学深入开展了"三讲四联动"思想政治理论课教学模式改革。思想政治理论课"三讲四联动",就是通过课程联动、师生联动、教师联动、线上线下联动的系统协同原理,以四门主干思政课程互通联动为核心,不断拓展"课上教师精讲,课下专家活讲,校园文化常讲""三讲"思政课,实现理论与实践联动、思政课程与课程思政联动、传统教育与信息技术联动、马克思主义学院与职能部门联动的"四联动"的大思政格局。"三讲四联动"实践教学模式被光明网、人民网、河南日报等主流媒体报道,打造了思政课"华水品牌"。

关键词："三讲四联动"教学模式；思政"大课堂"；思政工作"大格局"

习近平总书记在全国高校思想政治工作会议上指出,高校思想政治工作关系高校培养什么样的人、如何培养人以及为谁培养人这个根本问题,必须坚持正确的政治方向,把思想政治工作贯穿教育教学全过程。因此,坚持立德树人,全面加强高校思想政治工作,是新时代高等学校的根本任务；办好思想政治理论课，用习近平新时代中国特色社会主义思想铸魂育人，是高校落实立德树人根本任务的关键所在；推动改革创新，不断增强思想政治理论课的思想性、理论性和亲和力、针对性，是办好思想政治理论课的根本途径。

华北水利水电大学深入开展了"三讲四联动"思想政治理论课教学模式改革。思想政治理论课"三讲四联动"，就是通过课程联动、师生联动、教师联动、线上线下联动的系统协同原理，以四门主干思政课程互通联动为核心，拓展"三讲"思政课，搭建思政"大课堂"，突出思政工作"四联动"，形成思政工作"大格局"。

一、研究的重点和难点

守正创新，办好思想政治理论课，必须坚持问题导向，从破解思想政治理论课教学短板入手。从目前来看，高校思想政治理论课教学的核心问题，在于教学实效性不高，具体表现为：教学过程形式化、表面化，思想性不够；教学内容理论讲授有余，关注现实不足，缺乏针对性；教学方法单一刻板，不能满足学生成长发展的需求和期待，缺乏亲和力；教育手段落后，与现代信息技术融合不够，缺乏时代感；思政课教师"单兵作战"、大学思政课"孤岛化"，没有形成协同效应等。

根据习近平总书记在学校思想政治理论课教师座谈会上的讲话精神，结合当前思想政治理论课教学实际，本项目要解决的核心问题和重点问题是如何改进传统课堂、如何拓展教学渠道、如何构建大思政格局和全员全程全方位育人机制，具体如下。

第一，如何改进传统思想政治理论课教学模式，提高思想政治理论课的理论性、思想性和亲和力、针对性。通过更新教学内容、创新教学方法、丰富教学手段、改革考核模式、强化实践教学等，真正满足当代学生成长发展的需要。

第二，如何挖掘专业课程的思政育人功能，实现各类课程与思想政治理论课同向同行。通过教材建设、课程体系建设、师资建设、教育教学创新等，把做人做事的基本道理、社会主义核心价值观的要求、实现民族复兴的理想等融入各类课程教学，在授业解惑的同时，实现育人化人的功能，培养德才兼备、全面发展的学生。

第三，如何构建全员全程全方位育人机制，探索新制度、新平台、新媒体、新技术、新方法，将课上与课下、校内与校外、教师与学生、学院与部门等联动起来，构建全方位、全领域、全要素的思政大课堂，形成形式多样、生动活泼、持久有序、又被学生喜闻乐见的全员全程全方位育人的良好局面。

二、教学改革理论研究取得成果

坚持以习近平新时代中国特色社会主义思想为指导，深入研究教育规律、思想政治教育规律和学生成长规律，以"三个第一"为保障，坚持"八个相统一"，坚持全员全程全方位育人，持续推动综合创新，构建了重点突出、载体丰富、协同一致的思想政治理论课建设体系，有效提高了思想政治理论课教学实效性，初步形成了全员全程全方位育人格局。成功申请1项国家社科基金项目——"新时代高校党建工作研究"；出版专著1部——《立德树人：高校党建工作理论与实践》；主编教材1部——《筑梦新时代——高校形势与政策教程》；在人民日报、光明日报、学习时报、中国高等教育等重要媒体发表课题相关文章15篇。课题组成员成功申请全国教育科学"十三五"规划课题1项，发表相关论文6篇，获得省级本科教学质量工程2项，出版专著1部、教材1部，圆满完成了各项任务。

三、实践教学主要成效

近年来，华北水利水电大学思政课教育教学坚持以习近平新时代中国特色社会主义思想为指导，进一步贯彻落实习近平总书记在全国高校思想政治工作会议、全国教育大会和学校思想政治理论课教师座谈会上的讲话精神，坚持社会主义办学方向，贯彻落实党的教育方针，落实立德树人的根本任务，把思想政治工作贯穿学校教育教学全过程，在学校党委行政的正确领导下，在学校职能部门的大力支持下，持续推进富有创新的"三讲四联动"教学模式，不断增强思政课教育的针对性、实效性、吸引力、感染力，大大提高了思政课教学的质量和水平，充分发挥思政课教学改革在华北水利水电大学教学改革排头兵的作用，打造了河南省高校思政课建设的"华水模式""华水品牌"和"华水效应"。

（一）主要改革成果

1. 加强组织领导，确保思想政治理论课优先发展

华北水利水电大学党委高度重视思想政治理论课建设。2015年10月，党委书记王清义在调研指导思想政治教育学院（马院前身）时，提出了"三个第一"的理念，即把马克思主义理论学科作为第一学科、把马克思主义学院作为第一学院、把思想政治理论课作为第一课堂建设。"三个第一"的理念一经提出，立即在学院、全校引发共鸣，不断凝聚学校思想政治工作的共识，汇聚成

了党委以上率下,各部门齐抓共管、协同推进的磅礴力量,开创了思想政治理论课程改革的崭新局面。成立河南省重点马克思主义学院建设领导小组,建立党委统一领导、党政齐抓共管、有关部门各负其责的工作格局。

2. "三讲"思政课,建设思想政治理论"大课堂"

本着"上好每堂课、讲清大事件、影响所有人"的原则,华北水利水电大学采取"课上教师精讲,课下专家活讲,校园文化常讲"的"三讲"模式,突破传统三尺讲台对思想政治理论课的局限,将常规教学与第二课堂、文化育人紧密结合起来,不再囿于一个教师、一本教材、一个学时、一间教室、一个学期,形成主体多样、内容丰富、形式灵活、效果持久的思政大课堂。

课上教师精讲:提出专题化教学法,即"时代主题+教材主题=教学主题";采用"三模块"教学法,切实提高到课率、抬头率和满意率。

课下专家活讲:开设"微言大义达人讲堂"等系列讲坛,结合社会热点,引导学生正确认识世界和中国发展大势,正确认识中国特色和国际比较,正确认识时代责任和历史使命,正确认识远大抱负和脚踏实地。

校园文化常讲:通过开展MMDX等社团活动,打造正能量校园风尚,开展隐性教育。

3. 工作"四联动",形成协同办好思政课"大格局"

为构建全员全程全方位的思想政治教育体系,实现思想政治教育"因事而化、因时而进、因势而新",华北水利水电大学通过"四联动"的方式,构筑思想政治教育大平台。这包括理论与实践"四课"联动、传统教育与现代信息技术联动、思政课程与课程思政联动、马克思主义学院与职能部门联动。

理论与实践联动:专设2学分思想政治理论课实践,开展"尚德·鉴史·明理·筑梦"系列课内实践教学活动,组织红色专题校外调研活动,形成"四课联动"思想政治理论课实践教学模式。依托大学生青年志愿者活动等社会实践活动,在社会大课堂中教育人、引领人。

传统教育与信息技术联动:建设"华水苇渡"微博矩阵等网络思政平台,以关心、关注、关爱学生为出发点,以解决学生实际问题为突破口,主动抢占网络舆情阵地。

思政课程与课程思政联动:围绕"水电"特色,挖掘各类课程思政资源,全校大学生必修"水利水电工程概论"和"中华水文化"课程,举办各类主题教育活动,设立水文化研究中心,促进学生掌握水知识、形成水观念、涵养水精神;增设2个公共艺术课程必修学分,丰富大学生艺术活动,提高工科院校大学生艺术素养。

马克思主义学院与职能部门联动：马克思主义学院和校团委联合开展大学生暑期社会实践；成立学生工作委员会、教务处、学生处、后勤服务中心等主要职能部门，协同研究解决学生教育与管理问题；成立习近平新时代中国特色社会主义思想研究中心，特聘韩庆祥、李恩东等知名学者加盟，强化马克思主义学科建设。

（二）实践效果

华北水利水电大学长期探索形成了"三讲四联动"思想政治理论课建设模式，在理念思路、内容形式、方法手段方面开拓创新，以构建"思政大课堂"和"工作大格局"为突破点，充分整合思想政治教育资源，不断增强思想政治理论课的时代感和实效性，使思想政治理论课成为"有虚有实、有棱有角、有情有义、有滋有味"的优秀课程，充分发挥了教学主渠道功能，有效落实了立德树人根本任务。

1. 打造了"四课联动"等一系列思想政治教学新品牌

"四课联动"实践教学获河南省高校实践育人工作优秀案例一等奖；"思想道德修养与法律基础"为河南省精品在线开放课程；思想品德教研室是省级优秀基层教学组织，学院还获批河南省首批重点建设马克思主义学院；"微言大义达人讲堂"是河南省高校网络文化建设精品项目，荣获河南省高校校园文化建设成果一等奖；MMDX 学习研究会荣获全国百佳理论学习类社团等多项荣誉；"华水新铁军"学生社团荣获河南省高校思想政治工作品牌。

2. 形成了齐抓共管、协同配合，办好思政课的工作新局面

"爱之翼"社会实践团队获河南省高校实践育人工作优秀案例一等奖。"华水苇渡"微博矩阵获校园文化建设全国二等奖，是河南省高校校园文化建设知名品牌。学校是河南省网络文化建设试点学校、教育部高校网络思想政治工作中心（河南）建设单位，艺术教育一直走在河南省前列，连续 4 届被评为"河南省艺术教育一类院校"，中央电视台曾进行专门报道。全员育人观念已经深入人心，专业课教师开展课程思政的主动性明显提高。

3. 取得了突出的立德树人新成效

学校涌现出以全国优秀大学生孟瑞鹏为代表的一大批"华水好人"道德模范。2017 年、2018 年连续入选全国高校毕业生就业竞争力 100 强。2017 年，河南省委宣传部、河南省文明办主办的"我为正能量代言"主题宣传活动在华北水利水电大学圆满举行。这是"我为正能量代言"活动首次走进高校，是对华北水利水电大学立德树人成效的充分肯定。

四、成果水平和实际推广应用价值等

高校思想政治理论课"三讲四联动"教学模式研究与实践成果有效实现了思想政治理论课的体系化建设，有力推动了思想政治教育工作的一体化开展，为把思想政治理论课建设成学生真心喜爱、终身受益、毕生难忘的优秀课程提供了新模式；是新时代高校改进和加强思想政治教育工作的有益探索，为高校用好课堂教学主渠道，筑牢意识形态主阵地提供了新方案。特别是"四课联动"实践教学模式，得到了河南农业大学、河南中医药大学、河南财经大学的借鉴和应用，教学改革活动得到了光明网、人民网、河南电视台、河南日报、河南教育杂志、国际在线、河南商报等多家新闻媒体的报道，产生了示范效应。一些教改研究成果在重要期刊发表、在研讨会上进行交流，产生了较大的影响，为华北水利水电大学打造特色鲜明思想政治理论课教学品牌提供了鲜活的案例材料，也为河南省高校思想政治理论课教学改革起到了示范带动作用，同时，对加强和改进新时代高校思想政治理论课教学及其改革有着重要的示范与指导意义。

教工党员"双带头"全员育人"加油站"
——郑州大学水利科学与工程学院全员育人实践

王秀林，张贺祥，郭鹏杰

（郑州大学　水利科学与工程学院）

摘要： 高校教工党员具有学者和党员双重身份，是高等学校各项工作的组织者、推动者、实践者。充分发挥教工党员"双带头人"作用，实现科学研究和思想教育相结合，实现师生互动和资源贯通，开辟高校"全员育人"的新模式，有利于我党立德树人根本目标的实现。郑州大学水利科学与工程学院实行"全员育人"模式始于2009年，积累了大量经验，具有成熟模式和完善制度，拥有以王复明院士为领军人物、以国家和省级各类人才为核心、以中青年教师为骨干的高素质教工党员队伍。通过加强培训，明确责任，选拔评优，党群配备，基层党建，师生共管，健全激励，机制保障等措施，选拔一批"双带头人"队伍，提升了全员育人成效，培养了一大批优秀毕业生。曾经荣获教育部黄大年式教学团队1个，2014年河南省高等学校思想政治工作优秀品牌1个，2019年河南省高校党支部工作案例1个。

关键词： 教工党员；党建；全员育人；实践

一、成果背景

高校基层党组织是我党在高等教育领域的重要支撑，是联系和团结广大教师的桥梁与纽带，是全面贯彻党和国家教育方针、培养社会主义建设者和合格接班人的重要阵地。高校教师党员，具有学者和党员双重身份，是高等学校各项工作的组织者、推动者、实践者。充分发挥教工党员"双带头人"作用，实现学术研究和思想教育相结合，开辟高校基层党建"全员育人"的第三课堂，既有利于对高校教工党员教育管理，又有利于贯彻我党立德树人的教育目标，打造基层党建"双赢，共促进"的创新工程。

当前，高校思想政治和德育教育工作面临双重问题。教师党员和学生党员作为高校思想政治工作对象和主体，往往存在单独运行，无法实现师生互动和资源贯通的问题。教师党建一般由基层党委党组织开展实施，高校学生思想政治教育主体是思想政治理论课教师、政治辅导员和团委干部等学生工作团体。分开来看，教工党员教育管理存在集中难度大，专题政治学习活动同业务活动冲突，以及出现重业务技能、轻政治思想的倾向；高校大学生党员培养面临思政主体多元化，培养目标和内容缺乏统一有效协调，评价体系不完全以及高校德育教育和党建工作者负担较重的问题。目前，学生党员群体出现认知多元化、人格发展多变化、价值判断偏差化、发展诉求急切化的不良趋势，特别是当今社会和网络社区的错误思潮与偏激观点可能对学生思想政治教育工作产生负面影响。因此，适时增强大学生党员思想政治教育针对性、科学性、实效性迫在眉睫。立德树人的成效是检验学校一切工作的根本标准，当然，也是加强和改进当前高校师生党员思想政治教育的客观基础和前提，成为制衡目前我国高校思想政治工作的一个决定性命题。如何提高大学生党员思想政治教育的实效性，加强高校基层党组织建设，是高校现阶段面临的一个突出的实践问题。为此，本成果以"教工党员'双带头'，全员育人'加油站'"为题，深入分析了当前大学生党员思想政治教育实效性不强的表现及其原因，探寻高校基层党组织党建工作创新，进而拓宽高校基层党建的方法与途径，为高校思想政治和德育教育工作提出合理对策和建议。

2016年12月8日，在全国高校思想政治工作会议上，习近平总书记做了《把思想政治工作贯穿教育教学全过程，开创我国高等教育事业发展新局面》的重要讲话，他特别指出："我们的高校是党领导下的高校，是中国特色社会主义高校。办好我们的高校，必须坚持以马克思主义为指导，全面贯彻党的教育方针。要坚持不懈传播马克思主义科学理论，抓好马克思主义理论教育，为学生一生成长奠定科学的思想基础。"高校教师党员是高校专职思想政治工作者之外的重要力量，也是贯彻落实立德树人目标的重要支柱。因此，充分发掘高校教师党员的双重身份，发挥其学术造诣和政治敏锐性，为高校思想政治工作提供有效的补充力量，来解决学生日益增长的多元化需求同思想政治专职工作者专业受限无法满足需求之间的矛盾。

二、成果目的

通过定性分析，通过实施教师党员"双带头人"培育工程，探索基层党组织在教师党员思想引导、教育培训、激励保障、管理考核方面的工作机制，做到基层党建与专业发展相结合、立德树人与教学科研相结合，有效完成"全员育人"目标。同时，了解目前高校思想政治教育工作的成就和不足，采取去粗取精、辩证研讨的方式，研讨目前郑州大学思想政治教育的基本形势，并结合调研数据，集体"把脉"，集体"问诊"，改革传统党建陈旧理念，创新高校党建思想政治教育新途径，以需求为突破点，以供给侧结构性改革为手段，以思想政治教育工作实效性为目标，以多样化手段为途径，尝试一种将教工党员同学生党员相结合的基层党建模式。

诚如中共中央、国务院《关于进一步加强和改进大学生思想政治教育的意见》所述："一些大学生不同程度地存在政治信仰迷茫、理想信念模糊、价值取向扭曲、诚信意识淡薄、社会责任感缺乏、艰苦奋斗精神淡化、团结协作意识较差、心理素质欠佳等问题。"本项目的目的，在于以目前高校基层党建的实效性为目标，经过对郑州大学学生党员思想政治教育现状的调研和把握，做到"寻诊问脉，对症下药"，全面提高郑州大学思想政治教育的实际效果，摒弃华而不实的形式主义，为郑州大学高校基层党建工作的开展提供有力借鉴，形成具有郑大特色的教工党员"双带头"实施工程。

三、项目内容及实施过程

随着市场化发展以及新媒体手段的不断出现，尤其是消费主义浪潮和西方自由主义思潮的蔓延，高校德育教育和党建工作出现了全新的问题和挑战。改革开放和分配结构的变革，正在引起人们思维结构的悄然变化。高校教师党员作为高等学校教育实施者的主体，承担着教学科研和教书育人的双重任务，面对全新的时代和全新的工作对象——"95后"，甚至于"00后"大学生，如何运用自己的专业知识和牢固的共产主义信仰来实现价值引领，就成为摆在高校思想政治工作面前的一大难题，也是高校德育教育和党建工作的头等大事。

经过查阅大量文献，项目成果实施之前，已经在部分地区和省份开展了前期的试点，并且取得了一定的积极效果。通过材料分析，高校党建"双带头人"培育工程包含多种方式，选拔任用和考核培养也包括诸多环节。具体到"双带头人"选拔标准而言，主要有如下几点。

第一，政治素质高。政治觉悟高，价值信念坚定，服务意识和宗旨意识强，具有政治觉悟、大局观念、核心认识、看齐意识，积极主动学习、贯彻、落实党的思想路线和国家教育方针部署要求，对错误思潮和不正之风敢于主动进行斗争，从而贯彻落实我党"立德树人"的目标要求。

第二，师生威信高。有一定群众威信力和价值引领力，有能力带领支部师生党员群众共同做好学生培养、教学研究、公共服务、文化传承、国际交流合作等方面工作，乐于奉献，服务群众，能够得到师生群众的普遍信任。

第三，德育教育能力强。热心德育事业，热心党务工作，熟悉党建业务，有较好的组织协调和沟通能力，能够积极主动承担思想政治和群众工作任务，能够真实代表反映师生党员的心声，把党的理论方针政策宣传到师生群众中去，由先进党组织或优秀党务工作者表彰。

第四，学术科研能力强。在科学研究、教学实践、公共服务和人才培养等方面业务能力突出，有能力带领团结师生党员积极投身于人才培养、教学实践、校企合作、服务群众等各项工作，在学术造诣和师德师风领域具有特殊影响力和领导力。

四、开展全员育人"加油站"工程做法

水利与环境学院党委开展"双带头人"培育工程的前期条件。①水利与环境学院实行"全员育人"模式始于2009年，积累大量经验，具有成熟模式和完善制度，曾经荣获河南省2014年全省高等学校思想政治工作优秀品牌荣誉。②队伍保障，水利与环境学院党委拥有以王复明院士为领军人物、以国家和省级各类人才为核心、以中青年教师为骨干的高素质教工党员队伍。③活动支撑，曾开展过"我爱学院"等类似主题教育活动，效果显著。④组织保障，学院拥有一支极具基层战斗力、凝聚力的基层党组织，学院党委和交通运输工程系支部分别荣获"河南省高校先进基层党组织"荣誉称号。

高校教师党员是高校党建工作的依靠力量，教师的事情由教师解决。高等学校基层党组织的主要职责就是团结带领广大师生群众，认真学习贯彻落实党和国家的教育方针，从而培养一批理想信念坚定、学业水平突出的社会主义建设者和接班人，做好高校思想政治的吹号手；积极主动创新党建工作方式、方法，当好基层支部工作的旗手；坚持立德树人目标，当好科学研究、教书育人的"冲锋手"。加强思想建设，明确政治身份；以服务学校、学院为中心工作，完成各项任务；密切联系群众，服务师生，践行党员职责；打造团结奋进基层组织，提高凝聚力和战斗力，坚持"一岗双责"，完善"三会一课"等党内政治生活制度，切实加强思想育人。

（一）加强培训，明确责任

2016年，在全国高校思想政治工作会议上，习近平总书记对继续加强高校基层党建工作，创新高校基层党建工作方式、方法做出了具体指示与要求，其中明确要求要定期不定期地开展基层党支部书记培训，提高他们对党的基础知识的认识水平，明确党的纪律规矩的底线意识，创新党建工作方式、方法，用于提升党建工作上台阶、上水平。

根据"双带头人"的需要，学院选拔学院党政领导班子成员，基层党支部书记、组织委员、宣传委员，工会组织和班主任、政治辅导员等党政干部，以及部分学生代表开展专门培训。2017年4月，学院党委专门开展赴济源市委党校暨愚公移山精神干部学院学习培训，通过课堂教学、实践教学和参观学习，感受愚公移山精神的高大厚重，积极响应习近平总书记关于践行愚公移山精神的号召。

为加强学院党委"双带头人"党政干部队伍纪律建设，2017年6月29日，学院党委组织各个党支部书记、委员以及学术带头人等"双带头人"队伍参观河南省廉政文化教育馆，用活生生的廉政案例，引领和教育广大党员干部要牢固树立底线意识和纪律观念，加强修养，锤炼党性，奉公守法，廉洁自律。通过参观展览，"双带头人"充实了对廉政文化的认识，经受了深刻生动的廉政教育。主题教育将进一步帮助教工党员筑牢底线意识，时刻保持清醒头脑，遵纪守法，克己奉公，切实做到警钟长鸣、廉洁自律，做一名不忘初心、砥砺前行的合格的共产党员。

为进一步加强教工党员教育，提高"双带头人"队伍建设，学院在2017年暑假，专门组织抽调学院党政骨干力量，以学院党政领导班子成员、各个支部书记、支部委员、教授委员会委员为主体，以辅导员、班主任为重点，抽调学院党建的中坚力量共计45人，赴革命圣地延安市委党校提高、学习。本次培训班作为学院党委重点工作，结合"双带头人"培育工程，本着以加强教育、熏陶感染为主线，以学院党委党建骨干为基础，开展为期一周的集中学习培训。通过课堂教学、情景教学、实践教学和参观感触，本批党建骨干分子备受感动，尤其是在党和国家早期领导人的光荣事迹感召下，在重温入党誓词、重走革命道路、重唱革命歌曲、重读革命经典的过程中，全体培训班成员深受感触，加深了对党伟大事业的敬重，锤炼了党性，锻造了品格，为学院党建的进一步开展和"双带头人"培育工程打下思想基础。

通过专题培训和外出学习，"双带头人"的人才基础基本具备，并且结合"两学一做"和群众路线教育活动，教工党员的身份意识和党性觉悟得到很大的提高。尤其是作为学院党建的骨干力量，学院党政领导班子、支部书记、支部委员、教授委员会成员以及学生政治辅导员和班主任，在学习和培训中提高了觉悟，凝聚了力量，交流了想法，为"双带头人"培育工程奠定了良好基础。

（二）选拔评优，党群配备

"双带头人"应当具备坚定的思想政治素质、扎实的党务工作能力、优异的教学科研水平、良好的群众基础。在选配工作中应重点考察具有一定的政治理论水平和过硬的政治素质，愿意从事党务管理工作，具备一定的群众工作经验，能够耐心做思想政治工作，可以妥善处理相关矛盾冲突，维护和谐稳定，长期奉献于国家教育事业，拥护党的领导，具有社会主义核心价值观和高尚的师德师风，克己奉公，敬业奉献，热爱党建工作的优秀教师党员。

选拔任用"双带头人"，总体规划归学院党委，具体实施工作由各系基层党支部以及项目组负责运行，学院党委最终审核、决定、考察和管理，一般由支部委员会或党员大会选举产生。为了提高学生培养质量和基层党建效果，建议将政治立场坚定，热爱学生工作和党建工作，且符合相关条件的教师骨干选拔进"双带头人"队伍。

同时，学院党委结合实际，重点选拔培养一批教师党员"双带头人"后备队伍，加强重点培养和长期关注，实行全过程、全员育人尝试，并且根据工作需要，重点选拔一批热爱基层党建工作和学生工作的青年党员担任学生班主任，协助政治辅导员开展工作，还可以重点推荐学生入党，在熟悉基层党务工作的同时，也锤炼个人的党性觉悟和政治意识，最终为教工党支部的发展提供经验基础。

（三）基层党建，责任落实

制定学生党员导师制度，与学院现行的本科生导师制相结合，明确导师除学术指引、科技创新、生活指导职责外，切实履行党员导师职责。学院抽调党建骨干作为学生班主任，不但担任学术研究指路人，还强化班主任的政治责任感和党建带头人的责任意识。尝试引导班主任在党员发展和学生支部党建中的价值引领作用，从学术引领到价值导航，全方位打造"全员育人"新模式，打破传统班主任政治身份的局限，有力地调动青年班主任和"双带头人"积极参与学生支部工作，丰富高校基层学生党建工作队伍。

（四）健全激励，保障机制

学院党委积极关注"双带头人"培育的情况，从政治、思想、工作、生活和制度支撑等方面关心、支持教师党员"双带头人"。学院党政领导班子成员、党委委员分别联系1~2个教师党支部；系党支书记兼任学生班主任和党建导师，积极同学生谈心谈话2次，了解学生学习情况和思想状况，参与指导学生党员开展党建工作，激发"双带头人"教工党员的干事热情，帮助其尽快成长。教师党支部书记代表根据需要可列席学院重大会议，部分"双带头人"被纳入学院党委中心组学习,积极发挥其在本单位教职工职称评定、岗位晋升、人员选任、学习教育等方面的作用。

五、全员育人工程的成果

自从全员育人工程实施以来,学院全体教师党员双带头、双促进,实现个人学术和育人成果的高度统一。从学院德育教育成果来看,近5年来,学院曾经荣获教育部黄大年式教学团队1个(左其亭团队),2014年河南省高等学校思想政治工作优秀品牌1个(全员育人工程),2019年河南省高校党支部工作案例1个(教工党员"双带头人"培育工程,打造党建"全员育人"创新模式),2016年学院交通系党支部、2019年学院水文与水资源系党支部分别荣获"河南省高等学校优秀基层党组织"称号。

从学生培养角度来看,近5年,本科生软件著作权登记464项,专利授权494项,其中,发明专利3项,创新实验立项131项,发表学术论文913篇;省级以上学科竞赛获奖1446人次;研究生录取率为40%左右,近10年平均就业率在96%以上。学院连续10年荣获郑州大学学生工作先进集体、学生科技创新先进集体(第一名),实现了学生德育素质和学术素养的双重提升。

六、成果未来展望

学院将以职工党员"双带头",全员育人"加油站"成果为依托,充分发掘高校基层党建和高校育人工作的新模式,按照教育部思政司关于高校思想政治工作要求,打造"全员、全过程、全方位"的"三全育人"模式,为全国水利行业培养更多、更优秀、更过硬的专业技术和管理人员,为中国的水利事业再立新功。

以兵团精神为基石搭建边疆高校课程育人体系
——以石河子大学水利水电工程系农业水利工程专业为例

王振华，李文昊，何新林

（石河子大学　水利建筑工程学院）

摘要： 石河子大学农业水利工程专业历经近60年发展，坚持为党育人的初心、为国育才的立场，紧抓师资引进、培养、评价和奖励等关键环节，形成一整套有特色的高水平师资队伍建设体系，构建了培养目标、课程体系、毕业要求"三环节一主线"的培养模式，形成了基于工程认证理念的农业水利专业人才培养体系，从突破教材和章节定式进行教学内容改革，采用最直观、最有效的教学方法改进教学方式，到利用网络新媒体改善教学手段，推进混合式教学改革。从改善实践教学硬件设施、指导学生实践项目、创新创业教育、党员先锋志愿服务系列活动上推动实践教学质量提升；从改进课程考核、开展德育考试上发展多元化评价体系。形成了以弘扬兵团精神为育人基石，以服务维稳戍边为发展特色的农业工程专业课程育人体系。培养了一大批"下得去、留得住、干得好"的边疆农业水利建设技术人才。深刻回答了"培养什么样的人、如何培养人、为谁培养人"这一根本问题。

关键词： 兵团精神；师资建设；培养方案；课程教学；课外实践；考评机制

一、石河子大学农业水利工程专业课程育人体系建设背景

党的十八大报告关于"把立德树人作为教育的根本任务，全面实施素质教育，推动高等教育内涵式发展，培养学生社会责任感、创新精神、实践能力，为社会主义现代化建设服务"这一精辟论述，导引出今后一段时期内高校德育研究探索的方向和出发点。2018年9月10日，在北京召开的全国教育大会上，习近平总书记再次指出，要努力构建德智体美劳全面培养的教育体系，形成更高水平的人才培养体系。要把立德树人融入思想道德教育、文化知识教育、社

会实践教育各环节。近日，教育部印发了《关于深化本科教育教学改革全面提高人才培养质量的意见》，要求"坚持立德树人，围绕学生忙起来、教师强起来、管理严起来、效果实起来，深化本科教育教学改革，培养德智体美劳全面发展的社会主义建设者和接班人"。

自1954年10月新疆生产建设兵团成立以来，广大兵团军垦职工栉风沐雨，扎根边疆，艰苦奋斗，忠实履行着国家赋予的屯垦戍边的光荣使命，形成了以"热爱祖国、无私奉献、艰苦奋斗、开拓进取"为主要内涵的兵团精神。石河子大学与共和国同龄、与人民军队同源、与兵团精神同根，是祖国最西北的一所"211工程"重点建设高校，入选国家"双一流"建设一流学科建设高校，2018年入选"部省合建"高校，被纳入教育部直属高校排序，成为维稳戍边、建设边疆的重要力量。近日，教育部党组成员、副部长翁铁慧来校调研，对石河子大学在内地生源留疆工作上的成效给予了肯定。农业水利工程专业始建于石河子大学前身石河子农学院成立之初，1960年开始本科招生，始终探索并形成了具有可示范、有推广意义的课程育人建设体系，为石河子大学乃至边疆所有高校培养"下得去、留得住、干得好"的专业技术人才提供了范例。

二、农业水利工程专业课程育人体系建设的主要做法

历经近60年发展，农业水利工程专业始终坚持以弘扬兵团精神为育人基石，以服务维稳戍边为发展特色，在师资队伍建设、培养方案修订、课堂教学、课外实践、考核设计等多环节融入德育教育元素，进行全方位课程育人体系建设，实现全员育人、全过程育人、全方位育人的"三全育人"模式，构建"大思政"育人格局。

1. 高水平师资队伍建设是推动课程育人的关键

高校教师是科学文化的传播者，是思想道德素质和创新精神与实践能力的培育者。因此，高水平师资队伍建设是推动课程育人的关键环节。经过多年发展，石河子大学农业水利工程现有本专业教师47人，其中，正高级职称15人，副高级职称21人，中级职称11人，具有高级职称的教师比例达到76.6%；具有博士后1人，博士14人，硕士22人；本专业还有专职辅导员教师4名。

农业水利工程专业教师除了参加为期半年的岗前培训，积极参与青年骨干教师培养计划、青年教师讲课竞赛等大学组织的能力提高环节外，本专业还通过紧抓师资引进、培养、评价和奖励等关键环节，历经近60年发展与积淀，形成了一整套有特色的高水平师资队伍建设体系。

高层次人才引进是提高师资队伍建设水平的基础。近年来，农业水利工程专业先后引进西安理工大学毕业的王春霞博士、新疆农业大学毕业的张金珠博士和姜海波博士、长安大学毕业的乔长录博士；输送青年骨干教师陈伏龙、周阳、杨广、刘洪光到天津大学、武汉理工大学等校攻读博士并已获得博士学位；另有金瑾、李玉芳、刘兵、田艳、杨海梅5位教师博士在读；输送樊家军、柏杨两位专职辅导员到武汉大学、新疆大学攻读思想政治教育学博士。

有特色的培养体系是高水平师资队伍建设的抓手。农业水利工程专业经过多年发展，形成了课程组新老教师结对认亲制度，与对口支援高校建立导师培养制度，举办农业水利工程专业教师讲课比赛，职称晋升前进行为期半年的专业教师实践锻炼，形成相互听课10课时制度，开展春踏青、夏登山、秋赏叶、冬堆雪等有特色的体育交流活动。

实时评价与奖励是高水平师资队伍建设的动力。每学期结束农业水利工程专业都会组织一次总结大会，每位教师都会针对本学期的教学、科研和社会服务等方面进行叙述，领导进行点评，最终评选出优秀人才，利用校友捐赠的专项经费进行奖励。近期，水利建筑工程学院还利用农业工程学科经费出台《支持教师发展计划》，促进教师成长、成才，带动学科发展。

2018年2月，教育部出台了《教师教育振兴行动计划（2018—2022年）》，明确指出"落实师德教育新要求，增强师德教育实效性"。石河子大学农业水利工程专业教师以学生为中心和以立德树人为根本任务，不断提升自身素质。近年来，在推动课程育人过程中，也取得了一些成绩。王振华、何新林、柏杨荣获石河子大学70周年"杰出贡献人员"称号；乔长录、王海娟荣获全国水利类专业青年教师讲课竞赛一等奖，龚萍荣获二等奖；王振华、李文昊荣获第一届全国大学生农业水利工程及相关专业创新创业竞赛"优秀指导老师"荣誉称号；专职辅导员柏杨作为兵团代表参加习近平总书记主持召开的学校思政课教师座谈会，并与习近平总书记亲切握手，还荣获第五届全国高校辅导员职业能力大赛三等奖。

2. 培养方案修订是推动课程育人的基础

农业水利工程专业高度重视本专业本科人才培养质量，基于"学生中心、成果导向、持续改进"理念，构建了培养目标、课程体系、毕业要求"三环节一主线"的培养体系，形成了基于工程认证理念的农业水利专业人才培养模式，以学生德、智、体、美全面发展为根本，设置了科学合理的全课程体系架构，培养适应国家尤其是边疆少数民族地区农业水利工程建设发展需要，具有系统的农业水利工程学科基础理论、扎实的专业知识和基本技能、良好的人文素养和工程职业道德的应用型高级工程技术人才。

全课程体系架构，农业水利工程专业培养对象为全日制本科院校学生，培养方案主要由思想政治理论课、通识教育课和专业课三部分组成，全课程体系课程架构如表1所示。

表1 全课程体系课程架构

课程类型	理论课 课时	占比/%	实践课 课时	占比/%
必修课	108.0	57.3	51.0	27.0
选修课	22.0	11.7	7.5	4.0

表2 德育课程分布情况

课程	必修课（总159课时） 课时	占比/%	选修课（总29.5课时） 课时	占比/%
德育课	27.0	17.0	7.5	25.0

根据表1不难看出，本专业人才培养方案的全课程设置中，理论课程的课时总量占到总学时数的69.0%，实践课程的课时总量占到总学时数的31.0%。全课程体系综合体现了夯实理论基础、强化实践创新的人才培养模式，契合高等教育人才培养理念，彰显了理论知识培育优先、专业技能够用的育人目标。由表2可以看出，必修课中德育课程为27课时，在必修课中占比17.0%，这一数据在选修课中分别为7.5和25.0%，占比均较高，体现了农业水利工程专业对学生品德培养的重视程度及相关方面教育资源的投入力度。

在该人才培养方案中，创造性地开设了极具特色的多模块选修课，将所有选修课系统地分为专业方向一、专业方向二和拓展模块三部分，引导学生结合自身实际学习情况、个人兴趣爱好及就业择业方向等诸多因素，在一个完整的方向模块进行选择性修读。这有助于高校因材施教，有针对性地培育当今社会各行各业急需的多维度、高素质工程技术人才。

全课程体系的德育课程设置，为全面落实素质教育奠定了基础，在注重大学生专业知识、技能培养的同时，也加大了对学生德育方面教育的力度。结合人才培养方案的全课程设置理念，分析得出德育课程设置在该方案中的特征，如表3所示。

表3 德育课程设置特征

课程类型	德育课程分布特征	
	学分数/分	学分占比/%
德育课程	25.0	13.3
德育辅助课程	9.5	5.0
总计	34.5	18.3

通过表3可以看到，德育课程在该方案的全课程体系中所占比重较大，其中德育课程以及德育辅助课程所占总学分数的比重为18.3%。同时，为避免德育教育仅停留在课堂教学上，本专业专门设置第二课堂，依据"'第二课堂成绩单'制度实施方案"认定其选修学分，鼓励引导学生走出课堂、走出校园、走进社会，以生活为本，以实践为中心，密切联系学生实际并回归现实生活，深化德育教育，显著提高了高校德育教育的成效。

3. 课堂教学是推动课程育人的抓手

教育部高教司发布《教育部关于加快建设高水平本科教育，全面提高人才培养能力的意见》，要求"全面提高教师教书育人能力，提高教师现代信息技术与教育教学深度融合的能力"。课堂教学是高校对大学生进行知识传播的主渠道，农业水利工程专业积极采取切实可行的措施，把"热爱祖国、无私奉献、艰苦奋斗、开拓进取"的"兵团精神"融入教材和课堂，通过改革教学内容、改进教学方法和改善教学手段，图文并茂，从多维度形象生动地入耳、入脑、入心，将"兵团精神"的德育教育价值贯穿农业水利工程专业育人的全过程，培养学生的志趣，提高他们的人文素质。

农业水利工程专业始终以培养学生为中心，从现实性、前沿性两个维度融入兵团发展及兵团精神相关元素，突破教材和章节定式进行教学内容改革。现实性主要体现在高校中很多理论性的课程都会让学生觉得枯燥乏味，缺乏吸引力。要让课堂"活"起来，就要把教学内容与兵团的典型农业水利工程相关背景和发展历程融合起来，联系学生的生活阅历与课外实习，唤醒学生的主体意识，引导他们将对工程的认知和分析转化为解决现实问题的能力。前沿性主要体现在信息快速传播、经济快速发展、科技快速腾飞的时代，只有迅速捕捉前沿信息才能跟上时代发展的步伐。建成全国节水灌溉示范基地、农业机械化推广基地、现代农业示范基地，是国家赋予兵团的首要任务之一。农业水利工程专业只有通过课堂传递给学生最前沿信息，培养符合社会需求的复合型人才，才能推动兵团农业现代化继续领跑全国。

采用最直观、最有效的教学方法是农业水利工程专业改进教学方式的核心。王振华教授主讲的农业水利工程专业"灌溉排水工程学",除了采用课堂教学传授知识,在课程设计环节让学生巩固、运用所学知识外,还让学生走出课堂,让学生根据课程设计成果,分组选择合适的水泵、管材和管件等,进行滴灌、微灌和喷灌工程引水器、输配水器和灌水器等组成的安装;同时,测试不同压力条件下管道系统的安全性能,实测不同灌水技术在不同压力条件下的灌水均匀度、滴头流量等指标,让学生在理论学习、技术掌握和实践应用等方面得到全方位锻炼。"道路与人生"课程通过走进电影院,感悟兵团精神。"道路与人生"每学期都会安排一堂特殊的活动课,通过学生与多名授课教师面对面交流、学生分组节目展示、观看爱国主义教育影片等形式,不断提升思政教育质量,引导学生真正树立起正确的价值观念。

改善教学手段主要是针对当前网络新媒体在学生中吸引力不断攀升的特点,积极利用石河子大学在线教育综合平台和石河子大学树下课栈慕课制作基地,推进农业水利工程专业混合式教学改革。农业水利工程专业利用在线教育综合平台THEOL,累积开设课程45门,学校混合式教学改革专项立项建设7项,截至目前,全面开展在线教学和混合式教学的课程有"灌溉原理与应用""土壤农作学""水土保持学"等。农业水利工程专业所有学生利用慕课制作基地智慧树平台进行选课,可选"水工程法规"和"地下水利用"等13门课程。

近3年来,农业水利工程专业教师承担石河子大学混合式教学改革项目7项,推动石河子大学混合式教学实践案例入选联合国教科文组织"混合学习助力优质高等教育案例集",获得教育部在线教育研究中心"智慧教学试点项目单位"和"混合式教学试点单位"称号。通过推进混合式课程改革,学生的独立自主学习能力、获取信息能力、批判性思维能力和创新思维意识得到了提高。"基于工程认证历年的农业水利专业人才培养模式的构建与实践"荣获石河子大学教学成果一等奖、自治区教学成果二等奖。

4. 课外实践是推动课程育人的助力器

课外实践是推动课程育人的重要环节,能促进学生更加系统地掌握专业知识、直观地了解社会需求、增强社会责任感、培养吃苦耐劳的精神和敏锐的社会眼光。农业水利工程专业紧紧围绕"培养什么样的农业水利人,如何培养新时代的农业水利人"这一时代命题,在提升实践教学质量、指导学生实践项目、培养创新创业项目、参与党员先锋志愿服务等方面,融入区域需求,融入兵团精神,融入石大特色,开展了一系列有特色的德育创新实践,实行思想道德素质与专业素质齐头并进的农业水利人才培养方法,教学效果十分显著。王振华教授荣获石河子大学教学研究实践奖，其承担的"农业水利工程专业实习实践教学模式"，荣获石河子大学教学成果三等奖。

在提升实践教学质量上，伴随农业水利工程专业入选教育部"卓越工程师计划"，通过国际工程教育认证，获批石河子大学一流建设专业，农业工程学科入选教育部省合建牵头学科，教育部和大学都对农业水利工程专业实践教学平台建设给予了大力支持。水利与土木工程教学实验中心、现代节水灌溉兵团重点实验室等实践教学平台，农业水利工程专业实践教学相关仪器设备总资产超过 1500 万元，仪器设备总数超过 1200 台（件）。经过发展，农业水利工程专业还建成一支 14 人的研究生以上学历专职实验教学团队，编制《灌溉排水实验指导书》等农业水利工程专业实践教学相关指导书籍 8 部，同时，与兵团十三师勘测设计院、阜康市水务局、奎屯河流域水利工程灌溉管理处等 15 家单位签订共建实习教学基地合作协议，为农业水利工程专业高质量实践教学奠定基础。

在指导学生实践项目上，农业水利工程专业始终坚持有特色的社会实践活动是高校课程教育的第二课堂。通过出台《农业工程部省合建学科支持本科生拔尖创新人才培养计划》，利用学科经费，支持农业水利工程专业导师对本科生进行"一对一"辅导，有目标、有计划地培养学生实践能力。通过组织学生参观新疆乃至全国典型农业水利工程，学生具体、直观地了解农业水利行业的复杂性和艰苦性，更深刻地感受到农业水利事业是一项惠及百姓的民生事业。通过支持学生实践项目，帮助学生了解社会需求，利用所学知识解决农业水利工程技术难点。近年来，农业水利工程专业寒暑期社会实践及科研创新活动受益面 100%，获全国大学生水利创新设计大赛、挑战杯全国大学生课外学术科技竞赛等各类国家级奖项 29 人，获省部级奖 68 人。2019 年，农业水利工程专业学生在第六届全国水利创新设计大赛中荣获特等奖 1 项、一等奖 2 项，石河子大学获得优秀组织奖；在首届全国大学生农业水利工程及相关专业创新设计大赛中荣获特等奖 1 项、二等奖 2 项、三等奖 1 项，李文昊、王振华两位教师荣获"优秀指导教师"称号；在石河子大学第十六届"挑战杯"大学生课外学术科技作品中荣获一等奖 2 项、二等奖 1 项；在兵团第十一届"挑战杯"大学生课外学术科技作品中荣获一等奖 2 项、二等奖 1 项；在第十六届"挑战杯"全国大学生课外学术科技作品竞赛中获三等奖 1 项，进入全国赛答辩环节（二等奖以上）1 项。

创新创业教育已经成为农业水利工程专业学生思想道德素质建设的重要组成部分。坚持以兵团精神育人，扎实推进学生创新创业教育工作，为边疆培养农业水利工程创新创业人才，促进就业质量提升，已成为实践课程教育工作的重要使命。依托现代节水灌溉兵团重点实验室设有滴灌设备产业孵化基地。近年来，获批国家大学生创新创业项目 20 余项；获批石河子大学国家大学生创新创业项目 50 余项。2019 年，在石河子大学第五届"互联网+"大学生创新创业大赛中，获高教主赛道二等奖 2 项、三等奖 1 项，获红色赛道二等奖 1 项，在兵团赛区第五届"互联网+"大学生创新创业大赛中荣获三等奖 2 项。

党员先锋志愿服务系列活动是农业水利工程专业创办，在全大学推广的一项德育教育实践活动。活动以学生党员为主，全员参与。品牌活动包括：辅助迎新工作，每到学年开学之初，党员先锋志愿服务队都会协助学院完成迎新工作；帮助退休老教师，学生党员与退休老教师结对子，定期到老教师家里打扫卫生、帮助收拾家务、买菜等；"爱心基金"捐赠活动，每学期举行一次，引导学生通过自身劳动获得报酬，帮助身边困难同学；捐书助学、志愿服务敬老院、辅助石河子创城活动等；党员先锋志愿服务，已经实现自觉"学雷锋"和常态化志愿服务。

5. 完善考评机制是推动课程育人的保障

农业水利工程专业顺利通过两轮国际工程教育认证，标志着本专业人才培养质量已达到国际实质等效的工程教育标准及要求，进入全球工程教育"第一方阵"。为积极贯彻工程认证教学理念，进一步提升教育标准及教学质量，提高毕业生的国际竞争力，本专业紧密围绕学生的认知能力，科学地设置考查形式和内容，修订完善了有助于大学生素质全面发展的考核评价机制。

改进课程考核，发展多元化评价体系。通过建立过程性考核与结果性考核有机结合的课程考核制度，最大限度地避免了期末考试偶然因素对学生评价的影响，充分调动学生课堂的积极性。严格考勤、作业等学习过程考核和考试结果考核，激励学生主动学习、刻苦学习，促进了良好学风和考风的形成。同时，建立学生评价授课教师的机制，就教师授课内容、方式等方面打分，以此督促教师端正教学态度和提高教学水平，以身作则引导学生成长成才，将德育教育融入学生日常课程。

在此基础上，制定了学业警示制度、留级制度和退学制度等（见表 4），综合形成了一套科学合理的多元化考核评价体系，有效提高了教育教学和人才培养质量。

表 4 部分考核评价机制

	累计挂科学分	措施
学业警示	6	辅导员、班主任与学生面谈，就学生学习状态给予警示，督促努力学习
留级	12	学院相关领导与学生面谈，沟通留级相关事项，督促学生后续努力学习，确保顺利毕业
退学	24	学校/学院相关部门下发退学决定，辅导员、班主任与学生面谈沟通

同时严把考试关和毕业关，坚决取消"清考"，严肃处理各类毕业设计（论文）中的学术不端行为，严格毕业要求，严把学位授予关，健全了人才培养质量过程监管制度。一是完善了学分制，建立与学分制改革和弹性学习相适应的管理制度，扩大学生学习自主权、选择权，实现以学分积累作为学生毕业的标准。二是完善了学士学位制度，通过设立辅修学士学位，推行辅修专业制度，促进复合型人才培养；开展双学士学位人才培养项目，为学生提供跨学科学习、多样化发展机会；实施联合学士学位培养项目，促进不同特色高校协同提升人才培养质量。

优化德育素质考核，保证正能量和实效性。建立优化了一套德育考核体系，从单一的教师主体评价向多元主体评价转变，将每名学生的德育课程表现、日常生活表现以及参与活动表现作为考核指标，使学生德育素质评价具有客观依据，促进大学生自我审视、自我发展和自我完善。

本专业德育素质考核体系坚持正面倡导为主、负面抑制为辅，肯定为主、否定为辅，自我教育为主、批评教育为辅，积极强化正面激励作用，在纵向上引导学生不断进步，在横向上则着力促进学生的全面发展，避免人才培养中存在"重智轻德""见分不见人""重硬件轻软件"的偏向。将每名学生的日常生活表现、学习表现以及参与活动表现作为考核指标，每周在班级内进行公示确认，每月一总结，在学期末让学生本人根据相关考核指标进行自我考核，广泛听取其他学生的意见。通过周评、月总结、自评、核查、公示，保证德育考核评价结果公平、公正、客观，这有利于学生认识自己的不足，以便在今后的学习生活中改正错误和提高自身素质。

三、石河子大学农业水利工程专业课程育人体系建设成效与启示

习近平总书记说过："一个国家、一个民族的强盛，总是以文化兴盛为支撑的。没有文明的继承和发展，没有文化的弘扬和繁荣，就没有中国梦的实现。"高校不仅是科学知识的传播圣地，更是文化传承和引领之处。石河子大学始终秉承"以兵团精神育人，为维稳戍边服务"的办学特色。通过兵团精神教育，建校70年以来，石河子大学先后培养各类毕业生18.3万人，本科毕业生就业率始终保持在90%以上，64%的毕业生留在新疆、兵团就业，形成了边疆"高校育人"到"教育留人"的良好局面，开创了"教育戍边"人才流向新疆的独特机制，高度契合党中央关于新疆社会稳定和长治久安，兵团深化改革、向南发展的战略部署。

经过长期发展，农业水利工程专业于2013年入选教育部"卓越工程师计划"；在2015年通过国际工程教育专业认证，成为新疆第一个通过国际工程教育认证的专业，并于2018年通过第二轮国际工程教育认证；2019年获批石河子大学一流建设专业。近两年，荣获石河子大学教学成果一等奖1项、二等奖1项，自治区教学成果二等奖1项。同时，建有农业水土工程硕士点、农业工程一级学科硕士点和博士点，形成了以本科教育为主，具有硕士和博士研究生教育的多层次人才培养体系。农业工程学科入选教育部省合建牵头学科，第四轮学科评估为B⁻，是石河子大学排名最靠前的两个学科之一。2019年，获批农业工程博士后流动站。本专业多年平均就业率超过98%，留疆率为74%；累积为边疆输送传承红色基因、秉承艰苦奋斗的农业水利工程建设高级技术人才2400余人，其中，少数民族技术人才200余人。农业水利工程专业的发展与壮大，传承了以"热爱祖国、无私奉献、艰苦奋斗、开拓进取"为主要内涵的兵团精神，培养了一大批"下得去、留得住、干得好"的边疆水利建设技术人才，支撑了国家赋予兵团"三大基地"建设目标的实现，深刻回答了"培养什么样的人、如何培养人、为谁培养人"这一根本问题。10月12日，全国高校思政网在主页头条推荐石河子大学"'兵团精神'课程育人的本土化演进"专栏，集中展示了石河子大学"三全育人"取得的阶段性成果，全面呈现了石河子大学把"兵团精神"融入育人工作的特色模式。

石河子大学农业水利工程专业将课程育人体系建设与兵团精神有机融合，无疑会让更多大学生有更多机会了解兵团和区域发展，认知兵团精神，引导大学生树立正确的世界观、人生观和价值观。因此，边疆高校课程育人体系建设与地方文化有机融合，既是高校教育之目的所在，也是优秀文化传承和弘扬之所需。

铸造有爱灵魂　培育向上生命
——河海大学"三爱"心理育人新模式实践与探索

吴红，刘取芝，陈诗卉

（河海大学）

摘要：在新一代大学生人际矛盾频发、责任意识淡化的背景下，河海大学坚持育心与育德相结合，积极探索"爱自己、爱他人、爱世界"的"三爱"心理育人新模式，以培养自信、有爱、向上的积极健康新人才为目标，构建"教育教学、实践活动、咨询服务、危机干预""四位一体"的心理健康教育工作格局。全覆盖开设心理健康课程并建设"爱的心理学"在线开放课程；开展"LOVE·心旅"品牌心理健康活动，包括艺术田、公开课、观影部落、七天营、故事花园、读书坊等，注重参与性、体验性；构建身心整合、心理成长服务体系，实施"水滴滋养计划"；强化危机干预，建立动态心理危机预警信息库，1人1册实施心理危机高风险学生个案管理。"三爱"心理育人理念及模式影响广泛，2018年获评全国首批高校学生思想政治工作精品项目。

关键词：心理育人；"三爱"；"LOVE·心旅"；水滴滋养计划

一、背景思路

长期以来，我国心理育人领域形成了"我爱我"的基本格局，心理健康教育从国家方针到政府认识都以唤醒和教育学生关注个人自身的适应与健康为主，较少提及如何对待他人和社会；较多聚焦于大学阶段的适应问题，较少为未来的健康人生做准备。"我爱我"是我国心理育人起步阶段的理念核心，其目的和意义在于唤起个体和社会对自身心理状态的关注，为个人幸福人生准备条件，在心理育人从无到有的起步阶段具有启蒙性的进步意义。但"我爱我"不能概括心理成长的全部内容，一个人格完整、幸福快乐的人不仅尊重和相信自己、关心自己的心理健康，同样尊重和相信他人、关心他人的心理健康，并且对社会能够担负起自己的责任，具有社会责任感和生命意义感。同时，新一代大学生总体上富有朝气活力，但由于成长背景、社会环境等因素影响，人际矛盾、责任意识不足的问题较为常见。因此，心理育人应着眼于学生的现实问题，将育心与育德相结合，以培养自尊自信、心怀他人和社会、积极担当的健康新人才为目标。

基于此，河海大学积极探索基于生命全程视角的"三爱"心理育人新模式，以促进学生形成"爱自己、爱他人、爱世界"积极健康的人格为根本目标，构建包含对待自己、他人、社会均持积极健康态度在内的心理育人工作体系。

二、主要做法

建立"学校—学院—班级—宿舍"心理健康教育四级工作网络。校级层面建设了包含8名专职教师、1500平方米空间、50万元年度运行经费的现代化心理健康教育与研究中心，形成了有力的心理育人工作平台。学院层面成立心理健康辅导站，负责本学院心理育人具体实施。班级层面每班指定两名班委为心理负责人，其中，1名为心理委员，另1名为性别与心理委员相对的班委。宿舍层面每个宿舍设立宿舍长，负责本宿舍同学心理动态观察、心理信息传递和宿舍互助友爱氛围营造。

学校以"爱自己、爱他人、爱世界"的"三爱"理念为根本，建设了"教育教学、实践活动、咨询服务、预防干预""四位一体"的心理健康教育工作格局。

（一）教育教学——全覆盖开设心理健康课程，建设"爱的心理学"在线开放课程

全覆盖开设"大学生心理健康"必选课，大一开设，1学分16学时。结合学生成长需要进行教学内容整体设计，包括心理健康导论、认识且悦纳自我、生涯规划及自我管理、压力与情绪管理、学会交往、爱情及性、生命意义与价值、心理咨询八讲。灵活运用各种教学形式，建构"知识传授—心理体验—行为训练""三位一体"教学模式。一是进行必要的心理知识科普，采用"讲授+讨论+视频观看+电影片段播放"的教学方式，使知识传授不再枯燥或脱离学生生活实际；二是促进深入的心灵自我觉察，通过小组讨论、课堂练习、心理测试等方式，帮助学生探索自我、提高自我觉察水平；三是开展持续的成长发展训练，编写《学生心理行为训练发展手册》，学生同步完成相应的体验训练内容。与此同时，组织编写教材《心灵成长之路——大学生心理健康》教材。

开设"大学生积极心理学""大学生实用心理学""心理学与人生""领导力心理学"等多门选修课程。

为贯彻"三爱"理念，普及爱的心理学知识，学校自主开发"爱的心理学"在线开放课程，内容涉及"爱是什么""不同类型的爱""我们为什么需要

爱""喜爱和欣赏自己""你如何爱别人""爱情与爱""什么阻止了爱与被爱"等，利用网络课程普及爱的知识和理念。

（二）实践活动——开展"LOVE·心旅"品牌心理育人活动，确立"3·20""5·25""9·20"三大平台

在全校范围内开展由心理中心设计及指导，学生"助心工作室"具体执行实施的"LOVE·心旅"品牌心理育人活动，设有艺术田、公开课、观影部落、七天营、故事花园、读书坊、演讲台等板块，线上、线下相结合进行心理育人工作。每板块每月进行一次活动，拥有固定"一对一"的心理指导老师。每学年举办三大校园心理文化节。系列一，"5·25"大学生心理健康活动月。学校自2004年起每年5月以促进大学生关爱自我、关心自我心理成长为宗旨举办"5·25"大学生心理健康活动月，至今已成功举办16届。系列二，"3·20"心理健康周。2012年起，针对春季心理疾病高发的现象，学校每年举办"3·20"心理健康周，至今已举办7届。系列三，"9·20"新生心理成长月。学校每年针对新生心理适应举办"四个一"心理成长主题活动：每位新生"参观1次心理中心，参与1次破冰主题班会，参加1次心理健康测验，修读1门心理健康课程。

校园心理实践活动在围绕和贯穿"爱自己、爱他人、爱世界"的主题中，始终注重参与性、体验性和趣味性。在活动安排上采取必选动作与自选动作相结合的方式，必选动作安排覆盖全体学生的内容；通过主体性活动唤醒学生内心深处的心理体验，进而在分享交流中领悟、探究、实践，从而促进学生良好心理素质的形成；做到寓教于乐，广泛运用绘画、戏剧、音乐、舞蹈等多种形式增加活动趣味性。

（三）咨询服务——构建身心整合服务体系

重视个体咨询服务，将规范和优化个体心理咨询服务作为心理育人工作的主轴，不断提高个体心理咨询服务的供给数量和水平。三个校区保持每周一至周六下午及晚上开放，咨询量维持在2000余人次/年。通过加强师资队伍专业能力建设、建立心理咨询督导制度等，不断增强心理咨询服务效果。每位专职咨询师参加至少1个心理咨询流派的高端系统培训，并定期开展咨询督导。

将心理与体育艺术训练相结合，创造性地实施由心理与体育教学部门联合开展的大型身心整合团体训练计划——"水滴滋养计划"。团体心理训练部分涵盖"爱自己、爱他人、爱世界"不同主题，如"情绪律动—聆听内在世界的rhythm""凝心思悟—绽放心灵智慧aha""相遇相知—与他人建立contaction""折射光芒—寻找关系的energy""觉知当下—对自己和世界保持mindfulness"

"未来可期—建构和把握生命 vision"。体育训练部分通过各种球类及体势能运动锻炼和释放自己，通过团体操、团队定向越野及各类小组户外素质拓展练习的人际场域建立关系，通过瑜伽、太极等充满东方智慧的运动形式凝练哲思、探索世界。目前，心理中心正联合校团委大学生艺术中心，拟开发以音乐治疗、舞动治疗、绘画治疗等为基础的身心整合训练计划，作为"水滴滋养计划"下一步的重要发展方向和有机组成部分。

自助与他助相结合，成立学生"助心工作室"，培养一批朋辈辅导员，发挥学生骨干的心理助人优势。"助心工作室"设有"心灵有约""心理微课""成长我心""心灵茶吧""心语空间"等项目组，用微信、微课、艺术体验、朋辈沙龙、体育拓展、故事会、观影会等不同方式在全校范围内开展朋辈互助工作。

（四）预防干预——"五个一"危机管理体系

确立 1 个危机管理理念，即"早、全、快"。确保心理危机早发现，将危机管理贯穿学生在校的全部过程，促进学生心理危机事件信息传递和干预启动快速化。

建设 1 个危机预防管理网络，即学校、院系、班级、宿舍"四级"预警防控体系。学校心理健康教育与研究中心统筹设计危机预防及干预工作；各学院结合实际开展学院危机预防及干预工作；班级定期开展班级心理主题活动，传递学生心理危机信息，开展朋辈心理支持；宿舍负责心理信息传递、宿舍氛围营造和朋辈心理支持。

完善 1 套危机管理制度，实施学生心理健康信息月报及突发事件即时报告制度。学校出台《河海大学学生心理危机干预实施办法》，对学生心理危机干预的组织机构、干预对象、危机预警、危机干预、跟踪措施等问题进行全面规定。近年来，学校进一步建立学生个案管理制度。

建立 1 个动态心理危机预警信息库。以学院为单位建立动态心理危机预警信息库，来源包括三个。一是新生心理健康普查。全面应用由教育部组织研制的"中国大学生心理健康测评系统"和"中国大学生心理健康筛查量表"，甄别可能存在心理成长困难、需要长期关注的学生，将其纳入心理危机预警信息库。二是春季心理健康筛查。每年春季开展心理健康筛查，更新学生心理危机预警信息库。三是学生学籍异动及心理行为异常筛查。辅导员根据学生学籍异动及心理行为异常情况，及时将有关学生纳入心理危机预警信息库。

依托"1 人 1 册"实施心理危机高风险学生教育管理，责任辅导员根据《河海大学学生个案管理工作记录手册》对信息库学生开展家校沟通、定期谈心谈话、建立朋辈互助小组、及时关注学生学习生活心理动态，确保心理危机高风险学生获得及时有效的帮扶。

三、特色创新

"三爱"心理育人模式立足生命发展全程，关注个体自身生命及其与他人、世界的关系，着眼积极的生命力量，能够在一定程度上突破传统心理育人模式的局限，具有一定的特色和创新性。

1. 教育理念突破传统限制，将自我、他人、社会有机联系

将心理育人理念定位于培育"爱自己、爱他人、爱世界"的积极健康新人才，既突破传统心理健康教育"我爱我"的片面性，也改进了传统德育中空洞的说教和灌输，有助于培育自我、他人、社会有机联系的个体，促进学生个体和社会获得更加良性的发展。

2. 教育目标实现育心与育德相结合，达到由内而外、内外兼修的"育德"

"育心"是怎样对待自己的问题，"育德"则是怎样对待他人和社会的问题。"三爱"心理育人将价值观教育融入学生的日常认知、情绪、行为，能够帮助学生在更深的意义上学会爱他人和爱世界，实现育心与育德的有机结合，从而取得更加显著的育人效果。

3. 教育内容将心理健康教育、生涯发展教育、生命教育有机融合

"爱自己"属于心理健康教育，目的在于培养学生自尊自信、自我关爱的积极心理品质。"爱他人"同为心理健康教育、生涯发展教育的内容，目的是帮助学生学会处理与他人的关系，在利他的人际互动中获得个人的积极情绪和生命意义感，提高学生生命活力。"爱世界"是以生命教育和社会责任感教育为根本内容，培养学生积极乐观的生命态度和心怀他人及社会的生命追求，可归属于生命教育。

4. 教育合理运用"互联网+"、体验性学习等现代手段方法

一是积极结合泛在网络、"互联网+"的时代背景，通过在线开放课程、线上心理育人活动等开拓推动心理育人工作。二是推动德育手段创新，在心理育人过程中潜入价值观和个人品德教育，注重在参与体验中促进学生内在心灵领悟。三是心理育人实践活动创新。创新开展"LOVE·心旅""水滴滋养计划"等品牌活动，将心理育人与体育、艺术训练相结合，实现身心灵整合。

四、成效与启示

（一）满意度、参与度及受教育效果

学生100%参与"大学生心理健康"课程和心理育人活动；个体心理咨询服

务每年1200~1500人次，团体心理辅导每年1000余人次。满意度调查显示，90%以上的学生对学校心理健康课程及心理咨询服务表示满意。学生受教育效果体现在四个方面。

1. 增进了对心理健康问题的科学认知

学校心理咨询来访量逐年增加，在一定程度上说明心理育人工作有助于提高对心理健康问题的科学认知，并且具有提高心理咨询服务接受度的效果。

2. 帮助学生提高大学生活学习品质

从学生课程学习体会来看，学生普遍反映心理育人课程能够帮助他们解除心中的困惑，教会他们生活，收获很大。

3. 为学生提供一种关怀体验，帮助解决心理适应问题

学校提供的心理咨询服务为学生提供了一种被关怀的体验，起到了帮助学生调整心态、解决生活中某些困难的效果。

4. 帮助营造积极向上的校园氛围，有效减少校园心理危机事故

心理育人工作对学校整体氛围营造起到了积极的作用。校园氛围营造和细致入微的心理帮扶，有效减少了校园心理危机事故的发生，为校园和谐稳定贡献了力量。多年来，学校校园心理危机事故低于全国平均水平。

（二）所获荣誉

2018年，获评全国首批高校学生思想政治工作精品项目。

2018年，获评中国心理卫生协会2015—2018年度全国大学生心理健康教育先进集体。

2018年，全国高校思想政治教育工作网报道《河海大学积极建构"三爱"心理育人新模式》。

2018年，获得江苏省大学生团体心理辅导"精彩活动"二等奖。

2016年，获得江苏省大学生心理健康教育"精彩一课"二等奖。

近年来，先后获得南京江宁大学城心理健康教育先进集体、首届心理素质挑战赛特等奖、移动微课程比赛一等奖、手语操大赛一等奖、心理微电影比赛二等奖、心理趣味运动会二等奖、心理知识竞赛二等奖等。

2006年，指导大学生心理协会获江苏省"十佳学生社团"和全国"优秀学生社团"。

光明日报、科学时报、教育部门户网站、江苏教育电视台、江苏教育网等媒体多次报道我校心理健康教育工作的有关做法和成效。

（三）经验启示

1. 育心过程需要明确育德的使命

人的品德发展本质上是心理的健康成长，一个心理健康的人才能真正具有心怀他人和社会的良好品德。从育心开始育德，在育心的过程中深入心灵世界进行育德，是新时代德育的重要突破。过去对心理健康教育的德育培养使命强调不够，"三爱"的心理育人理念实现了育心与育德的真正结合。

2. 心理育人需要注意自我、他人、社会的有机结合，身体与心理的有机结合

自我、他人、社会像割裂的健康，这不是真正的健康，身体与心理割裂的个体也不能达到真正的健全。"三爱"心理育人新模式将自我、他人、社会有机结合，开发身心整体干预项目，是取得育人效果的重要因素。

3. 科学性、专业性是育人效果的重要保障

人的心理发展是自我、家庭、学校多重因素相互作用的结果，具有复杂性。心理育人工作要取得成效，必须尊重心理发展规律，充分运用相关科学理论成果，以专业的方式开展工作。"三爱"心理育人模式在专业队伍建设基础上，运用身心整体干预技术，将心理与体育、艺术训练相结合，大大提高了育人效果。

倾心长江水利人　共筑华美中国梦
——武汉大学水利水电学院响应国家长江经济带相关战略实践育人系列活动

张栋梁，刘嘉梅，于鹏杰

（武汉大学　水利水电学院）

摘要：为响应国家战略，推动长江经济带发展，武汉大学水利水电学院学子近几年组建团队奔赴祖国各地，重点为长江经济带沿线城市进行实地调研访问，体验水利相关行业的工作性质和内容，协助推广国家政策、支教育人等活动。水院学子将发挥专业优势，利用专业知识，服务党和国家重大战略布局，产生社会影响，在实践中开阔视野，提高综合素质。通过数据分析和宣传教育，实现了政策的普及、基地的建立、社会影响的提升等一系列成效。

关键词：长江经济带；绿色经济发展模式；河长制；水生态；支教；水利精神

一、背景思路

习近平总书记指出，"社会是个大课堂。青年要成长为国家栋梁之材，既要读万卷书，也要行万里路。"他强调："学习是成长进步的阶梯，实践是提高本领的途径。"实践出真知，青年学子在学习理论知识的同时也要积极投身社会实践，做到理论与实践相结合。在基层工作中磨砺自我、了解国家方针政策，增长本领，为人生的奋发有为夯实基础；在实践中运用自己的理论知识，夯实理论基础，提高服务社会的水平。

改革开放以来，长江经济带已发展成我国综合实力最强、战略支撑作用最大的区域之一。长江经济带战略作为中国新一轮改革开放转型实施新区域开放开发战略，是具有全球影响力的内河经济带、东中西互动合作的协调发展带、沿海沿江沿边全面推进的对内对外开放带，也是生态文明建设的先行示范带。

推动长江经济带发展，对于实现"两个一百年"奋斗目标和中华民族伟大复兴的中国梦,具有重大的现实意义和深远的历史意义。但目前,长江经济带发展面临诸多亟待解决的困难和问题,如生态环境状况形势严峻、长江水道存在瓶颈制约、区域发展不平衡问题突出、产业转型升级任务艰巨、区域合作机制尚不健全等。

基于以上问题,近几年我们每年都会组建团队奔赴祖国各地,重点为长江经济带沿线城市进行实地调研访问,体验水利相关行业的工作性质和内容,协助推广国家政策、支教育人等活动。水院学子将发挥专业优势,利用专业知识,在实践中服务党和国家重大战略布局,产生社会影响,从实践中锻炼能力,开阔视野,提高综合素质,在专业教师的指导下成长、成才。

二、主要做法

1. 探访名企,深思熟虑

近几年,水院学子前往华东勘测设计研究院有限公司、杭州市拱墅区五水共治暨河长制办公室、十字港河、上海市闵行区七宝镇河长办公室等单位进行参观、座谈、交流、学习,了解国家政策与行业形势。

2. 独当一面,躬身实践

近几年,不断有学子利用寒暑假课余时间,前往安徽金寨、安徽绩溪、重庆长龙山、江苏句容、福建永泰、福建周宁等地的抽蓄工程项目进行实地考察,获取工程经验,真切体会国家战略布局。

3. 学有所成,报效社会

前往长江经济带自西向东十余个城市进行"河长制"、生态环境保护等国家政策的宣传、调研工作;以支教为活动基础,在实践地小学开展"我的祖国"教育课程和"河长制"文化课堂,培育护水卫河"小河长";同时举行家长座谈会,进行水利文化宣讲;再以支教地为基地,走访周边村落,进行当地水资源状况与河长制落实情况的调研。从教育到宣讲,从调研到提议,助力水资源保护工作与水利事业的发展建设。

4. 扩大影响,打造品牌

2015年,武汉大学水利水电学院在恩施来风中学建立了社会实践基地,对激发该校莘莘学子不断进取,考取名校有不可小觑的作用。为了把这些影响不断扩大,2017—2019年,水利水电学院青年志愿者协会与湖北省宜昌市高坝洲镇中心小学实践基地、湖北省武汉市青山区八大家花园社区以及湖南省长沙市望城区靖港镇浴池小学建立实践合作关系。在新的实践基地,我们水利类专业的学生在进行支教活动的同时,也将所学的各方面知识与中小学生分享,使他们从小树立节水意识，保护水环境。把实践内容形成体系，打造品牌实践。

三、特色创新

1. 优秀的指导团队

水利水电学院在实践育人方面，指导教师可选择专业教师，也可以选择学工办教师；可以选择学院内教师，也可选择学院外教师。教师将根据实践具体情况对学生提出要求和建议，并时刻为学生答疑解惑，与学生共同确定课题研究的背景与目的、工作方法路线及调研内容、预期达到的目标与成果、实践可行性分析、具体实践安排、注意事项、经费预算等。

2. 固定的实践基地

水利水电学院实践基地建设已有成色。自2011年起，"吴天祥小组"已在蕲春县支教了九年，这是学院第一个实践基地，其主题以"水利知识爱心支教"为主。2019年7月22日，靖港镇浴池小学社会实践基地由水利水电学院青年志愿者协会建立，开展了"卫水而生·珈人护梦"项目活动，主要内容为开展暑期夏令营活动、"河长制"校园宣讲、普及节水护水相关知识等。此外，还有湖北省宜都市高坝洲镇中心小学实践基地、湖北省武汉市青山区八大家花园社区基地等诸多基地，我们也在源源不断地输送力量。

3. 有利的条件保障

实践部门会统一收取介绍信，盖章后发放给学生投递。实践之前学院会开展实践动员会和安全动员会，且实践成员由学校和学院购买保险；实践期间，实践队会时刻关注实践地的天气情况和其他特殊情况，实践队在实践过程中每天都会向实践部反馈安全情况，并及时反馈到学院和学校。

4. 完善的协同育人机制与强大的品牌效应

水利水电学院社会实践特色活动以长江经济带寻访、"水利人·水利物·水利事"爱心支教、水院青年志愿者协会系列暑期实践活动为代表，优化评选体系，注重风采展示，加强教师指导，保障实践队员的安全，提高实践成果的水平，引入导师制，提供实践相关建议，优化实践模式，保障社会实践方向正确性和可行性。并且，每届都开展实践风采展示大赛，先学部初赛后校级复赛，优化比赛制度，提高了学生参与度，对社会实践成果进行公示，弘扬公开、公正精神，广泛分享实践成果，注重分类引导支持，注重专题研究。例如，十九大专项社会实践活动，聚焦国情，积极实践，围绕十九大精神、改革开放、红色教育展开专项社会实践，于青年时立志，追寻党的步伐。进行"长江经济带"专项社会实践，调查"长江经济带"发展情况，为其发展建设出谋划策。

四、工作成效

（一）部分成果概览展示

每年学院都会利用采集数据、稿件、报告、访谈等形式进行成果的汇总与展示，累积成果已达百万字，部分成果概览见表1。

表1　2018年长江经济带东线成果概览

项目	数量/篇	具体内容
新闻采访稿	3	在行业前沿，在河段基层
		迈步寻真知，探讨谋发展
		学习治水方策，追寻华美中国
调查分析报告	1	关于杭州、上海两地群众对水生态和河长制的了解情况问卷调查报告
访谈录	3	杭州市拱墅区河流实地调研咨询
		华东院访谈交流记录
		上海市闵行区七宝镇河长办公室访谈录
论文	2	绿色经济发展模式先驱——华东院
		河长制实行情况的调研与思考

1. 水生态部分

杭州、上海两地群众对附近流域的生态环境现状了解程度不算深，没有过多关注生态问题，但大多数的群众对附近流域的生态环境持比较满意的态度。经过我们的不断努力，群众的了解程度有了提升。

2. 河长制部分

根据问卷调查可知，在浙江、上海这些率先实行河长制并取得不错成效的地区，河长制对于很多人来说还是比较陌生，仅有20%左右的群众达到了比较了解的程度。我们仍将继续致力于宣传普及教育活动。

尽管河长制的建设仍在一个不断探索的阶段，但几乎所有群众都表示，如果日后河长制有具体措施需要群众响应，他们愿意支持此类工作，这是极令人欣慰的一点。

3. 支教部分

虽然湖北省宜都市高坝洲镇中心小学、湖南省长沙市望城区靖港镇浴池小学两个小学实践基地的教育水平不断提高，但仍与城市教育水平有较大差距。我们的志愿活动，为他们带去了更多的学习经验，提高了他们的学习热情，丰富了他们的暑假学习生活。同时，小学时期正是价值观形成的关键时期，而我们作为过来人，经历更加丰富、眼界更加宽广，能够引导他们解答关于这个阶段某些我们曾经困惑的问题，能够使他们饱含热情投入学习。在学习之外，我们还开展了一系列素质拓展活动，为他们带来不一样的生活体验，使其养成积极进取、乐观向上的精神态度，促进其德智体美劳全面发展，为他们的成长成才助力。

（二）媒体宣传

近年来，我们不断通过各种媒体进行宣传发声，累计发稿量达到数百篇，累计阅读量超过十万人次，涉及平台达数十个。下面是部分媒体成果。

1. 平台：大学生网报

①内容简介：武汉大学暑期实践队赴杭州华东院、拱墅区河长办，围绕"绿色经济发展模式"，开展座谈交流与实地调研活动，收获颇丰，实践取得圆满成功。

网址：http://www.dxswb.com/show-6-124259-1.html.

②内容简介：武汉大学暑期实践队赴上海七宝镇河长办，了解学习"河长制"运行模式与实施情况，与办公室工作人员深入交流，实践取得圆满成功。

网址：http://www.dxswb.com/show-8-119811-1.html.

2. 平台：大学生新闻网

①内容简介：武汉大学暑期实践队赴上海七宝镇河长办，了解学习"河长制"运行模式与实施情况，与办公室工作人员深入交流，实践取得圆满成功。

网址：http://www.jcshys.com/shsj/shsjhd/25234.html.

②内容简介：武汉大学暑期实践队赴杭州华东院、拱墅区河长办，围绕"绿色经济发展模式"，开展座谈交流与实地调研活动，收获颇丰，实践取得圆满成功。

网址：http://www.jcshys.com/shsj/shsjhd/27405.html.

3. 平台：荆楚网

①内容简介：武汉大学暑期实践队赴上海七宝镇河长办，了解学习"河长制"运行模式与实施情况，与办公室工作人员深入交流，实践取得圆满成功。

网址：http://news.cnhubei.com/xw/2018zt/dxsshsj/all/201808/t4148314.

shtml.

②内容简介：武汉大学暑期实践队赴杭州华东院、拱墅区河长办，围绕"绿色经济发展模式"，开展座谈交流与实地调研活动，收获颇丰，实践取得圆满成功。

网址：http：//news.cnhubei.com/xw/2018zt/dxsshsj/all/201808/t4147327.shtml.

五、经验与启示

1. **发扬水利精神，严守绿水青山**

我国幅员辽阔，河流众多，水利是国民经济发展的命脉。在我国的经济发展中，水利事业一直是重要的基础设施工作，水利事业的可持续发展推动其他领域的可持续发展。改革开放以来，我国重点防洪工程如水资源、水电工程建设陆续取得突破性进展。葛洲坝水利枢纽、南水北调工程、三峡水电站的先后建成，展现了我国水利建设行业的迅速腾飞；党的十八大以来，国家始终秉持"节水优先、空间均衡、系统治理、两手发力"的治水方针，全面推进治水兴水新思路，强化水资源统一管理，水利建设速度大幅提升。作为新时代的水利人，我们应当积极主动，紧跟时代步伐，了解水利发展现状，贯彻水利建设新思路。在实践过程中，我们秉承团结协作、锲而不舍的精神，结合当地水利建设情况与发展前景进行调研，实地考察，不仅能加深实践队员对水利建设事业的理解，更能弘扬水利文化，增强爱水、护水意识。

2. **支持国家政策，力行宣传教育**

在浙江、上海这些率先实行河长制并取得不错成效的地区，河长制对于很多人来说还是比较陌生，仅有20%左右的群众达到了比较了解的程度。因此绝大部分群众对河长投诉、举报途径，河长制与当地水利单位的协作运行关系了解更是少之又少。

我们作为重要政策的知悉者，水利知识的后备军，应对社会产生广泛效应，尽自己所能影响社会群众、青少年学子等，为国家贡献自己的力量。以发扬爱国主义、增强护水意识、践行志愿服务精神为目标，为响应祖国号召、弘扬水利文化，武汉大学水利水电学院合理利用基地的资源条件，引领新一代广大青年学习水利文化和水利建设，致力于国家水利事业，投身于祖国建设，助力水利建设发展。学生是祖国的未来，培养学生的爱国主义情怀和爱国主义精神有利于祖国迎来美好的明天，为实现中华民族伟大复兴提供强有力的储备军，为其打下坚实的基础。

3. 学习智慧水务，创新启发未来

我们于杭州拱墅区了解到"五水共治"的治水理念，将上海七宝镇作为河长制工作建设的示范地点，推行了河长制"四位一体""三张清单""三长"联动等工作，形成了创新工作形势。集 PC 后台与手机终端于一体的"七宝镇河长制管理平台"达成了电子实时巡河、水质实时监测、履职实时督促、风险实时防控、数据实时汇总等创新效果，切实提升了水务管理信息化水平。

华东院对绿色经济发展模式有独特的解读，随着绿色理念的普及，治水理念也在及时做更新，例如，将 PPP、EPC 融入工程设计的全生命周期，将绿色 GDP 与工程建设相结合，发展了功能丰富的工程型景观。华东院极其注重以信息化带动技术和管理创新，自 2004 年率先开展三维数字化设计研究应用以来，研制开发了目前国内第一个专业齐全、功能完备、应用成熟、覆盖基础设施建设全过程并具有国际领先水平的《工程数字化解决方案》。

六、总结

作为当代大学生，应具有较高的知识储备和社会责任感，"乌鸟私情"、反哺社会是大学生的期望，学有所用、施展才华是大学生的愿景。大学生在学习知识、提升自我的同时，也希望去帮助他人、回报社会——这是学生积极参加各项志愿活动的主要原因。在组织这些丰富多彩的活动以及亲临现场传道授业的过程中，弘扬服务他人的奉献精神，增强服务社会的意识，提高服务社会的能力，使自身成为有责任感，有奉献精神，更心怀大爱的全方位高素质人才。

相信通过我们的不断努力，会有更美好的生态与更繁荣富强的祖国！

绿水青山间的追梦人
——浙江水利水电学院"河小二"大学生乡土实践育人工程

周俊，付诚新，郭宁宁

（浙江水利水电学院）

摘要： "河小二"大学生乡土实践育人工程是学校将育人中心工作与"绿色浙江"建设结合起来的生动育人载体。自2005年施行以来，已持续实施近20年。工程紧扣"时代主题和脉搏、经济社会发展需求、行业产业转型升级、大学生成长特点"，引导大学生"往大地走、往乡村走、往母亲河走"，着力培育学生"民生意识、生态理念、家国情怀"，成为浙江省10余年治水实践中一支不可或缺的高校力量。工程构建了"知水—亲水—护水"三级进阶模式，开展活动数百项，惠及民众数十万，呈现出"时代性、乡土味、行业情、全程化"特色，获得了全国"母亲河奖·绿色卫士奖"、社会实践全国先进单位、"全国高校校园文化建设优秀成果二等奖"等多项荣誉，被人民日报、学习强国等主流媒体广泛报道。

关键词： 绿水青山；河小二；乡土；实践育人；劳动教育

浙江水利水电学院是新中国成立后最早的水利类高校之一。学校坚守水利报国的初心，勇担培育大禹传人的使命，被誉为"浙江水利人的黄埔军校"。

10余年来，浙江省落实习近平总书记在浙江工作时提出的"八八战略"，积极推进"绿色浙江"建设，打出了"五水共治"、河（湖）长制、美丽乡村建设等一系列"组合拳"。浙江水利水电学院将育人中心工作与"绿色浙江"建设结合起来，持续开展大学生"河小二"乡土实践育人工程。"河小二"是学校参与地方治水实践的大学生的总称，他们发扬"店小二"精神，作为河长的助手，协助河长参与治水护水行动，服务基层乡镇，守望美丽河湖，成为浙江省10余年治水实践中一支不可或缺的高校力量。

大学生"河小二"乡土实践育人工程紧扣"时代主题和脉搏、经济社会发展需求、行业产业转型升级、大学生成长特点",引导"往大地走、往乡村走、往母亲河走",通过"接地气""增底气""去娇气""戒傲气",着力培育"民生意识、生态理念、家国情怀",造就了一大批绿水青山的积极宣传者、主动参与者和未来建设者。

一、项目实施情况

1."积跬步"(2005—2012年)

立足"绿水青山就是金山"理论萌发地,培育民生意识。2005年,时任浙江省委书记的习近平同志在安吉考察时提出了"绿水青山就是金山银山"的科学论断。学校紧跟绿色浙江建设,结合水利水电工程系统保障饮用水安全的中心工作,广泛组织学生开展了"千万农村饮用水"安全普查、"建万里清水河道,打造亮丽新农村"(全国重点团队)、"关注农民饮用水,共创和谐小康村"(获得全国优秀团队)等主题实践。

在这一阶段,学校紧紧围绕全国水利中心工作保障饮用水安全、维护人的健康生命开展大学生事件活动。其间,建立嘉兴市嘉善县曙光村等16个校外常态化日常社会实践合作基地,累计组织196支暑期社会实践团队(2006年17支,2007年21支,2008年17支,2009年25支,2010年21支,2011年52支,2012年43支)。如在2006年组织了"建万里清水河道,打造亮丽新农村"70人师生实践团队(全国重点团队),前往嘉兴市嘉善县,开展农村河道维护整治调研,并在6天的时间里,走访农民家庭100户,征集水资源调查问卷300份,发放宣传物资500份。自2006年起,连续3年组织大学生开展"千万农村饮用水工程"调研实践、宣传实践和安全普查实践,足迹遍布浙江省11个地市,调研了"千万农民饮用水工程"的实施情况、农村供水工程运营情况和农村水厂水质检验监督情况,获取了基层水利工程一手资料,广泛宣传了"千万农民饮用水工程",宣传引导广大群众,特别是农村群众,深入了解工程建设、自觉支持工程建设、主动参与工程建设。在此期间,"关注农民饮用水,共创和谐小康村"主题实践团队荣获"全国优秀团队"称号,学校"弘扬校友精神·领悟人生真谛"实践育人项目荣获全国水利职业院校校园文化建设优秀成果奖、"双千双百"主题实践教育荣获高校校园文化建设优秀成果二等奖(教育部)和浙江省高校校园文化品牌(省教育厅)。这一阶段的成果:初步形成乡土实践育人特色。

2."迈大步"(2012—2017年)

聚焦"美丽乡村"建设行动,筑牢生态理念。2012年,党的十八大把"生态文明建设"纳入"五位一体"中国特色社会主义事业总体布局。学校聚焦生态文明建设这一重点，结合浙江省"五水共治"等战略部署，全面推进以水情科普教育为主线，以节水、巡河、护河为重点的实践育人系列活动。

在这一阶段，学校牢牢把握"水环境保护"在生态文明建设中的重要地位，结合浙江省"五水共治"等战略部署，从专业化社会实践、常态化社会实践、暑期社会实践等不同方向，全面推进以"水情"科普教育为主线的"河小二"实践育人工作。在此期间，学校与杭嘉湖南排工程盐官枢纽管理所等31处单位（地方）建立专业紧密型校外实践教育基地，新增浙江省丽水景宁畲族自治县等17个常态化日常社会实践合作基地，累计组织440支暑期社会实践团队（2012年43支，2013年60支，2014年64支，2015年111支，2016年81支，2017年81支）。如自2014年起，实践项目团队前往绍兴上虞开展"河长制"第三方监督考核服务，4年的时间里，走遍26个街道、乡镇，调研路径覆盖全区1809千米河道，完成《上虞区"河长制"第三方监督考核研究报告》《上虞区河湖清污清淤项目督查评估报告》，为地方河道治理提交翔实的数据支撑、提供科学的决策建议、提出专业的解决方案，并得到地方高度认可和赞扬。同时，学校在"走出去"实践的基础上，不断开拓校园"水情"教育场馆科普课程，向广大中小学生开放校园打造"三个一"主题教育。由于学校在"水情"科普工作中的突出贡献和努力，2014年，学校与实践团队同时获评全国大中专学生志愿者暑期"三下乡"社会实践先进团队和先进单位；2015年，"水·利·我"大学生志愿者节水护水志愿行动计划获全国"第二届中国青年志愿服务项目大赛"银奖；2016年，承办环保部（现为环境保护部）"全国清洁节水青春行"浙江站启动仪式；2017年，学校承办浙江省教育厅"剿灭劣V类水·共建美丽浙江"全省大学生"剿灭劣V类水"主题实践启动仪式；2017年，学校获批第二批国家水情教育基地。这一阶段的成果：逐步凝练成"河小二"乡土实践育人品牌。

3. "行远步"（2017年至今）

唱响"山水林田湖草"生命共同体，厚植家国情怀。2017年10月，党的十九大提出"乡村振兴"战略。学校按照"问题在水里，根子在岸上"的基本理念，在"河小二"实践品牌长期实践的基础上，开展大学生乡村蹲点实践，建立"青年乡村研学基地"，将"河小二"实践育人工程的内涵拓展到农村治理，围绕乡村振兴做足"水"文章。

在这一阶段，浙江省"五水共治"战略部署进入决胜阶段，按照"问题在水里，根子在岸上"的基本理念，将"河小二"实践育人工程的内涵拓展到农村治理中，提出"水环境保护从源头抓起"的工作思路，围绕乡村振兴做足"水"文章。两年多的时间里，学校新增浙江省水利河口研究院等8处单位（地方），建立专业紧密型校外实践教育基地，新增京杭大运河等23个常态化日常社会实践合作基地，累计组织305支暑期社会实践团队（2017年81支，2018年117支，2019年107支）。如学校连续3年开展"河小二"大学生农村蹲点实践，按照"问题导向—精准施策—达成愿景"的理念，聚焦大学生"乡风民情不熟、家国情怀不够、劳动能力不足、职业素养不高"等普遍存在的问题，引导大学生与村两委干部、驻村干部"同吃同住同劳动"。"河小二"大学生农村蹲点实践由2017年的30人，扩展到2019年的69人，所有成员按照2~3人一组分别在浙江省浦江县、德清县的26个农村开展了为期15天的蹲点研学实践，主要从开展乡土调研、观察农村发展、体验农活劳动、参与乡村治理4个方面实施。2018年，学校再获全国大中专学生志愿者暑期"三下乡"社会实践先进单位，"双千双百"实践育人项目获批浙江省实践育人示范载体，"5+3"亲水科普课荣获第四届中国青年志愿服务项目大赛铜奖。2019年，学校与共青团浙江省委、浙江省水利厅联合启动美丽河湖守望者行动，持续推进"河小二"实践育人工程，活动被誉为"有风景的思政课"，多次登上了学习强国APP首页，获得浙江省教育厅、水利厅、团省委领导的高度评价和社会媒体的广泛报道。这一阶段的成果："河小二"品牌深受学生喜爱，广受社会认可。

二、项目特色

1. 主题突出"时代性"

"河小二"乡土实践育人工程始终突出时代主题，从响应"绿水青山就是金山银山"，到投身"美丽乡村"建设，再到唱响"山水林田湖草是命运共同体"，每个阶段都紧扣时代主题和脉搏，把身处知识殿堂的读书人变为奔走在乡间水畔的"河小二"，让他们投身时代浪潮、感受时代召唤、担负时代使命，为新时代大学生思想政治工作提供了新样本。

2. 定位强调"乡土味"

"河小二"乡土实践育人工程坚持问题导向，聚焦当代大学生"乡风民情不熟、家国情怀不够、职业素养不高"等问题，让大学生走出课堂，走到田间地头、水库大坝，通过大量的走村访户、田野调研、工程实训活动，引领他们"接地气""戒傲气""增底气""长才气"，在实践中增添"乡土味"，培养家国情怀，把论文写在祖国大地上，把学问做到乡村田野里。

3. 内容凸显"行业情"

"河小二"乡土实践育人工程以"河"为名，为"水"而生，凸显了鲜明的行业特色。10 余年来紧紧围绕水利行业产业转型升级的需要，按照习近平总书记"节水优先、空间均衡、系统治理、两手发力"的新时代水利工作方针，从工程水利到生态水利、智慧水利，坚持在实践中历练职业能力和职业素养，扬起一片"水声"，走出一条"水"路，培养了一大批高素质应用型人才。

三、育人实效

1. 培养了一批师生先进典型

"河小二"乡土实践育人工程中涌现出了一批富有乡土情怀、奉献精神、职业素养的师生典型代表。其中，有全国高效节水灌溉工程专家段永刚老师，带领"河小二"深入水库大坝，指导开展新苗计划和创新创业项目，获得全国水利创新设计大赛一等奖；有从校园景观河"河小二"做起，直到获得全国"母亲河奖·绿色卫士奖"的绿色浙江大学生联盟主席汪松哲同学；有毕业后志愿服务西部水利事业，扎根祖国海拔最高地区——那曲的唐元林同学；有致力于公益事业，把"河小二"实践与水利创新结合起来的"省十佳大学生"入围者李雯悦同学……这些师生的典型案例成了引领广大青年不懈奋斗、持续奋斗的榜样，进一步扩大了实践育人工作成效的影响力和覆盖面。

2. 孵化了一批实践育人基地

在大学生不断"走出去"的过程中，为不断强化"河小二"行业特色实践育人载体的黏着度和生命力，学校联合地方政府、社区农村、企业机构，建立了包括"绿水青山就是金山银山"理论发源地安吉县余村（大学生思政教育基地）、"运河古镇"湖州新市（青年乡村研学基地）、浙江省钱塘江管理局设计院等 68 个实践育人基地。以共建育人基地为基础，极大地推升了实践育人的"常、长"之效，也为 14 年来"河小二"品牌的久久为功奠定了坚实的基础。

3. 拓展了一批社会实践品牌

"河小二"乡土实践育人工程引领全校大学生社会实践活动不断发展，在不同细分领域拓展出了众多衍生成果。获评全国大中专学生志愿者暑期"三下乡"社会实践先进团队的"村小二"大学生农村蹲点实践；荣获全国水利职业院校校园文化建设优秀成果奖的"弘扬校友精神·领悟人生真谛"实践育人项目；荣获全国高校校园文化建设优秀成果二等奖和浙江省高校校园文化品牌的"双千双百"实践育人载体；获得 2016 年浙江省"双百双进"十佳团队的"河小二"巡河护河志愿服务；获全国"第二届中国青年志愿服务项目大赛"银奖的

"水·利·我"大学生志愿者节水护水志愿行动计划;荣获全国"第四届中国青年志愿服务项目大赛"铜奖的"5+3"亲水科普课志愿实践。实践育人平台的不断拓展,极大地丰富了"河小二"乡土实践育人工程的内涵,为长期坚持的工作注入了源源不断的新鲜血液和蓬勃力量。

4. 获得了社会各界的"点赞"和肯定

多年来,"河小二"乡土实践育人工程得到了社会各界的广泛认可。一是上级肯定多。2011年,时任水利部部长陈雷在北京接见了浙江水利水电学院原创作品《治水村干部竺水宝》展演队,对学校能够以如此生动的方式讲好"水利人故事"给予了高度评价;2017年,时任浙江省教育厅副厅长鲍学军在微博上为浙江水利水电学院社会实践点赞"在广阔天地了解基层增长见识、服务社会、读无字之书定会终生难忘";2019年暑期,浙江省水利厅厅长马林云、浙江团省委副书记周苏红专程看望了浙江水利水电学院的社会实践团队。二是媒体传播广。近年来人民日报、学习强国 APP、中国新闻网、学习强国、浙江日报、浙江在线、浙江教育报、浙江团省委官微、浙江省学联官微、湖州电视台等众多主流媒体都专门报道浙江水利水电学院实践育人工作好做法。三是百姓评价好。学校收到了省内多地乡镇、街道送来的对"河小二"的感谢信、锦旗。村支书沈建林感言:"你们每天跟着村干部巡河,从来时的'白豆腐'变成现在的'小黑炭',村里的人都到我这里表扬你们,希望你们明年再来。"

5. 水情服务达成校地双赢

"河小二"乡土实践育人工程既实现了学校的育人目标,又为地方发展提供了高校力量。一是"河小二"水情宣传实践助推民众节水护水意识养成。先后在省内开展了万里清水河道建设推广、千万农民饮用水工程建设宣传等众多"涉水"专项,设计完成了节水教材、宣传读本、公益视频等宣传产品10余种,深入青少年宫举办节水环保主题绘画、教唱《大禹纪念歌》等特色活动,尤其是浙江省提出"五水共治"以来,项目团队连续两年承担浙江省各级"五水共治"宣传推广工作,惠及省内数十万民众。二是"河小二"水情调研实践助推政府优化水利生态建设。依托专业开展杭州市经济开发区"景观水质"调研、丽水和舟山饮用水安全调研等,特别是2014年,对上虞区所辖1809千米流域的"河长制"落实情况提供监督考核服务,得到了区政府的肯定和采信。三是"河小二"水利教育实践助推中小学生水利知识科普。一方面,依托学校建立"节水护水"科普教育基地,开展"三个一"教学活动,上一堂水资源课,参观一个省级节水示范基地,体验一次水利仿真模拟实验,为学生提供科学节水的"一站式"体验教学服务;另一方面,大学生走出校门,深入省内11个地市的中小学开展"节水护水科普课堂"教育，累计服务200多所学校的数万名学生。

四、推广价值

1."系统性、全程化"格局构建模式可借鉴

针对实践育人中普遍存在的零散性、运动式的问题，学校强调顶层设计，注重系统规划，将"河小二"乡土实践育人工程贯穿大学生学业成长全过程。从纵向来看，遵循不同年级学生的成长规律，设计"知水、亲水、护水"育人三阶梯递进；从横向来看，遵循不同专业学生的学科特点，将思政课程实践、暑期实践与实习实训进行跨线整合，实现实践育人工作的全覆盖，将之做成学校"三全育人"的风景线。

2."共同体、协同化"资源整合模式可推广

针对实践育人中普遍存在的资源不够的问题，打破单打独斗的传统模式，构建校内、校外两个共同体。校内搭建教学、学工、宣传、团委、马院、创业学院协同机构，统筹全校乡土实践育人工作。校外整合县市政府、校友企业、行业院所、村镇基地等多方资源，把学校的育人目标和地方、行业的发展目标结合起来，实现双赢共进。

3."清单式、标准化"过程管理模式可复制

针对实践育人中普遍存在的活动过程难以监管的问题，"河小二"乡土实践育人工程着眼"过程管理"，按照实际需求定制实践任务、目标，制定《"河小二"实践手册》，明确行为规范、安全公约、实践清单、调研报告规范、每日报告制度等标准化实践管理指标，确保实践活动的育人成果有痕迹、可留存。

4."亲和力、品牌化"形象塑造模式可示范

针对实践育人中普遍存在的形象雷同、个性不足的问题，学校从时代需求和学科特色出发，精心设计了"河小二"这一学生喜爱、百姓欢迎、媒体认可的文化符号，激发大学生的情感共鸣，在学以致用中塑造了大学生热情主动服务乡村的形象。这一形象不仅在学生中深入人心，而且成为大学生主动参与生态文明建设的代名词，引起了社会媒体的关注。人民日报、中国教育报、浙江日报等主流媒体争相报道"河小二"在"世界水日""中国水周"开展的系列活动，产生了广泛的社会影响。《钱江晚报》等主流媒体主动寻求合作，与学校共同打造"有风景的思政课"，活动多次登上学习强国APP首页，浙水院"河小二"成为活跃在浙江绿水青山间的追梦人。

基于工匠精神和红色基因的水工钢筋混凝土结构课程思政建设
——大连理工大学基于工匠精神和红色基因的课程思政案例库建设与"5措互补"教学法研究

王立成,李冬生,董伟,王吉忠,徐博瀚,庞锐

(大连理工大学 建设工程学部)

摘要:针对课程思政教学过程中思政资源匮乏,思政元素与专业知识相关性弱的"两张皮"的现象,凝练、形成了历史成就、国家战略、制度自信、家国情怀、工匠精神、红色基因等课程思政元素和价值塑造目标;建设了以我国重大工程、"一带一路"工程建设成果和本校师生校友参与重大工程的经历、励志故事为主题的课程思政案例库(含55个案例);提出了以培养"6爱"为导向的课程思政教学目标和基于3W的建设方案;创建了画龙点睛、隐性渗透等"5措互补"的课程思政教学法;构建了课程专业知识与思政元素的对接关系图谱。学校主持编写《土木、水利与交通工程课程思政案例汇编》,"水工钢筋混凝土结构"被评为教育部首批(2021)课程思政示范课程。

关键词:水工钢筋混凝土结构;课程思政;工匠精神;红色基因;案例库

三、课程思政建设方案

(一)背景分析

课程思政的主旨是结合、挖掘专业课教学中蕴含的思想政治教育资源,引导学生树立积极向上的价值观、客观科学的世界观,实现人文、科技知识的内化和道德情操的升华,使专业课程在人才培养过程中与思想政治理论课同向同行,形成协同效应,保证课堂都要成为教书育人的主渠道,所有教师都要做到守好一段渠、种好责任田。本次申报的成果旨在解决"水工钢筋混凝土结构"(以下简称"水工钢混")课程思政教学过程中存在的以下两个难点问题。

1. 课程思政教学的思政素材和内涵建设不足

课程思政建设的重点在"思政"。没有内涵丰富、紧密联系课程内容的思政素材和育人资源，课程思政就变成了生搬硬套、牵强附会，甚至是为思政而"思政"。这种将思政内容和课程本身专业知识割裂的做法，只会给专业课学习造成负担，同时又削弱了思政教育的效果，让其成为"无源之水、无本之木"。为此，尊重课程知识体系和教学规律，强化课程建设，以课程内容为突破点，丰富课程思政素材和强化思政教育内涵是有效开展课程思政建设的首要任务。

2. 课程思政教学手段单一，缺乏灵活性和针对性

课程思政教学应在尊重课程自身建设规律的前提下，以"润物无声"为教育教学目标。因此，如何精细化组织和设计课程知识体系，构建各章节知识内容与思政元素的对接关系，实践并探索不同专业知识及其对应思政元素的教育教学模式成为迫切需要解决的课题。

（二）主要做法

1. 围绕专业培养要求，明确课程思政教育教学目标

以基础扎实、知识面宽、具有国际视野和工程思维的高级技术人才为导向的"水工钢混"课程培养目标，以彰显我国综合国力、制度优势、自主创新能力和勇创世界一流的民族志气为导向，以培养具有中国自信、未来自信、专业自信，传承工匠精神、红色基因为人才培养特色，提出了基于"6爱"的课程思政教学目标，即爱党、爱国、爱社会主义、爱科学、爱校、爱专业和基于3W的课程思政建设方案，即深度挖（W）掘思政资源、无（W）缝融合专业知识、修身正我（W，指教师）思政水平。

2. 课程思政素材集和案例库建设

收集我国古代工程建设领域的辉煌历史成就和近年来在重大工程、"一带一路"倡议中取得的水利、港口等工程建设成果资料，特别是本校师生、校友参与重大工程项目的经历和励志故事，建设完成了现代超级工程篇（23篇）、中国古代重大工程篇（12篇）、大工红色历史——人物篇（13篇）、大工杰出校友篇（工程建设领域）（7篇）等共55个案例。在这些案例中，深入挖掘重大工程背后优秀人物身上体现的国家战略、制度优势、民族自信、科学素养、工匠精神等思政素材和价值塑造目标，并剖析这些素材的思政属性，为在课程专业知识教学中无缝融入以上"中国故事"和"红色基因"搭建起了平台，并以此为基础编写出版《土木、水利与交通工程课程思政案例汇编》课程思政教材。建设完成如此内容丰富（含视频、图片、文字等多种素材）、数量庞大、特色鲜明的素材集和案例库，为全校乃至全国同类课程的课程思政教学提供了可借鉴

的模式和丰富的思政素材资源。

3. "5 措互补"的课程思政教学方法研究

精细化组织和设计课程知识体系，构建了各章节知识内容与思政元素的对接关系图谱。以"润物无声""溶盐入汤"为目标，创建了"5 措互补"，即开门见山、画龙点睛、专题嵌入、多元（素）融合、隐性渗透组成的课程思政教学法，并在教学中开展了灵活运用和实践探索，做到思政元素的自然切入和培养目标的水到渠成。比如，港珠澳大桥设计使用寿命打破了国际桥梁史的"百年惯例"，被誉为桥梁界的"珠穆朗玛峰"，不仅代表了中国桥梁的先进水平，更体现出我国综合国力、自主创新能力和勇创世界一流的民族志气；三峡大坝创新混凝土施工技术，"右岸没有出现一条裂缝，创造了世界奇迹"，彰显了大坝建设者的工匠精神。这两个思政元素在"钢筋混凝土耐久性设计"一节分别采用"开门见山"和"隐性渗透"的方式融入课程知识教学。

4. 讲好身边的人和事，传递大工特有的红色基因

"大工红色历史——人物篇"案例库中，收录了力学泰斗钱令希、被誉为"北赵"的结构工程专家赵国藩、以 80 岁高龄赴汶川抗震救灾的林皋等院士，以及参与国家重大工程项目建设和研究的大工老师和校友。比如，张宁川教授团队承担的"港珠澳大桥岛隧工程沉管定位试验"项目为沉管施工方案选择提供了重要参考；海洋石油建设专业 1983 届校友尹海卿、1991 级港口及航道专业级校友梁桁等都为港珠澳大桥的建设贡献了自己的力量；1996 级交通土建专业校友高纪兵在港珠澳大桥、苏通大桥等工程建设中参与研发了多项世界领先技术，作为全国仅有的 9 名基层党员代表之一参加国务院新闻办举行的中外记者见面会。

这些教师、校友既是工程建设的参与者，也是我国创新发展的见证者和实践者，他们具有好学、踏实、勤勉、钻研的大工特质，成为激励在校大学生奋发有为、刻苦求学的榜样。"钢筋混凝土结构发展概况"一节中，通过校友的采访视频、央视《超级工程》栏目播放张宁川教授科研课题视频等多元（素）融合的方式进行讲授，并组织开展课堂讨论，激发学生致力于国家工程建设的远大志向。

（三）特色创新

1. 创新点 1

建设了"水工钢混"课程思政素材集和案例库，解决了课程教学中思政资源不足、素材单一的难题。案例库中包含 55 个以我国重大工程、"一带一路"工程建设成果和本校教师、校友参与重大工程的经历和励志故事为主题的课程

思政案例，编写成《土木、水利与交通工程课程思政案例汇编》课程思政教材（教材相关信息见图1）。

图1 《土木、水利与交通工程课程思政案例汇编》封面

2. 创新点2

提出了"6爱"课程思政教学目标和3W建设方案；创建了"5措互补"课程思政教学法，即开门见山式、画龙点睛式、专题嵌入式、多元（素）融合式、隐性渗透式。精细化组织和设计课程知识体系，构建了各章节知识内容与思政元素的对接关系图谱（部分对接关系图谱见图2），破解了思政元素融入课程知识内容过程中存在的"两张皮"难题。

-知识点与思政元素对接关系图

课程知识点与思政元素的分析和归类（不完全举例）

序号	课程内容知识点	思政元素	思政属性
1	1.2节钢筋混凝土结构的应用及发展	上海外滩中国银行限高之谜	爱国情怀
2	2.1节钢筋的品种和力学性能	绿色发展和可持续发展理念	社会责任；生态文明
3	2.2节混凝土的物理力学性能	大工自主研发和制作多功能混凝土三轴试验装置系统	大工骄傲；红色基因
4	2.2节混凝土的物理力学性能	80岁林皋院士汶川抗震救灾	红色基因
5	3.1结构设计理论与方法的发展	赵国藩院士与可靠度理论	大工贡献；科学家精神
6	3.3极限状态设计法的基本概念	汶川地震及其防灾减灾理念	科学家发展
7	4.2受弯构件的截面形式和构造要求	"三分计算，七分构造"	工匠精神
8	4.3受弯构件受力全过程及破坏形态	以人为本，延性设计思想	科学精神；人文精神
9	5.4斜截面承载力计算方法	大道至简反哺真工程思想	工匠精神；文化自信
10	5.4斜截面承载力计算方法	我国依然是发展中国家	国情教育；社会责任
11	6.1受压构件	"强柱弱梁"抗震设计理念	科学精神；人文精神
12	9.2混凝土构件裂缝宽度验算	"大连理工大学公式"	大工骄傲；专业自豪
13	9.4港工混凝土的耐久性	港珠澳大桥突破百年寿命	中国自信
14	9.4港工混凝土的耐久性	日本小樽港百年耐久性试验	科学精神

图2 "水工钢混"课程知识点与思政元素对接关系图谱

91

教学案例 1 "混凝土结构耐久性要求"。采用"开门见山式"教学模式：港珠澳大桥 120 年耐久性设计使用寿命打破国际"百年"惯例，彰显了新时代创新驱动战略，使中国科技跨入了并跑、领跑阶段；体现大国建造和工匠精神的三峡大坝"混凝土无裂缝奇迹"则采用隐性渗透教学模式。

教学案例 2 "钢筋混凝土裂缝宽度计算"。大连理工大学赵国藩院士在钢筋混凝土结构基本理论方面勇于创新，为我国工程结构设计规范的制定做出了突出贡献，被学界尊称为"北赵"，他提出的混凝土裂缝宽度计算公式被业界称为"赵国藩公式"，并被写入《水运工程混凝土结构设计规范》；课堂教学中通过画龙点睛式介绍，向学生传递了大贡献和学校的红色基因，激发了学生对母校和所学专业的自豪感。

（四）成效与启示

①水工钢筋混凝土结构被评为教育部首批（2021）课程思政示范课程、大连理工大学首批（2020）课程思政示范课程；王立成被评为教育部课程思政教学名师、大连高校课程思政联盟专家库成员、中国路桥"三全育人"优秀教师。

②建立了专题调研、课堂讨论与期中测试、期末考核相结合的课程全过程评价机制。设置了围绕重大工程和学术大师、校友从事科研和工程项目建设事迹的调研课题，开展反转课堂和师生互动讨论，考核学生对我国土木、水利和交通等基础建设领域建设取得的成就和背后制度优势的认识水平，以及对"大国建造""工匠精神""大工贡献"和"红色基因"等精神力量的理解与感受。设置与重大工程有关的背景资料和激发学生创新思维的发散性试题，且答案不唯一，突出对学生国家战略和工程思维能力的评价。

③学生评价及育人典型案例。学校教务系统学生主观评价留言："思想教育很深刻受用""课上还有一流的思想教育""思想教育和讲课结合，很棒"……最近一期学生评价 99.46 分，学校教师教学评价 99 分。过去两年，授课班的王艺睿、史天颖、田世豪同学获国家奖学金；史天颖同学被中国水利教育协会评为第十届（2020）十佳未来水利之星，并获宝钢奖学金。

④示范辐射和经验交流。多次受邀在有关课程思政教学会议/培训会做主题报告，如 2021 年 9 月 23—29 日在全国高校网培中心举办的"课程思政高质量推进"线上研学周、2021 年 8 月 9—10 日全国高校土建类专业课程教学研修班、2021 年 10 月 15 日大连理工大学第二期"课程思政"骨干教师研修班等做主讲报告；在校内多个学院做专题讲座，主讲学校"名师面对面"活动——"如何将课程思政融入课堂教学"，主持学校午间教学沙龙等教学研讨和交流活动。

四轮驱动的课程思政协同育人范式
——立兴水报国之志 育厚宽高强之才

陈述，晋良海，封林，殷德胜，邵波，常文娟

（三峡大学 水利与环境学院）

摘要：培养社会主义水利事业的建设者和接班人，是水利院校的责任与担当。三峡大学水利与环境学院以立德树人为根本任务、以创新发展为动力，不断深化教育教学改革；以队伍建设为中心，建强"主力军"；以文化环境为载体，唱响"主旋律"；以课程建设为抓手，聚焦"主阵地"；以课堂教学为基础，坚守"主渠道"。通过建构全员、全程、全方位的育人环境，扎实推进"四轮驱动"的课程思政协同育人范式，学院人才培养质量显著提升，专业建设水平成绩显著提高，教学师资队伍不断优化，高水平教学成果不断涌现，教学平台条件明显改善。

关键词：四轮驱动；课程思政；协同育人；兴水报国

一、背景情况

习近平总书记在全国高校思想政治工作会议上强调"各类课程与思想政治理论课同向同行，形成协同效应"。把"立德树人"作为教育的根本任务，构建全员、全程、全方位的育人格局，各类专业课程与思想政治理论课同向同行，形成协同效应，是课程思政协同育人的根本途径。

水是生命之源、生产之要、生态之基，水利始终是党中央高度关注的安民兴邦的头等大事。搞好中国水利事业，关键在人、关键在人才，人才培养是水利工作的重要内容和优先领域。水利院校的根本任务在于培养德、智、体、美、劳全面发展，掌握水利工程技术与管理专业知识的社会主义水利事业的建设者和接班人。

三峡大学是水利部和湖北省人民政府共建大学，是教育部"卓越工程师教育培养计划"高校。三峡大学水利与环境学院坚持以立德树人为根本任务、以

创新发展为动力的办学思路，不断深化教育教学改革，提出"四轮驱动"的课程思政协同育人新范式，引导学生树立兴水报国之志，培养厚基础、宽口径、高水平、强能力（厚宽高强）的应用型人才。

二、主要做法

三峡大学水利与环境学院围绕"培养什么人、怎样培养人、为谁培养人"这一根本问题，践行"四轮驱动"的课程思政协同育人新范式，建强教师队伍"主力军"、唱响意识形态"主旋律"、筑牢课程建设"主战场"、坚守课堂教学"主渠道"，持续推动人才培养高质量发展。

1. 以队伍建设为中心，建强"主力军"

引导广大教师树立课程思政理念，注重师德师风教育，持续开展教学能力提升计划，充分发挥思政教学名师的示范引领作用，培育一大批思政能力强的教学名师和团队。

（1）加强教师培训，注重师德教育，提升思政能力

成立课程思政教学研究中心，出台《三峡大学水利与环境学院课程思政实施细则》，制定《师德师风负面清单和失范行为处理暂行办法》，持续开展青年教师岗前培训与青年教师能力提升计划，邀请全国优秀教师获得者上海交通大学李梁、宝钢教育基金优秀教师奖获得者华中科技大学杨新华、山东省首批课程思政示范课教师山东大学宋娟等开展名师指导坊，组织各系部开展专题研讨、集体备课等教研活动，组织教师赴中国海洋大学观摩国家级首批课程思政示范课"港口规划与布置"教学，引导广大教师树立课程思政的理念，提升课程思政能力。

（2）发挥思政教学团队和教学名师示范带头作用

充分利用湖北省委宣传部"理论热点面对面"示范点学校、学校"人生发展设计工作室"等学校思想政治教育优质资源，发挥思政教师中的湖北省"十佳思政课教师"、省市讲师团成员等的引领辐射作用，邀请马克思主义学院院长胡孝红、高等教育研究所所长黄首晶等思政课教师开展专题讲座，聘请三峡大学首届课堂教学质量卓越奖获得者朱国庆等指导课程思政集体备课、课程思政专项教研项目，发挥思政教师在学校课程思政教学改革中的引领和指导作用。

（3）齐抓共管，培育课程思政教学名师和教学团队

成立以院长、书记为双组长的课程思政建设领导小组，院长在党委理论中心组（扩大）学习中做《推进课程思政建设　把思想政治工作贯穿教学全过程》专题动员报告，书记组织支部书记召开课程思政建设推进会。组建水利工

程施工、水工建筑物、水电站、工程管理等18个教学团队，建立专兼结合、校企联合、学科交叉融合的师资队伍，锻炼和培养具有行业影响力的"双师型"教师力量。举办争做"四有"好老师主题活动，定期评选表彰"十佳师德标兵"，设立课堂教学质量卓越奖。学院选树了湖北名师田斌、湖北名师工作室主持人周宜红等一批先进典型。

2. 以水利文化为载体，唱响"主旋律"

以水利为特色，筑牢意识形态思想阵地，创造丰富多彩的水利主题校园环境，优化校园网络新媒体平台，大力开展思政文化宣传工作，营造良好的水利文化氛围，唱响水利文化"主旋律"。

（1）构建具有鲜明水利特色的主流校园环境

在现有水利特色"楼室馆堂路景"的基础上，联合湖北省水利厅、宜昌市政府，共建湖北河湖保护研究中心，沿大学路水系以水电特色为设计主题，以世界名坝模型为背景，以水系岸边绿地综合治理为手段，建立求索溪健康河湖保护教育示范基地。对水科学楼进行整体改造，开辟党建活动场地，装饰党建文化墙，将"四有好老师"标准、做学生"四个引路人""新时代高校教师职业行为十项准则"等内容全部上墙。通过水字文化"墙"推广宣传，借"墙"接稳地气，装点文化环境。以公寓宿舍为基地，发挥水利特色优势，布置领导关怀、流域开发、治水故事、大国重器等水利宣传展板，围绕公寓党建、苑区文化、寝室环境等内容开展寝室创新活动。

（2）筑牢意识形态与文化宣传工作思想阵地

按照"谁主管谁负责""谁主办谁负责"的原则，实行人文类讲座（沙龙、论坛、报告会）活动一事一报。聘请专任教师特别是思政教师参与学生社团的建设和管理，有效指导学生社团开展青年学子"庆百年 迎百天 聚百生 开百讲"党史巡讲、三峡大学校史宣讲、水利与环境学院院史宣讲等各类活动，持续开展"扬帆水利情 求索中国梦"迎新活动，加强爱党、爱国、爱校、爱院教育。搭建大禹讲坛、溯源论坛等学生自治交流平台，交流青春感悟，以深入实际、鲜活生动的形式和语言贴近学生，牢牢掌握意识形态工作的管理权。

（3）创新方法，加强校园网络新媒体阵地建设

推动思政工作同信息技术高度融合，打造水环资讯、水环风华等校园微媒体，讲好水环故事。贯彻落实网络意识形态工作责任制，加强网络传播阵地管理，强化"自媒体"账号、短视频平台规范管理。以"绿水青山 水利中国"为主题，打造线上党建与水利文化展厅，集中展示党和国家对社会主义高校和水利事业的重要指示精神，全面回顾和梳理三峡大学水利学科办学历程和学术

研究成果,搭建课程思政资料库,让师生互动式参与和沉浸式体验。

(4)把握舆论导向,营造风清气正的水利文化氛围

围绕中央重大决策部署和重要节点、重大节庆,积极开展立体宣传,唱响伟大民族复兴的主旋律。统筹规划,与中国水利学会加强合作,举办节水知识竞赛、征文演讲、文艺演出等特色主题宣传教育活动,激发师生兴水报国之志,坚定民族复兴的信心和决心。深度挖掘新闻题材,针对学院人才培养、科学研究、社会服务等方面开展成就宣传、经验宣传,充分展示学院各项工作取得的成绩,凝聚师生不忘初心、继续前进的信念与力量。聚焦立德树人,挖掘典型,找准亮点,选树优秀师生典型,全面促进师德师风建设和教风学风建设,形成学习楷模、弘扬正能量、积极推进学院事业发展的良好氛围。

3. 以课程建设为抓手,聚焦"主阵地"

聚焦新时代对水利人才培养的新需求,坚持专业认证OBE理念,以课程建设为抓手,打造"院—校—省—国家"四级五类"金课",重构以能力培养为结构要素的课程体系,使各类课程与思政课程同向同行,持续推进优质教学资源数字化、视频化、网络化。

(1)加强培育,打造"院—校—省—国家"四级五类"金课"

聚焦新时代对人才培养的新需求,通过"请进来""走出去"等多种方式开展金课建设培训,制定《三峡大学水利与环境学院金课培育实施方案(2019—2022年)》,建立学院一流本科课程建设激励机制,聘任课程责任教授,引导国家和省级一流专业建设点发挥引领示范作用,按照高阶性、创新性、挑战度的"两性一度"要求,扶优扶特,打造"院—校—省—国家"四级五类"金课",推动教育理念更新、教学模式变革和教学体系重构,为一流专业建设、一流本科人才培养提供有力的支撑。

(2)坚持OBE理念,优化教学内容,重构课程体系

根据新时代治水的新任务、新要求,面对解决复杂水工程问题的需求,坚持产出导向,以学生为中心,通过反向设计,按知识的衔接关系和认知规律,整合教学资源,贯彻"理论—综合—实践"交互式的能力培养思路,建立以能力培养为结构要素的课程体系。完善教学大纲,紧跟政策、规范、标准和最新研究成果,与工程实践紧密结合,更新教学内容。切实加强学风建设,组织学生参加社会调查、生产劳动、志愿服务、公益活动、科技发明和勤工助学等实践活动,构建递进式高水平学科竞赛体系,将素质拓展贯穿教育教学全过程。

(3)产教融合培育教学成果,共建共享教学资源

制定《三峡大学水利与环境学院教育教学研究项目与教学成果奖培育管理

办法》，集中受理教材出版与核心期刊教研论文发表资助申请，培育高水平教育教学成果。立足中国水电实践，紧扣执业资格知识体系，组织编写水电特色系列教材，突出三峡大学话语体系。开发实验教学项目云桌面服务系统，推进优质教学资源数字化、视频化、网络化，将课堂教学延续到课外，实现师生随时随地桌面连接。开发实验场地预约管理系统，推进大型仪器设备共享，提升仪器设备使用效率。创新校企协同共建共享机制，强化同润尼尔、青山、广联达、鲁班、品茗等企业合作，拓宽虚拟仿真实验教学中心资源，强化国家级教学示范中心服务能力。

4. 以课堂教学为基础，坚守"主渠道"

以引导学生树立兴水报国之志为切入点，深入梳理课程教学内容，挖掘思政元素，创新教学方法，完善德育效果评测体系，充分发挥课程思政教学示范课辐射带动作用。

（1）落实育人责任，挖掘专业教育课程的思政元素

组织各系部开展课程思政专题研讨活动，学习研讨《高等学校课程思政建设指导纲要》，邀请思政教师与专业教师共同深入梳理课程教学内容，挖掘专业知识体系中蕴含的思想价值和精神内涵，破解提升课程思政建设的重点、难点问题，更新观念、凝聚共识、提升实效。挖掘专业教育与理想信念、政治认同、家国情怀、文化素养、法治意识、道德修养、社会责任、科学思维等思政教育的切入点，科学拓展专业课程的广度、深度和温度，组织编写《水利与环境学院课程思政典型案例汇编》。重点引导学生树立兴水报国之志，培育学生求真务实、实践创新、精益求精的精神，培养学生踏实严谨、吃苦耐劳、追求卓越等优秀品质。

（2）改革教学方法，强化课堂互动，提升教学效果

出台《三峡大学水利与环境学院教师本科教学质量综合评价实施细则》，重视学生评教，以提升教学效果为目的创新教学方法。强化课堂设计，解决好怎么讲好课的问题，杜绝单纯知识传递、忽视能力素质培养的现象。充分利用网络信息技术、智慧教室等，强化现代信息技术与教育教学深度融合，解决好教与学模式创新的问题。强化师生互动、生生互动，支持教师探索具有专业特色的混合教学模式，解决好创新性、批判性思维培养的问题，激发学生内在学习动力，努力提升学生课堂教学的参与度，不断提高教学实效。

（3）建立德育效果评测体系，完善教学质量监控体系

从源头、目标和过程上强化所有课程融入德育教育理念，在人才培养方案、课程教学大纲、教学设计等重要教学文件中考量"知识传授、能力提升和价值

引领"同步提升的实现度。在各类"金课"的遴选立项、建设、验收和教学奖评审中设置"价值引领"或"德育功能"指标。在教师教学综合评价体系中设置"价值引领"观测点，使德育元素成为教师综合评价体系的重要内容。在教师评学中加强对学生课堂内外、线上线下学习的评价，加强研究型、项目式学习，丰富探究式、论文式、报告答辩式等作业评价方式，拓展课程学习的广度与深度。

（4）举办教学讲课竞赛，发挥示范课辐射带动作用

发挥支部书记、学工思政教师在学院课程思政教学改革中的引领和指导作用，从各系部专业核心课程遴选立项课程思政专题教改项目，加强对课程思政建设重点、难点、前瞻性问题的研究。从验收合格的课程中遴选一批学生真心喜爱、终身受益、毕生难忘的充满思政元素和发挥思政功能的课程思政示范课程，对公认教学效果好的课程思政示范课以公开课的形式进行宣传推广，充分发挥示范课的辐射带动作用。定期举办以"四史"和新中国水利史为主题的课程思政讲课竞赛，让青年教师树牢立德树人的教育教学理念，引导学生树立"兴水报国"投身国家水电事业的理想信念。

三、成效与启示

通过建构全员、全程、全方位的育人环境，践行四轮驱动的课程思政协同育人范式，学院人才培养质量显著提升，专业建设水平成绩突出，教学师资队伍不断优化，高水平教学成果不断涌现，教学平台条件明显改善。

1. 人才培养质量显著提升

近年来，学院组织学生参加全国大学生水利创新设计大赛、全国水科学数值模拟创新大赛、全国大学生智能农业装备创新大赛等学科竞赛，共获各类科技创新奖励100余项。学院还培养出全国大学生自强之星、全国水利院校水利优秀毕业生、全国水利院校"十佳未来水利之星"，得到社会、行业、相关院校的一致好评。学院就业率超过95%，高质量就业率维持在70%以上。

2. 专业建设水平成绩突出

水利水电工程、水文与水资源工程、工程管理3个专业获批国家一流本科专业建设点，并通过工程教育认证（评估）；农业水利工程、工程造价、环境工程3个专业获批湖北省一流本科专业建设点，农业水利工程、工程造价专业认证（评估）申请获得受理；支撑土木水利、管理科学与工程获批博士学位授权点。

3. 教学师资队伍不断优化

学院获批水利工程学科湖北名师工作室,水利水电工程、水文与水资源工程 2 个团队获评湖北省级教学团队,工程管理、水文与水资源工程 2 个团队获评湖北省优秀基层教学组织。获第七届全国水利类专业青年教师讲课竞赛一等奖 2 项、二等奖 2 项,获首届湖北省高校教师就业指导课程教学赛事二等奖 1 项。

4. 高水平教学成果不断涌现

近年来,"水文学原理""水文预报""混凝土高坝浇筑施工虚拟仿真实验" 3 门课程获批省级一流本科课程,获高等学校水利类专业教学成果一等奖 2 项,获湖北省教学成果一等奖 1 项、三等奖 1 项。主编《水利工程概预算》《水电工程造价预测》等水利特色鲜明的系列教材 10 余部。

5. 教学平台条件明显改善

三峡大学与上海鲁班软件股份有限公司、四川锦瑞青山科技有限公司、上海君领实业有限公司等企业达成战略合作,共建三峡大学 BIM 实训基地,与北京津发科技股份有限公司、北京润尼尔数字科技有限公司等联合开发虚拟仿真实验教学系统,协同杭州品茗安控信息技术股份有限公司、广联达股份有限公司等企业资源,助力水利与环境国家级教学示范中心平台建设,教学实践条件与服务能力得到明显改善。

以水励人　润心铸魂
——西安理工大学水利水电学院组织育人视角下的"四位一体"研究生德育体系建设

郭鹏程，杨帆，付卓玉

（西安理工大学　水利水电学院）

摘要：西安理工大学水利水电学院始终坚持以习近平新时代中国特色社会主义思想为指导，坚持做好研究生思想引领，凝练了4个思政育人成果，培养了一批扎根西部、能力突出、道德高尚、主动作为的学生。形成了一套兼具知识、能力、精神、素质协调发展的"KASQ育人模式"，荣获国家级教学成果奖。打造了一套涵养水利情怀的课程思政案例库，建立了一项树立身边典型的"知行榜样育人工程"。学生参与黄河流域生态保护、南水北调等国家重大项目500余项，所有毕业论文100%结合工程实践科研项目，坚持"把论文写在祖国大地上"，64.1%的毕业生扎根西部，投身水利建设，被社会广泛赞誉"吃得苦、留得住、下得去、顶得上"。

关键词：KASQ育人模式；水利德育；"四位一体"德育体系；立德树人

西安理工大学水利水电学院始终坚持以习近平新时代中国特色社会主义思想为指导，"遵循教育规律，扎根中国大地办大学"，立足学科特点，按照"五个强化"工作思路，扎实推进"三全育人"，探索出适应新型水利人才培养和水利特色高等教育现代化的"四位一体"德育体系，即搭建集"研究生导师+思政教师+辅导员+'党员朋友'"于一体的育人体系。通过整合四类资源，拓展平台，组织实施思想政治引领、素质拓展提升、科研创新、社会实践锻炼、志愿服务公益和自我管理服务，切实推动"校企"联动育人工作。引导学生在知识学习、科研探索、社会服务中担当起新时代国家水利水电事业高质量发展的时代重任，培养了一批扎根西北、道德高尚、能力突出、勇于担当的优秀毕业生。

一、主要做法

西安理工大学水利水电学院始终坚持中国特色社会主义道路，结合时代特征和学院特色，采用"润物细无声"的方式将"水元素"融入德育工作，引导广大师生进一步涵养敬水、爱水、亲水的情怀，培养学生"上善若水"的人文思想，为祖国的水利水电事业培养优秀人才，把握机遇，直面挑战，披荆斩棘，奋勇向前，力争开启水利事业新篇章！

第一，对标"党建双创"，强化研究生党建教育，引领学院党委通过党建工作标杆院系、样板支部培育创建工作，全面提升基层党组织的组织力、凝聚力、引领力，练好办学治教基本功，推动党建工作与"双一流"建设相互融合、同向同行。

以首批省级"样板支部"水力学所支部和"双带头人"支部书记工作室水资源支部建设以及校企党建结对工作基地等特色载体，不断加强师生思想建设，提升学科凝聚力、向心力，实现党建与业务有机融合。设置学生纵向支部，打通本硕博思政教育渠道，通过优秀学长领航、知行互助工程、"最美笔记"等工作，充分发挥党员思想、学术双向传帮带作用。设立实验室和宿舍"党员示范岗"，促使党员学生亮身份、做表率。

第二，依托"4类资源"，强化研究生实践能力培养。依托水利文化资源，与李仪祉纪念馆、郑国渠遗址等教育基地联合，开展"四史"教育等社会实践活动，引导学生坚守信念、坚持梦想、坚定信心；依托企业资源，与西勘院、国网新源等67家协同单位和三峡、小浪底等重大工程建立产学研实践基地，联合育人；依托学科资源，用好西北旱区生态水利国家重点实验室、国家级工程训练中心等平台，提升学生科研实践能力；依托教师资源，成立学生科技创新指导小组，持续加强创新创业教育。依托首批"陕西省创新创业试点学院"建设，将双创教育融入学生培养全过程，提高人才培养质量。

定期开办"科创梦想训练营"，鼓励学生入课题、入平台、入基地，提升创新能力；通过课外学术活动、创新训练项目及"互联网+"项目，培养富有创新精神、勤于投身实践的时代新人。建设"本—硕—博"一体化创新教学实验基地。支持本学科各省部级重点实验室与本科生实验中心，按照集约共享和公用开放的原则建设"本—硕—博"一体化的创新教学实验基地，集成教育平台、实验教学基地、公共教学实验中心等各类公共优质教学实验资源，改善本科生、研究生的教学、实验与科研环境，为其进行学术交流、自主开展科学实验和实践创新思想提供专门场所，为跨学科研究生之间开展学术交流与合作提供平台。

第三，巩固"3个阵地"，强化研究生意识形态教育，引导全体师生筑牢思想根基，坚持把立德树人作为中心环节，把思想政治工作贯穿教育教学全过程，强化思想引领，牢牢把握高校意识形态工作领导权，持续巩固意识形态阵地管理。巩固网络宣传阵地管理，构建平台，形成网络传播矩阵，院党委牵头成立宣传组，实行各类网络宣传材料统一审核，有效开展研究生主流意识形态宣传教育；巩固课堂主阵地管理，划定意识形态安全红线，实行"一票否决制"，做到学术研究无禁区、课堂讲授有纪律、公开言论守规矩；巩固学生活动阵地管理，通过卓越大讲坛、教授接待日等强化学生理想信念教育，各类讲座要求一会一报，不同学生实行一生一策。

第四，发挥"2个引领"，强化研究生课程思政改革。发挥水利精神引领作用，将习近平生态文明思想和新时代水利精神等思政元素融入学科教育教学中，确保每门课程不少于5个思政点，切实在研究生专业教育中讲好水利故事、宣传水利精神、涵养水利情怀。发挥典型标杆引领作用，持续开展向牛争鸣教授等榜样学习，设立陕西省教学名师黄强教授工作室，探索拔尖人才培养新模式。

以国家生态文明建设事业为指引，引导研究生树立报效祖国的远大理想，"到西部去，到基层去，到祖国最需要的地方去"，围绕水利工程建设、水土保持、防洪减灾、水环境生态保护、农业高效用水等领域，从事旱区生态水利科学研究和工程实践。在专业课教学过程中，深入挖掘课程中蕴含的思政元素和育人功能，从一堂课、一个点、一个打动人心的共鸣出发，将课程思政融入教育教学全过程，将专业知识教育与思想政治教育融为一体，落实"知识传授""能力培养"和"价值引领"有机统一。

第五，发扬"1个传统"，强化研究生导师思政队伍，始终注重传统做法传承发扬，40余年来，持续对曾被中宣部、教育部、团中央表扬的"朋友班"做法进行革新，创新开展"水滴互助育人工程"，使沈晋、李建中、王文焰等老一辈的奋斗精神得到传承。构建了"学业导师+思政教师+辅导员+'党员朋友'""四位一体"的全员思政育人体系，使思政队伍形成合力，在课堂、实验室、学生发展中心及宿舍全过程开展思政教育。以党建为引领，深入挖掘牛争鸣教授的先进事迹，开展事迹宣讲，以全国黄大年式教师团队李占斌教授，陕西省教书育人楷模、特支计划教学名师黄强教授，陕西省优秀教师解建仓教授等为核心，着力构建优秀教师团队。侯精明、李炎隆、许增光等10余人获省、市、校级多项育人奖励。

青年教师白涛帮扶胡安什等20余名新疆少数民族学生就业，在阿勒泰、伊犁等地产生了良好的社会效应。以水利工程学科为龙头，通过交叉融合环境科学与工程、土木工程、农业水土工程、电力系统及其自动化、流体机械及工程、水土保持与荒漠化防治等学科，以支撑水文学及水资源、水工结构工程、水利水电工程、水力学及河流动力学、水沙动力与生态水利5个二级学科方向开展高水平科学研究，重点建设18个高水平科研团队，以团队为核心，开展学科建设和科学研究，进一步提高研究生培养质量。

二、成效与启示

学科始终坚持强化学生思想引领，凝练了5个育人成果，培养了一批扎根西部、能力突出、道德高尚、主动作为的学生。

1. 注重凝练，思政育人做法出成果

根据水利行业对人才知识和能力的需求，合理优化专业学位研究生培养方案，构建科学合理的知识体系和实践教学体系。结合西安理工大学工程专业学位研究生培养的八大方向和四大模块，以专业实际应用和职业需求为导向，将专业基础知识、应用技术和分析解决问题的先进方法和能力培养有机结合。基于水利工程领域对高层次应用型人才的需求现状，建立针对性强、知识结构完整、课时配置合理、理论学习与实践锻炼紧密结合的课程体系。以提高研究生培养质量和适应全日制硕士研究生教育为目标，改革研究生指导教师遴选与管理办法，选拔一批优秀的中青年骨干教师充实研究生导师队伍，聘任一批实践经验丰富的高级工程技术专家担任专业学位研究生的指导教师，形成在知识结构、年龄结构、实践能力、科研素养、学术影响等方面适应不同层次和类型研究生培养要求的指导教师队伍。形成了一套兼具知识、能力、精神、素质协调发展的"KASQ育人模式"，荣获国家级教学成果奖。打造了一套涵养水利情怀的课程思政案例库，建立了一项树立身边典型的"知行榜样育人工程"，拍摄了一组传承水利精神的"溯源求实"专题教育视频，持续强化思政育人成效。

2. 扎根西部，学生行业贡献显成效

学校长期服务于我国尤其是西部地区水利水电、生态环境、装备制造行业，不断推进校地、校企合作，与三峡总公司、东方电气集团、国家电科院、黄河上游水电开发公司、中建西北院、中冶建筑研究总院、中铁第一勘察设计院、中国建材集团、宝武集团、中科院生态中心、中国市政西北院、东华软件等200余家大中型企业建立了长期稳定的产学研合作关系，入选全国首批示范性工程专业学位研究生联合培养基地。"西理工—工创汇"国家级科技企业孵化器，在江苏吴江、陕西宝鸡等地建立了5个研究院、技术转移中心，大力推动科技成果转移转化，积极为国家和地方经济社会发展服务。学校先后被授予"陕西省产学研联合开发先进集体""在振兴装备制造业工作中做出重要贡献的先进单位"等荣誉称号。师生实践成果无偿服务于黄河流域及西北内陆河水库群调度、黄土高原水土流失综合治理、南水北调中线工程等上百项国家重大重点工程。技术支撑西咸新区国家海绵城市获批联合国教科文组织全球生态水文示范点；以坝系为核心，构建了流域山水田林湖草沙综合体的技术体系。学院重视基础理论教学和工程实践能力培养，学生的培养质量较高，毕业的硕士、博士研究生在社会上享有较高的声誉，很受用人单位欢迎。近5年，相关领域研究生就业率高，就业层次和质量均保持了较高水平，学生的就业满意率很高。就业单位包括国家电网、陕西省电力设计院、中国电建集团西北勘测设计研究院、中国长江电力股份有限公司、甘肃省电力公司电力科学研究院、长江水利委员会长江科学院、陕西省水利电力勘测设计研究院、中国东方电气集团有限公司、中国西电集团有限公司、西北有色金属研究院等国有企业和事业单位。64.1%的毕业生扎根西部，投身水利建设，被社会广泛赞誉"吃得苦、留得住、下得去、顶得上"。全国优秀企业家、国家电投黄河公司董事长谢小平长期投身于国家西部建设，跑出了创新奋进"加速度"，也培养了李佩成院士、张建民院士等100余位知名学者，王民浩、夏忠等600余位杰出水利建设与管理专家。

3. 追求卓越，人才培养质量再突破

西安理工大学水利水电学院始终坚持"情系水利，追求卓越"的办学理念，将全日制工程硕士研究生的培养与行业需要密切结合，突出职业导向精神，以行业人才需求和科技合作为基础，建立了联合培养机制，实现了多方共赢。近年来，西安理工大学水利水电学院与中国水电顾问集团西北勘测设计研究院合作单位联合培养工程硕士研究生148人，其中，已毕业11人，在读学生83人。在这种新型培养机制下，联合培养的工程硕士研究生取得了优异成绩，其中，获得"哈希"第八届全国环境友好科技竞赛奖1项，获批国家发明专利1项，发表论文124篇（其中，SCI/EI检索论文34篇），极大地提高了社会和行业对学校与学院的认可度。面向国家绿色发展理念和生态文明建设的重大战略，发挥学校在水利水电和装备制造领域的学科和工程技术优势，依托西北旱区生态水利工程国家重点实验室和晶体生长设备与系统集成国家工程中心，培养相关领域的工程技术攻关、创新及组织管理高层次专门人才，为造就工程技术领军人才奠定基础。始终服务国家重大战略需求，学生参与黄河流域生态保护、南水北调等国家重大项目500余项，所有毕业论文100%结合工程实践科研项目，坚持"把论文写在祖国大地上"。获评陕西省优秀博士学位论文6篇，国家奖学金和张光斗、潘家铮等社会奖学金136人次，各类国家级创新创业奖120余项，做到了专业奖项均有涉猎。

4. 明德惟馨，各类典型事迹受赞誉

学生100%积极参与"世界水日"、陕西省委"节水进校园"等各类志愿活动。近年来，涌现出一批捐献骨髓、无偿献血、扶危济困、勇攀高峰、思想品德高尚的先进典型，有陕西省第209位造血干细胞捐献者任高天，奔赴千里无偿献血多次收到锦旗的王双敬，帮助新疆老人就医的志愿服务队，扶助90岁老人的王怡琛等，相关事迹被央视《新闻联播》、中国青年网、人民网等报道。获评全国研究生党员标兵1人、全国优秀共青团员1人、全国大学生年度人物候选人1人、全国大学生水利之星1人、全国水利优秀毕业生1人，获评陕西省优秀共青团员2人、陕西省研究生党员标兵1人、陕西好人2人。在2018年全国大学生廉洁知识问答活动中，学院有18名研究生跻身全国前100名。

三、附件材料

附件一　全国百名研究生党员标兵——戈振国

戈振国，男，汉族，山西永济人，中共党员，1994年11月出生。现为西安理工大学水利工程学科博士研究生，担任西安理工大学水利水电学院2019级博士党支部书记、班长，中国共产党西安理工大学第八次代表大会代表。曾任西安理工大学水利水电学院研究生会副主席，研1615班党支部书记、班长等职。本硕博均就读于西安理工大学，2016年推免硕士研究生，2019年硕博连读攻读博士。自入校以来，戈振国同志严格遵守党章党规，校规校纪。作为学生党员，理论扎实，信仰坚定；作为研究生，潜心科研，成果丰硕；作为学生干部，勇于担当，积极作为。多年来，虽然角色不同，但践行党员使命的初心一直未变。

1. 以学增才，强化理论武装

人若志存高远，则无不可实现之目标，纵然山海尽头，也不能阻止其追求理想的步伐。戈振国同志坚持运用"学习强国"平台学习理论知识，认真研读著作，做到与时俱进、常学常新，目前学习强国积分排学院党委第1名，排全国第15173名。两次参加全国高校基层党支部书记网络培训班，2016年首届校内党风廉政教育网络答题竞赛获得满分，连续三年获得"全国大学生廉政知识问答""先进个人"荣誉称号，2018年和2020年两次被评为校优秀共产党员，2018年被学校推荐参选全国"百名研究生党员标兵"，2019年被评为春季学期党支部书记培训班优秀学员，2021年参与录制庆祝中国共产党成立100周年微视频。与此同时，还能主动带领优秀学生认真学习党的理论，引导他们不断向党组织靠拢。

2. 求真学问，练就过硬本领

戈振国同志学习刻苦努力，成绩名列前茅，曾获得潘家铮水电奖学金、国家励志奖学金、博士学业奖学金、研究生一等学业奖学金等奖励及"三好学生标兵""优秀毕业生"等荣誉称号。研究生就读期间，主要负责数值模拟和实验验证工作，建立了一种基于 CFD-PBM 耦合模型的离心泵气液两相流数值模拟方法，准确地预测了泵的"喘振"特性，解决了高含气率下离心泵内气液两相流动特性无法准确预测的难题。该成果也成了导师罗兴锜教授 2019 年陕西省科学技术进步一等奖和 2020 年国家科学技术进步二等奖"轴流式和贯流式水轮机性能优化的关键技术及应用"项目的支撑内容之一。发表 SCI 论文 3 篇（其中，2 篇为中科院一区论文），EI 会议论文 1 篇，实用新型专利 2 项，发明专利在审 2 项，硕士学位论文被评为"第二届全国高等学校水利类专业优秀研究生学位论文"。先后参加了国家自然科学基金重点项目（项目编号：51527808）、国家自然科学基金青年项目（项目编号：51709227）、国家重点研发计划课题（项目编号：2018YFB1501902）、国家自然科学基金面上项目（项目编号：52079108）等纵向项目。同时，他立足科研，组建学生科创团队积极参与各类科技竞赛。作品"智能节水控水系统"荣获全国水利创新设计大赛一等奖、陕西省"挑战杯"大学生课外学术科技竞赛二等奖等，主持的省级大学生创新创业训练计划项目"智能节水控水系统"结题获得优秀等级。获聘学院"科创梦想训练营"培训师，连续多年协助指导低年级学生参与科技竞赛，获"挑战杯"大学生创业计划竞赛国家级铜奖 1 项，全国节能减排大赛二等奖、三等奖各 1 项。

3. 率先垂范，践行责任担当

戈振国同志时刻秉承为学生服务的宗旨，尽职尽责。在校园文化方面，协助组织了陕西省政府"节能宣传周"、陕西省水利厅"节水进校园""大禹文化节"等一系列活动，取得了良好的反响。在学业帮扶方面，组织策划并身先示范，积极参与了"优秀学长领航工程""领学育英计划"等多项学业帮扶行动，有效助力了学院学风建设水平和学生整体学业成绩的提升，特别是，在担任西安理工大学百度贴吧负责人期间，主动发声，敢于亮剑。在日常生活中，能坚持以事实为依据，帮助同学答疑解惑，拓宽学生信息获取渠道，助力学生学习生活。在应对学生诉求和误解时，又能理性安慰吧友，积极了解学生诉求并联系相关部门妥善处理。在大是大非面前，还能时刻保持共产党员的警惕性，积极了解事实真相，及时反馈事件发展，主动与不实言论做斗争，澄清网络谣言，为打造积极向上的校园网络平台贡献自己的力量。此外，他还积极参与造血干细胞捐献、"手拉手"关爱孤独症儿童、"西安马拉松"等多项校内外志愿服务活动，处处展现出一名优秀青年党员的风采。戈振国同志不仅获"优秀学生干部""优秀毕业生干部""优秀团员"等多项荣誉称号，也收获了师生们的一致认可。导师罗兴锜评价他"搞起科研能坐得住、静得下、钻得进，做起事来又扑得上、顶得住、信得过，是一位踏实上进、不可多得的优秀学生"。学弟学妹评价他"像一位亲切友善的兄长，在思想上率先垂范，在科研学业上悉心指导，在生活中关心爱护，是教研室同学们心中的好榜样"。

"青年兴则国家兴，青年强则国家强。"作为一名有理想、有本领、有担当的新时代青年，戈振国同志始终以社会主义的合格建设者和可靠接班人为奋斗目标，以积极、乐观的态度激励自己，坚定思想信念，深耕科研学业，勇担时代使命，以实际行动影响带动着身边同学，得到了师生一致的高度认可。

附件二　中国大学生年度人物入围奖——刘云鹤

刘云鹤，中共党员，西安理工大学水利水电学院农业水土工程2018级硕士研究生。曾任院学生会外联部副部长，学习成绩专业排名第一，荣获第五届"互联网+"全国大学生创新创业大赛陕西省银奖，以第一作者发表一区SCI论文1篇，以第二作者发表EI论文2篇。理想信念坚定，思想要求进步，心有所信，方能行远。一个有信仰的人才会有光明的前景，作为一名中国共产党党员，刘云鹤同学锤炼思想，修炼品德，坚决拥护中国共产党的领导，学习党的基本政策，把党的先进思想理论应用于学习生活中，用自己的实际行动去感染身边的每位同学。2016年7月，刘云鹤参加了西安理工大学暑期"三下乡"社会实践活动，积极投入实践团队，在摄影、写作的实践中，将"两学一做"贯彻到一言一行中，最终获得了西安理工大学暑期"三下乡"社会实践优秀成果奖。

刘云鹤的身上，有着青年的热血与时代的光芒。刻苦学习知识，学习成绩优异。勤奋是同学们对刘云鹤的第一印象，"有闯劲、肯吃苦、善钻研"是老师对她的评价。在学习上，刘云鹤同学注重学习效率，讲求学习方法，求稳求实，充分利用学习资源，时常向老师请教。专业第一名的学习成绩，为她之后的科研道路打下了基础。由于优异的学习成绩和积极上进的学习态度，刘云鹤连续两年获得校"一等学业奖学金"，这些成果同样鞭策着她不断探索，不断进步，汲取新的知识，充实自己。潜心科学研究，致力学术报国的刘云鹤始终坚持"科技兴国""学术报国"的理想信念，喜欢并且享受科研过程。作为一名农业水土工程专业的学生，她将提高作物产量、改善生态环境作为自己的奋斗目标，并为之不懈努力，积极探索。自进入研究生阶段以来，刘云鹤在认真学习专业课程的同时，逐步开展她的研究——作物生长模型。通过阅读海量的文献，收集并查找作物生长数据，理清思路，进一步尝试用数学的方法解决农业方面的问题。

2020年，在导师的指导下，刘云鹤以第一作者撰写的论文被国际顶级农学期刊发表。该研究是以中国地区的冬小麦作为一种典型作物，基于大数据背景，结合土壤、植被、大气等多方面因素，构建了中国地区冬小麦生长的普适模型。这一研究使中国冬小麦产量的预测更加简单，适用的范围更广。随后，刘云鹤对水稻的生长过程也进行了模拟研究，发现与冬小麦生长的本质规律类似，这一成果被发表在EI期刊《农业工程学报》上。她继续深入探索，发现了模型参数之间的关系，并且通过大量的数据验证和模型推导，证实了这一关系的可靠性，这一成果被发表在EI期刊《农业机械学报》上。刘云鹤尝试用同一个生长模型来描述不同作物的生长过程，即让生长模型的适用范围从不同地区适用，发展为不同地区和不同作物都适用。此外，为了便于更加准确地模拟作物生长过程、预测作物产量，她结合地理信息系统技术，研究了各种作物模型参数的空间分布特征，并分析了参数与气象因子之间的关系，使模型预测结果更加精准。我国西部牧区生态环境日益恶化，干旱、风沙、高寒等气候问题严重阻碍着牧区生态环境建设以及经济发展。

为了改善牧区整体生态环境，在导师的支持下，2020年6月，刘云鹤前往内蒙古、甘肃和青海三个不同典型气候的牧区进行实地调研。她认真收集了每个地区的土壤样品和植物样品，并与当地牧民进行深入交流，从水资源、土地利用、牲畜饲养、作物生长、政府政策等多个方面了解牧区真实状况，同时和各地区农牧局、水利局和国土资源局等政府部门进行了数据资源共享，随后立即开展了大量的实验研究，分析三个典型牧区的自然资源状况和社会经济状况。现在，刘云鹤正聚焦"数学模型与牧区生态环境的结合"这一难题，梦想着通过努力为解决牧区环境恶化、经济滞后发展的问题以及为提高牧民生活质量贡献出自己的力量！当代青年学生要拥有坚定的信念和永不放弃的决心，更要将自己的追求融入国家和民族的事业。"宝剑锋从磨砺出，梅花香自苦寒来。"

过去，刘云鹤用心血和汗水不断完善自我；未来，她将以百倍的信心和万分的努力去迎接更大的挑战，用辛勤的汗水谱写辉煌的未来，致力科研，用奋斗书写无悔青春！

附件三　陕西省优秀共青团员——王怡琛

近日，学校收到了一封特殊的来信。这是一封感谢信，写信者为西安交通大学的一位95岁离休老教师，他在信中感谢了西安理工大学水利水电学院学生——王怡琛。

西安理工大学校领导：

我是交大离休教师，名叫王燕南，今年95岁，因跌倒后受贵校水利水电工程系农田水利专业学生王怡琛及其母亲大力帮助，得以渡过难关。特向王同学致感谢之忱，并向贵校致敬。事情经过如下：

7日下午4时左右，我从市场回家，途经交大二村北门。因门为电子自动开关，我用右手掏钥匙开门，全部食品蔬菜均由左手拎着，约有10斤重。开门后因后有电动车，便匆忙走过汽车道栅栏，向左拐向二村40舍再返回26舍，左手和身子已拐向左边，右腿尚未及时跟进，重心全在左方，便侧向跌倒，左侧颧骨着地，眼角上下立即肿起，并流鲜血。当时从内向外有几位男女青年，见状扶我坐起，并搀扶我到路边休息。贵校王怡琛同学特别细心，除掏手纸揩干我脸上的鲜血和（瓶中）溢出的酸奶外，还问我需否打电话叫急救车，并问我家中电话。我因与二儿夫妇同住一起，而二儿患重病，由儿媳妇伴他上医院办理化疗，已有三四天早出晚归，又考虑自己头脑清醒，暂不需要急救，王同学便代我拎物并搀扶我回到家中，还打电话给我儿子夫妇告知情况。我怕正值学期期考，耽误她学业，一再催她回校复习功课。她离去后不久，我儿子媳妇赶回，王同学又不放心，偕同其母杨女士来看我，并说服我和儿媳送我去武警医院做心电图、CT等检查，才放心回家休息。（我）现已在康复中。

王怡琛同学爱老敬老护老的精神使我深受感动，她们母女两人，不但在我跌倒后精心护理，而且像亲人般劝说我们上医院检查。这件个人小事，也足以表明贵校对师生进行道德教育的实效。因此，特写此信，向王怡琛同学致谢，并向贵校致敬。

王燕南

2019年1月11日

"我当时第一反应是赶紧扶起老爷爷，看他受伤没有，伤得重不重！"看到老人摔倒在面前，王怡琛想都没想便出手相助。她扶起了老人，并细心为老人擦去面部的血渍，询问老人是否需要叫救护车。根据老人的意愿，王怡琛将他送回了家。"事情发生在下午3点50分左右，但我和老师约好了4点见面，因此我不得不离开。但我又放心不下老爷爷，便打电话给我妈妈，请她来照顾老爷爷。"王怡琛继续解释着，"老人摔一跤很严重，我的奶奶在过年前摔了一跤，因此做了一场大手术。看到老爷爷摔倒在地，我十分担心他的身体！"与老师见完面后，王怡琛惦记着老人家的安危，又匆匆返回老人家中，陪伴老人直到其子女回家。此后的几天里，她依然放心不下老人的身体，又和妈妈去老人家里探望了好几次。

目前，老人已完全康复。如果试着在搜索引擎里敲出"老人跌倒"几个字后，弹出的引申搜索词条第一条便是"老人跌倒扶不扶"。近年来，这个本该不假思索便能给出答案的问题，却成为人们热切讨论的话题之一。关于这个问题，王怡琛给出了答案。"当时根本来不及思考，看到老爷爷摔倒在地，下意识就想去帮他！"王怡琛说，"这就是本能反应吧！我也相信在这样的紧急关头，大家都会伸出援手，帮老人一把。所以我并不觉得自己做了多么了不起的事情，真的只是举手之劳！"王怡琛口中的"本能"和"举手之劳"，更是一种善良和责任。在关键时刻，这位小姑娘没有丝毫犹豫，她坚定地挺身而出，用最大的善意和爱心像对待亲人般帮助老人、照顾老人。她用自己的力量传递了这份善意，也传递出了满满的正能量！王怡琛的辅导员羽南姣说："当我听说她帮助老人的事迹时，并不是很意外，她就是这样一个人！"原来，王怡琛的母亲曾是羽南姣的初中老师，因此，羽老师对王怡琛很熟悉，也很了解。"在我的印象中，她是一个充满热情、有责任心、有爱心、懂得感恩的孩子。她做的这件事也让我深受感动！"正如老人在感谢信中所写的那样，王怡琛的所作所为"足以表明贵校对师生进行道德教育的实效"。热情善良、助人为乐、踏踏实实把好事做到底，这些品质无疑是王怡琛身上流露出的良好道德修养，更是学校思想道德教育的集中体现。西安理工大学水利水电学院党委副书记李红英介绍道："学院历来十分重视学生的思想道德教育。在平时，我们一方面将思想道德教育融入入学教育、主题班会、社会实践及丰富的校园文化活动中，另一方面通过树立身边的榜样人物来感染教育学生。比如，为教学和科研付出毕生心血的牛争鸣老师，帮助新疆老人就医的维吾尔族学生买如甫江，他们都是大家心目当中的好榜样。"她说："学院按照全国教育大会上习近平总书记的要求，始终践行立德树人的根本任务，让思想道德教育更有成效，在提升学生的道德品质上持续下功夫。"

在日常学习生活中，王怡琛也如暖阳般对待身边的人和事。她曾在2018陕西大学生秦岭公益登山节活动中被评为优秀志愿者，也曾获得校级"优秀团员"等荣誉称号。

最近，她正在认真准备西安理工大学的研究生考试复试，希望她能顺利通过考试，继续在学校学习生活！"我相信，好人会有好报！我也会继续做好事、做善事。因为，善良应该是每个人的代名词！"王怡琛用行动将爱与善良传递了出去，她也诠释了什么是真正的"从我做起"，她把"做"变成了具体的实践。

附件四　陕西省大学生年度人物——何冠洁

何冠洁，男，汉族，陕西西安人，中共党员，1993年3月出生，2013年加入中国共产党，现为西安理工大学水利水电学院水利工程学科2019级博士研究生。他于2011年考入西安理工大学水利水电学院，本、硕、博一直在水利工程学科学习与深造。先后担任水工112班班长、学院学工办助理、本科生支部书记和博士19级党支部副书记，并于2015—2017学年在西安理工大学水利水电学院担任一线辅导员。

自入校以来，他在紧抓专业学习的同时，积极为师生服务，先后获得校三等奖学金、优秀团员、"三好学生"、新兴铸管企业奖学金、优秀毕业生干部；硕博阶段连续五年荣获校学业一等奖学金，作为核心成员先后参与了纵向和横向课题10余项，其间发表学术论文7篇，其中以第一作者发表SCI论文2篇，CSCD论文3篇，录用2篇，申请发明专利一项，作为参与人参编了普通高等教育"十四五"系列教材《工程建设法规及案例评析》，并独立完成其中4万字书稿内容。

1. 恪守初心，以理想信念引路

心有所信，方能行远。作为一名中共党员，何冠洁始终坚持以习近平新时代中国特色社会主义思想为引领，不断锤炼党性修养，努力提升自己的思想境界。"青年是国家的希望，民族的未来"，习近平总书记的教诲令他深受鼓舞，也一直在用行动和奉献感染和引领着更多的人。

在担任本科生支部书记及博士生党支部副书记期间，他不断加强支部建设，注重学生思想引领，积极组织并推动支部成员开展"两学一做""不忘初心、牢记使命"主题教育和党史学习教育，号召更多同学关注国家发展，在一次次思想洗礼中坚定个人理想信念，增强"强国有我"的责任感和使命感。在建党100周年之际，他充分发挥青年党员的先进性、支部副书记的表率性，因势利导开展多种形式的"四史"学习，组织支部成员深入本科生团支部开展党史知识宣讲、录制"精神的力量"系列微党课。他凭借较高的政治素养、扎实的理论基础在校第二届"微党课"讲课比赛中获二等奖。在学习成长的路上，何冠洁践行"有一分热，发一分光"的精神，积极发挥党员模范带头作用，组织支部博士参加学院"党员一帮一"及"优秀学长领航计划"，为低年级本科生开展学业指导和科技竞赛指导，获"挑战杯""互联网+""全国水利创新大赛"等各类科技竞赛的国家级奖励13项。

2. 潜心笃志，以科研学术报国

海晏河清，江河安澜，水利人何冠洁一直在路上，若要追溯他坚定选择水利工程的初心，或许可从儿时爷爷摇着芭蕉扇讲述自己亲历的"758水灾"开始，祖籍河南的他从爷爷的表情中读出了人类面对自然灾害时的恐惧和无力，也从爷爷的口中感受到了人民对平安、幸福生活的朴实追求。儿时的触动像一颗种子埋在了他的心里，长大后的他才知道原来这就是习近平总书记提出"坚持人与自然和谐共生"的重要原因之一。

作为陕西省南水北调工程项目，引汉济渭可解决关中、陕北缺水的战略性水资源配置问题。在导师的带领下，他前往引汉济渭工程椒溪河隧洞某标段实地勘察，适逢现场发生突涌水事件，一时间有条不紊的施工现场变得慌乱不堪，人员竞相撤离，施工器械部分水毁。目睹了这一切，何冠洁大受震撼，"以科学调配自然资源，以技术保障施工安全，用专业知识将灾害降至最低"的想法变得更为强烈。在返程途中，看着窗外跃然而过的绿水青山，收集数据、建立模型的科研计划逐渐浮现在他的脑海中。"焚膏继晷，兀兀穷年。"

回到学校后的何冠洁立刻投入科研攻关，从白天到黑夜，从一篇篇文献到一组组数据，从一场场会议到一次次勘探，其间无数次的参数调整和模型重建磨砺着他的决心和意志力，疲惫时，习近平总书记提倡年轻人要"自找苦吃"的那句话总会成为他最坚实的精神支柱。在导师的指导和自己的不懈努力下，最终他提出了 VFS-GRA 方法，建立该隧洞突涌水预测及评价模型，给施工单位提供了技术支持，较为准确地预测了该标段内的出水点，方便施工单位提前予以干预，降低风险，保证了工程进度和安全，提高了工程质量，为早日改变关中地区超采地下水、挤占生态水的状况贡献了青年的力量。在努力提升专业技能的同时，何冠洁仍不忘作为一名党员的责任使命。他积极发挥"传帮带"作用，带领硕士研究生共同解决科研难题，推动课题组整体科研实力得以提升。近两年，课题组成员包揽专业国家奖学金，学业奖学金获得者占到学院二级学科总名额的 70%。

作为一名新时代大学生、共产党员，何冠洁能够自觉坚定理想信念，始终坚守服务他人、奉献国家的不变初心和职责使命，胸怀"国之大者"，脚踏实地、爱国奋斗，展现了一名新时代中国特色社会主义大学生的良好风貌。

涵养水文化　培育新时代水利人才
——长沙理工大学水利与环境工程学院"三做三育"文化育人模式探索与实践

蒋昌波，喻玲娜，陈杰，王学成，银波，黄远发

（长沙理工大学　水利与环境工程学院）

摘要：习近平总书记"以文化人、以文育人"和关于中华优秀传统文化的重要论述是新时代高校做好文化育人工作的根本指引。长沙理工大学水利与环境工程学院深入学习贯彻习近平总书记系列重要论述精神，紧扣学院特点和专业特色，大力弘扬中华优秀传统文化，凝练了以"源洁则流清，形端则影直"为品质、以"共治江河湖海，同建绿水青山"为使命的特色文化，构建了"三做三育"的文化育人模式，教育引导学生用"大禹"的精神干事业，用"水滴"的精神做学问，用"海河"的精神处世事，培育出一批批忠诚干净担当、节水护水爱水、水利特质鲜明的水利先锋和新时代水利人才。

关键词：文化育人；水文化；时代新人；水利人才

一、背景情况

长沙理工大学水利与环境工程学院坚持深入学习贯彻习近平新时代中国特色社会主义思想和党的十九大精神，贯彻落实习近平总书记关于教育的重要论述、"以文化人、以文育人"和关于中华优秀传统文化的重要论述，把文化育人工作融入思想政治工作中心环节，围绕"水文化"浸润、实践、传承，着力培育具有"长理水利"特质的新时代"水文化"的模范者、奋斗者和践行者，为落实好立德树人根本任务奠定坚实基础，为培养德智体美劳全面发展的社会主义建设者和接班人提供有力保证。

二、主要做法、特色与成效

（一）做足"水文化"浸润，培育忠诚干净担当的模范者，凝练文化特质，铸就精神内核

学院缘水而生，利水而兴，水是学院发展的根底。学院强化水文化寻根溯源，充分发掘与水相关的中华优秀传统文化，凝聚文化育人的价值导向和精神内核。通过多次召开研讨会、师生建言、专家论证、党政联席会决议，熔铸老子《道德经》"上善若水，利万物而不争"的水德文化，大禹治水"公而忘私，忧国忧民"的人格精神和"忠诚、干净、担当，科学、求实、创新"的新时代水利精神，上承传统意蕴、下贯当代价值，立足专业特色、紧扣时代脉搏，突出以"忠诚、干净、担当"为表现的大善大德大情怀，形成特质鲜明的"源洁则流清，形端则影直"的品质文化和"共治江河湖海，同建绿水青山"的使命文化，衍生出"水润讲堂""大禹社团""水利先锋"等系列文化品牌和先进典型。

（二）重视文化浸润，厚植文化自信

学院始终高度重视文化氛围营造，从学生入学到毕业，将学院"水文化"内核转化成学生的思想自觉和行动自觉。

一是建设"水文化"长廊，以办公楼、宿舍楼为载体，突出"水""蓝"主基调营造文化环境，增强师生文化归属感。在门窗、电子屏等设施铺设文化标语、标志；在办公楼外矗立寓意"锚定初心情阔远，奋楫扬帆再启航"的"启航"主题雕塑；建设水文化知识、知名水利人物、著名水利设施等文化长廊。

二是创设"水文化"产品，以重大时间节点和纪念活动为契机，设计发放文创产品，突出仪式感教育，增强师生文化记忆。每逢新生入学、研究生考试送考、学生毕业及"世界水日""中国水周"等，面向师生赠送"水文化"色彩鲜明的书签、团扇、明信片、签名印章、文化衫和纪念品等礼包，让特色文创产品伴随师生学习、工作、生活，强化师生的"水文化"认同。

三是打造"水文化"赛事，以学科专业赛事、文化活动为平台，突出水文化、水利精神融入，增强师生文化自豪感。策划开展"大禹杯"水利模型创新设计大赛、水利创新设计大赛、航海知识竞赛、"水利杯"篮球赛、"水＆心知识竞赛"等学科竞赛和文化活动，将水文化、水利精神贯通学生成长成才的全过程。强化文化宣讲，畅通传播渠道。学院着重打造"水润讲堂"文化品牌，

从教师带头讲到学生自主讲，在潜移默化、润物无声的教育中不断增强学生的专业归属感和文化认同感，提高学生对党忠诚、为人高尚、敢于担当的精神品质，奠定忠诚、干净、担当的文化基因。以校长、院长新生第一课，书记新生党课等加强新生入学教育，讲清国家发展大势和学校学院、学科专业发展前景，讲透学院品质文化与使命文化的来龙去脉、表现形式和努力方向，在入口关上增强学生"水文化"意识。2021年，新生入学，学校党委副书记、学院学科带头人蒋昌波在开学第一课中从历史、优势、学科、专业、培养质量、国际认可度、个人发展、文化、平台、行业前景十个维度全面分析了"水利人"应有的自信和底气，勾勒出学院披荆斩棘、乘风破浪、一路前行的宏伟图景，引导学生树立"未来可期、大有作为"的强大信念。

以专业启蒙、学业规划、优秀校友进校园等强化学生使命文化教育，给排水专业聚焦海绵城市、智慧城市建设，港口航道与海岸工程专业、船舶与海洋专业引导学生投身大国重器、大国工匠和海洋强国建设，水文与水资源、地理信息科学聚焦水生态修复、水污染防治、水旱灾害监测等；举办学院办学40周年暨建设研讨会，邀请五一劳动奖章获得者李江等60余位校友返校，分享经验、做专题报告，不断强化学生责任和使命意识。以学长学姐说、下班党员讲、学生骨干讲等引导学生学思践悟，积极开展理论学习、时事政治、"三大文化"交流会，学习、考研、就业、科研经验分享会，特别是自开展党史学习教育以来，学生深入师生、走进中小学、下社区单位开展微党课、微党史宣讲近100场。

（三）做优"水文化"实践，培育节水护水爱水的奋斗者

坚持在学中做、在做中学，注重对"水文化"内核的内化、巩固，聚焦"节水、护水、爱水"主题和"绿水青山就是金山银山"生态文明建设使命，整合专业实习和社会实践，高品质打造"大禹之子"专业社团实践平台，引导学生做节水、护水、爱水的奋斗者，让文化之水流进千家万户和祖国山川。

（1）组织保障体系化

构建"学校—学院—教师—学生""学校—政府—企业—家庭"内外双生循环育人共同体。一是牢固树立"三全育人"理念，巩固"全方位育人"机制，将水文化育人作为学院人才培养特色亮点，院党委、党政联席会议定期研讨工作体系、保障措施、发展规划等问题。二是加强资源整合，强化政府、社会、企业、家庭等"全员育人"机制，充分利用政府资源与政策优势、企业单位技术优势，开辟实践育人基地和项目，深化育人共同体建设，围绕"节水护水爱水"行动和排污口绘制项目，与湖南省水利厅、团省委及各级水利、水文

机构、企业、河长办等共同开展"守护一江碧水"等省级实践项目。三是强化队伍建设，构建"全程育人"机制，选优配强指导教师，打造师生成长共同体，加强落实工作、过程把控、成果反馈与效果评估等，确保水文化育人稳步推进，出成果，有实效。

（2）特色活动品牌化

巩固"一课两节三水"经典项目体系。一是创优环保课堂宣讲项目。在社区、中小学等建立12个环保课堂宣讲基地，增加体验性、联合性、趣味性教学等形式，将"节水护水爱水"意识渗进学生和居民心里。二是写好"水"主题"宣传"文章。聚焦"世界水日、中国水周"宣传日、宣传周，联合湖南省水利厅开展形式多样的文化活动。2016年，开展千人签名、文艺演出，在校内外发放倡议书500份、主题宣传资料500份、环保宣传袋200个。三是做大"节水护水爱水"社会实践项目。开展河道清洁、水质监测、污染源调查、排污口绘制、河流文化挖掘等实践项目，提高学生参与度，扩大覆盖面，强化学生利国利他的服务奉献意识和忠诚干净担当的品格。2019年，组织"寻找最美家乡河"实践活动，该活动受到红网、新湖南等媒体的广泛报道，《寻美丽湘江源，迎治水新篇章》调研报告获评中国水利教育协会优秀调研报告奖。

（3）专业服务精准化

拓展"水文化"育人增长极。聚焦国家水环境治理与水安全战略，深度服务脱贫攻坚和乡村振兴，在学校所驻市县村开拓实践基地，开展水利基础设施建设、水系分布、水安全等调研，规划、服务实践。

一是在服务脱贫攻坚时期，学院师生实践团前往邵阳市新宁县5个乡镇13个村实地调研，进行水质监测，为水库水坝建设提供建设性意见，从技术、资金等方面为灾后水利设施重建提供参考。

二是在服务乡村振兴过程中，学院师生受邀前往学校乡村振兴工作驻点新宁县坪山村，调研当地水生态、灌溉工程建设，学生党员与留守儿童共度"六一"，宣讲微党课和水文化知识。

三是在服务"美丽新湖南"建设中，深度融入"河长制""湖长制"体系，同永州水利局等10余家单位合作聘用学生担任民间小河长，引导学生在巡河、河道管理中提高服务行业、服务基层意识，助力打通基层水资源管理建设"最后一千米"。

（4）系统运行项目化

实施社会实践"一十百千"工程，每年围绕一个重点，打造十支重点团队，配置十名专业指导教师，布局百个小分队，吸引千人参与，将实习、见习与专业调研、社会实践有机融合。统合学生从大一到大四各类实践环节，做出规划性、制度性安排，形成大实践格局，做到数量与质量并重。实现实践成果项目化、课题化、科研化，与学生实习实践、科技立项、创新项目有效衔接，培育"碧水中的一滴泪"排污口地图绘制项目获全国志愿服务大赛水利专项赛银奖、"城市内河污染治理的研究——以圭塘河为例"获湖南省第十二届"挑战杯"大学生课外科技作品竞赛三等奖。实现实践锻炼与价值养成有效转化、有益增长，做大成果经验交流，选树和宣传优秀案例和典型，增强虹吸效应，以连续28年开展节水护水爱水志愿服务的大禹社团为依托，开展新老生交流会100余场，激发更多学生在社会实践、志愿服务中长见识、增才干、做奉献，培养学生担当意识和能力。

（四）做好"水文化"传承，培育中华优秀传统文化的践行者

经过多年探索，学院在以文化人、以文育人、以水润人的实践中不断做好"水文化"传承，取得了良好的育人成效，形成了一套体系完整、内容丰富、特色鲜明的文化育人模式。在顶层设计上，重视组织领导、专业指导和价值引导，获批学校"三全育人"试点学院，出版《德育教育与创新创业研究》等，逐步形成了体系完备的"三全育人"工作机制。在育人理念上，将育人资源"多"与学生个体"一"的关系反向转化为育人平台"一"与学生个体、育人资源"多"的关系，以平台汇聚资源、辐射育人。学院立足于学科专业实际，面向国家发展要求、时代进步需求和学生成长需要，以涵养"水文化"为核心，形成了"水润讲堂"文化浸润体—"大禹社团"文化实践体—"水利先锋"文化传承体典型的文化育人闭环式、循环生发链，涌现出一批示范引领性强、专业特点鲜明的"水利先锋"。

学院文化育人工作获评教育部高校校园文化建设优秀成果奖，全国水利德育教育优秀成果三等奖、湖南省一等奖，获批湖南省思政工作精品项目等重要成果。坚持4年志愿服务的港航1402团支部获全国活力团支部，坚持节水护水爱水20余年的"大禹之子"青年志愿者协会获第十一届中国青年志愿者"优秀组织者"、全国大中专学生暑期"三下乡"社会实践活动优秀团队等。培育了国家级银奖1项，省级金奖1项、银奖4项、铜奖1项等。学生典型邹勇松获评全国优秀大学生、第十五届中国大学生年度人物、湖南省首届最美大学生等荣誉，教育部、湖南省教育厅专门发文号召广大青年学生向其学习。取得了可借鉴、可复制、可推广的实践成果，产生了广泛的社会影响。

学院引导学生深入基层一线，积极投身生态文明建设和乡村振兴，围绕洞庭湖区生态修复、节水护水爱水、河长制推行等开展实践，近年累计吸引40余

所大中小学校 80000 余名学生参与，辐射城市、街道、村庄、企业 200 余个，实践足迹遍及湘、资、沅、澧和洞庭湖等湖南省内各大水系，绘制出浏阳市等 10 余个城镇的排污口分布图，协助关闭不达标排污口 45 个，并逐步向广东、云南、贵州、西藏等省外及非洲马达加斯加等"一带一路"沿线国家拓展；同湖南省水利厅等省内 70 余个市县水利机构、组织建立联系，在株洲、湘西等地建立了节水护水爱水志愿活动基地。学院的文化育人工作被新华网、中国青年报、湖南日报、学习强国、湖南卫视、湖南教育电视台、红网、新湖南等主流媒体广泛报道，受到各级领导和社会各界的高度评价。

三、经验启示

长沙理工大学水利与环境工程学院创建并实践的"三做三育"育人体系为培育新时代高校水利人才提供了有力、有效的借鉴，探索并成功实践的具有长理特色的文化育人模式为加强和改进新时代高校思想政治工作与推进落实立德树人根本任务做了有益实践，成效显著。下一步，进一步优化、改进工作将主要在四方面下功夫，一是在完善工作体系上下功夫，二是在加强组织领导上下功夫，三是在总结推广经验上下功夫，四是在培育先进典型上下功夫。力争推出更多、更丰富的育人成果。

新时代边疆高校实践育人模式探索与应用
——以石河子大学水利建筑工程学院为例

王振华，张金珠，王久龙，李海强，朱艳，刘健

（石河子大学 水利建筑工程学院）

摘要：石河子大学水利建筑工程学院师生始终牢记为党育人、为国育才的使命，不断深化实践育人模式改革，通过红色实践教育铸魂，专业实践教育铸基，互联网实践教育铸力等系列实践育人举措，培养了一大批可堪大用、能担重任的西部建设者。近10年来，本科生年终就业率达到95%，毕业生留疆率达到64%，逐渐形成了边疆"高校育人""教育留人"到"教育戍边"的独特机制，高度契合党中央关于新疆社会稳定和长治久安的总目标。

关键词：边疆高校；红色实践；专业实践；互联网实践；马克思主义

习近平总书记深刻洞察到这一论断的精髓，多次通过与青年学生座谈、回信等形式论述了实践在青少年成长成才中的重要作用，阐释了学习是成长进步的阶梯、实践是提高本领的途径的育人观，鼓励青少年在实现中国梦的伟大实践中锻炼成长。

一、背景思路

1. 习近平同志的实践育人观

习近平同志站在新的历史背景下，先后10余次与青年座谈、给青年群体回信，从方法、目的、要求等不同侧面论述了青年为什么要在实践中成才、如何在实践中成才，构成了习近平同志的实践育人观，具有鲜明的时代特征。

一是强调理论学习与实践学习相结合。习近平同志指出："我们的学习应该是全面的、系统的、富有探索精神的，既要抓住学习重点，也要注意拓展学习领域；既要向书本学习，也要向实践学习；既要向人民群众学习，向专家学者学习，也要向国外有益经验学习。"广大青年要成长为国家栋梁之材，要读万卷

书、行万里路，既多读有字之书，也多读无字之书，注重学习人生经验和社会知识，注重在实践中加强意志磨炼、增长过硬本领；勇于面对困难，敢于攻坚克难；在亲身参与中认识国情、了解社会，受教育、长才干，到基层、到西部、到祖国最需要的地方去，做成一番事业、做好一番事业。

二是将个人梦与中国梦相结合。2020年，习近平同志在给中国石油大学（北京）克拉玛依校区毕业生的回信中表达了个人的理想追求融入党和国家事业之中，为党、为祖国、为人民多作贡献的殷切期望。2018年，在给塔里木大学师生的回信中提出了大力培育爱国爱疆、担当奉献的社会主义建设者和接班人，为实现新疆社会稳定和长治久安作出新的更大贡献的要求。还向当代青年发出到基层和人民中去建功立业，让青春之花绽放在祖国最需要的地方，在实现中国梦的伟大实践中书写别样精彩的人生的伟大号召。

2. 实践育人的时代价值

当代青年成长于物质条件相对富足、社会竞争日益激烈、父母长辈较为宠爱的环境下，他们既具有较强的进取精神、竞争意识、理性态度和表现欲望，又具有个人发展功利化、责任意识淡化、实践能力弱化、劳动能力退化等特点。站在促进青年健康成长，为中华民族伟大复兴提供源源不断的人才支撑角度，习近平同志的实践育人观紧贴当代青年群体特点和成长需要，内涵深刻，价值宝贵，具有两个方面的教育意义。

一是紧扣当代青年重视书本知识学习、实践动手能力不强的学习特点，有助于引导青年更好地实现知行合一。在长期的应试教育环境下，青年群体围绕"考什么就学什么"的指挥棒，重视向书本学习，忽略向实践学习，重视向专家教师学习，忽略向人民群众学习，最终形成的后果就是坐而论道能够"头头是道"，应用实践则"一筹莫展"，创新精神和实践能力的培养不能完全适应现代化建设的需要。在这一背景下，引导学生具备粗中取精的信息筛选力、去伪存真的知识鉴别力、把握时代大势的洞察力，方能在信息爆炸的时代从容不迫。鼓励学生在敏于求知、勤于学习、敢于创新、勇于实践的过程中主动领悟与把握。教育学生学以致用，才能"增益其所不能"，成长为可堪大用、能担重任的栋梁之材。

二是紧扣当代青年个体意识强烈、集体意识淡化的行为取向，有助于引导青年更好地实现家国统一。改革开放40多年来，经济急速发展带来竞争日益激烈，社会体系变革导致原有价值体系解体，在核心价值观尚未完全培育成熟并被全社会积极践行的背景下，青年群体行为特点在一定程度上表现出重视个人发展、轻视社会责任、淡漠国家利益的倾向。迫切需要引导当代青年认识到国家和时代发展给青年带来的际遇和机缘，认识到国家富强、民族复兴、人民幸福、社会和谐的中国梦内在统一的家国情怀，融入时代发展洪流来寻找人生坐标，在中国梦的生动实践中收获精彩人生。

二、主要做法

"纸上得来终觉浅，绝知此事要躬行"，这种"躬行"就是实践，实践出真知，对社会的"真知"必须通过社会实践来完成。

1. 打造"红色教育+实践平台"

学校以名师思政导航课程为依托，围绕兵团建设与发展的故事及人物，设置"爱国""情怀""奋斗""奉献""未来"等主题，将课堂讲述、情感熏陶和实践活动有机结合，打造"可听、可视、可感，可践行"的实境课堂。

一是"请进来"。学校在精心选拔校内思政课教师的基础上，专门邀请曹连莆（"超期服役"11年的国家级教学名师、全国五一劳动奖章获得者）、金茂芳（新中国第一批女拖拉机手、"人民币奶奶"）、胡友才（英雄老连长，屯垦又成边，奋斗七十载，英明代代传）、李梦桃（"北塔山之魂""牧人之子"，全国优秀共产党员）等优秀典型、老兵模范、老专家等进行专题授课，讲述回忆中的兵团岁月和人生选择，用他们的丰功伟绩激励学生，用他们的无私奉献感染学生，引导学生真听真信、真信真行。

二是"走出去"。课堂讲述之后，带领学生到革命纪念馆、历史博物馆、实践教育基地等场所实地参观考察，将课堂讲述、情感熏陶和实践活动有机结合。兵团军垦博物馆的那件补丁大衣昭示了老军垦人的艰苦奋斗和无私奉献；沙海老兵纪念馆内记录着一群老兵驻守和田献了青春献终身，献了终身献子孙的光荣事迹；兵团题材电影《这个冬天不太冷》讲述着当年人民解放军徒步穿越死亡之海——塔克拉玛干沙漠，铸剑为犁、屯垦戍边的历程；《潘世征的故事——从放牛娃到将军、博士、大学校长》连环画展描绘了潘世征将军富有传奇色彩的一生；军武哨所记录着马军夫妇一生践行"一生只做一件事，我为祖国当卫士"的承诺。这些都使学生在知识认知、理论升华、情感熏陶的基础上对接现实，让学生感受到兵团精神可听、可视、可感，并且可践行。

三是"话感受"。不仅要求学生每堂课后写反馈感受，还会定期开展课堂座谈，分小组进行讨论，让学生讨论"什么样的思政课有吸引力"。该环节要求以小组为单位，选派代表走上讲台做一次课堂讲解，把课堂还给学生，让他们表达自己最喜欢的课堂是什么、最感动的故事是什么、还想听谁的故事等。除此之外，对学生收获进行总结凝练，近年来有1500名学生主动报名参与红色筑梦之旅，参观红色教育基地，回校后开展了"祖国是我脚下的每一寸山河"汇报演出，并出版了教师讲稿文集《引航》、学生文集《跨越万水千山的洗礼》，深受好评。

2. 打造"专业教育+实践平台"

学校多措并举抓好实践育人平台建设，目前形成以"做实第一课堂，夯实实践基础""做活第二课堂，提升实践能力""做特第三课堂，强化服务应用"为特色的实践育人平台。

一是做实第一课堂。修订人才培养方案，对专业课程体系进行升级，加大实践性教学学分（如认识实习、生产实习和毕业实习等）权重；搭建校企合作综合育人平台，促进企业需求融入人才培养，校企联合指导本科生实习实践，开设"蓝泽青年论坛"，邀请设计、施工、监理及行业主管部门负责人等来校讲学，向学生分享生产实践经验，引导学生将制定个人职业发展规划与国家、兵团、社会发展需要紧密结合，培养更多爱国爱疆、担当奉献的工程技术人才。

二是做活第二课堂。在推进全员导师制的基础上，不断完善第二课堂活动师资保障、经费支持及场地完备等需要，依托学生社团，打造"蓝泽"系列活动精品，构建完备的赛事普及、朋辈引导、团队培育、过程保障、赛后评价及项目推广等学科竞赛课程体系，引导学生通过参与学科竞赛开蒙启智、各展其能，发挥学科竞赛在促进学生创新实践能力提升的作用，实现第二课堂的"实践"向"课程"转变。

三是做特第三课堂。一课堂建基础，二课堂练能力，三课堂展作为。打造了90天"产—学—研"协作练兵课堂，落实校企共定培养方案、校企共建教学资源、校企共育优秀人才的目标，将学生理论所学、实践所练和创新所需深度融合，提升学生综合分析问题、解决问题的能力，促进专业技术人才培养与企业所需、社会所盼进一步匹配。

3. 打造"互联网+实践平台"

采用"互联网+""大数据+"两种创新手段打造的线上、线下一体化实践育人模式，推进学习、实习、实训、就业的人才培养。

一是发挥虚拟仿真平台作用。依托水利工程虚拟仿真实验室、BIM实验室等虚拟仿真平台，推进学创融合、虚实结合、校企联合，充分利用虚拟仿真等技术创新工程实践教学模式，并将工程案例教学法与项目教学法有机结合、交替应用，激发学生学习热情，建立工程教育新模式。

二是发挥新媒体平台作用。借助直播、抖音、微信等新媒体平台，充分发挥线上教学、生产一线及设计院所"三点一线"的耦合优势，组建了学科教师、现场工程师与设计大师"三维教学"的授课师资队伍，克服时空地域差异，让学生能够在线"面对面"接受行业大师的指导，领略重点工程重点项目，实现线上线下融合。2020年为确保实习实践"质量不降低"，邀请重点工程施工一线人员、设计师、管理单位等以直播的方式完成线上实习，进一步领略了兵团最大已建水利枢纽工程——肯斯瓦特水电站，最大在建引水工程——奎屯河引水工程。

三是发挥智慧就业平台作用。依托石河子大学智慧就业服务平台，坚持分类指导，抓好"三项计划"落实，以"早就业、稳定就业、高质量就业"为导向，开展就业政策解读，就业能力提升，职业素养培训及精准就业信息推送等工作，初步实现一年级树立专业思想和职业规范意识；二年级锁定专业兴趣，增强专业能力；三年级提升职业修养，具备较强专业能力；四年级完成角色转换，高质量就业。

三、特色与创新

"背靠伟大祖国，面向蜿蜒界河，种地就是站岗，放牧就是巡逻；我家住在路尽头，界碑就在房后头，界河边上种庄稼，边境线上牧羊牛；难不倒的兵团人，摧不垮的军垦魂，割不断的国土情，攻不破的边防线。"这是对兵团人的真实写照，新疆生产建设兵团屯垦戍边史就是一部生动的兵团水利发展史。

石河子大学水利建筑工程学院缘水而生、因水而存、籍水而兴，始终坚持传承红色基因，赓续红色血脉，将红色教育融入人才培养全过程，教育引导一代代水建人扎根兵团这片热土，肩负治水兴邦之责任，建功天山南北，为兵团之事业、国家之需要做出了突出贡献。在红色教育实践中深化专业实践教育，遵循学生认知规律，强化学生知识储备，通过课程讲授、校园文化活动等让学生明白兵团为什么伟大，兵团人为什么可爱。将专业教学与红色实践紧密结合，突出以情化人，做到情景交融、触及灵魂，让爱国主义精神教育"活"起来。落脚知行合一，让有信仰的人讲信仰，使学生在知识认知、理论升华、情感熏陶的基础上对接现实，让学生感受到兵团精神、水利精神可听、可视、可感，并且可践行。

四、工作成效

作为边疆高校，石河子大学始终坚持社会主义办学方向，牢记以兵团精神育人，为维稳戍边服务的办学使命，建校70多年以来，石河子大学先后培养各类毕业生19.1万人，本科毕业生就业率始终保持在90%以上，64%的毕业生留在新疆、兵团就业，形成了边疆"高校育人"到"教育留人"的良好局面，开创了"教育戍边"人才流向新疆的独特机制，高度契合党中央关于新疆社会稳定和长治久安、兵团深化改革、向南发展的战略部署。近年来，石河子大学水利建筑工程学院继续深化实践育人模式改革，通过红色实践教育铸魂，专业实践教育铸基，互联网教育实践铸力，学生管理服务铸安等系列实践育人举措，强化"为党育人为国育才"导向。

近年来，学院学风建设成效显著，人才培养质量显著提升，社会服务能力和水平显著提升，本科生初次就业率超过85%，年终就业率达到95%以上，学生考研率超过60%，研究生录取率达到25%以上，在中建、中铁、中水等央企就业率超过69%，毕业生留疆率超过48%。

五、经验与启示

实践育人是一项系统性、综合性、整体性工程，不仅可以"育智"，而且可以"育德"，是高等教育现代化的关键，也是高校学生成长成才的基本途径。实践育人机制是高校实践育人的原则、内容、方法的有机结合，为教育目的的实现提供了必要的途径或工具。

1. 加强实践育人顶层设计

学校党委将实践育人作为"三全"育人工作的重要环节进行顶层设计，以培养"一流"人才，即具有一流品行德行、学术能力、应用水平的拔尖创新人才为目标，将实践育人贯穿创新人才培养的全过程。强化实践育人活动的计划性、针对性、科学性、时效性，明确以扎根边疆、建设边疆为主线，坚持大格局中谋划、责任落实上细化、考核评价上加压，实现实践育人工作体系化、平台化、模块化、载体化。建立完善学校党委统一领导、党政工团齐抓共管、部门协作联动和各单位具体落实的管理体制，制定实践育人的总体规划和实施方案，营造实践育人的良好氛围和谐环境。

2. 健全实践育人保障机制实践

育人是学校课堂教学育人的有益补充，是大学生成长成才的重要途径，同时也是一项需要长期坚持的工作，需要人力、物力和财力的支撑以及条件保障。

一是师资队伍保障。学校进一步完善实践育人导师管理办法，探索建立多元化评价方式，明确将实践育人与教书育人作为一体评价的基本内容，将教师工作量作为教师年度业绩考核的重要指标。

二是专项资金保障。资金的投入是实践育人活动顺利开展的物质基础，学校将实践育人专项资金纳入年度预算范围，并明确学院配套比例，确保专款专用。积极扩大实践育人资金来源，将校友捐款、社会捐助、校企合作收益分成等内容纳入实践育人专项资金范畴。

三是实践基地保障。学校加强实验室、实习实训基地、实践教学平台共享，为学生开始实践活动提供一批固定性和长期性的场所；进一步加强校企合作、校所联合，建立一批产学研用实践教学基地，确保学生实践活动走深走实。

3. 完善实践育人评价机制

考核评价是检验实践育人工作效果的关键环节。为在学生、教师和学校之间建立良好的沟通渠道和反馈机制，形成有效的双向反馈机制，及时发现和解决实践过程中存在的问题以改进实践育人工作，学校探索建立了学生体验性评价、教师指导性评价和学校综合性评价等。

一是学生体验性评价。逐步形成以理想信念教育为核心、丰富专业知识为基础、较强能力为关键的评价导向，并构建以实践能力、创新能力和良好的思想政治素质等因素为一级指标的测评体系，促进社会实践、创新能力与德育、智育、美育的密切结合。

二是教师指导性评价。采用定性评价与定量评价相结合的方式。将教师实践育人成效纳入教师教学业绩评价，将实践育人工作量纳入年度考核内容。

三是学校综合性评价。强化实践育人的目标导向，把实践育人纳入高校人才培养的整体架构来考量，在评估目标与目标设计上，强调能力为重，着力提升学生的能力和综合素质，并加强实践育人硬件建设，如实践教学基础设施、实践基地规模及教育器材设备等。

牢抓创新实践　水利创新育人
——南京信息工程大学开设水利创新实验班，强化水利教育科普，探索水利专业人才创新培养模式

王洁，于志国，王健健，徐海波，袁星，马燮铫

（南京信息工程大学）

摘要："十四五"规划明确我国实践创新与科普教育发展的总体目标，重点推动大学生实践创新与科普教育服务高质量发展。

随着经济社会发展，我国水安全呈现出新老问题相互交织的严峻形势，特别是水旱灾害、水生态环境等问题越发突出，亟须水利学子积极参与，探索创新，实践出真知。以实践创新、科普教育为依托，推进水利专业创新实践。一方面扭转了"重知识传授，轻能力培养"的教学模式，改变学生创新能力较差，不敢想象，动手能力和承受挫折能力低的现状；另一方面可以传播水利和生态环境知识，做好科普工作。通过开拓实践与科普基地，开展实践创新特设项目，结合水利创新设计竞赛，提高学生的创新、创造能力，为创新型国家建设奠定坚实的水利人才基础。

关键词：实践基地；创新创造；水利科普；能力培养

一、实施水利专业实践创新、科普教育的背景

现代教育的主流是努力培养创造性人才，更重要的是培养具有创新精神的人才，还要将创造性成果转化为生产力的创新型人才。学生的创新实践行动是实现这一转化的中坚力量。结合现代教育理念开展实践创新与科普教育活动，希望能够通过实践创新与科普教育活动，身体力行，将实践创新与科普教育加以整合，逐步形成以实践创新教育为特色，以科普教育为外延的实践性人才培养模式。

在"十三五""十四五"建设时期，传统的水文与水资源工程专业正处在一个转变的关键时期，此时的重点在于如何脱颖而出，彰显亮点。本专业具有

鲜明的行业特色，即职业性、实践性和应用性，对水利创新人才的培养是一项实践性较强的教育活动，可以增强学生对专业的认知。在依托水文气象发展建设经验的基础上，本专业突出专业的水文气象特色，注重改革创新，建设新型水利实践创新育人模式。学生的创新精神和创新能力不仅要通过课堂教学，还要通过实践活动养成。深入调研分析本院特色与校外同类学院的差异，借鉴各方经验，加大发展力度，努力培养学生科学文化素质，最终突出学生专业素质水平及实践创新能力的培养。

在学校创新培养体制机制的顶层设计下，学院充分发挥创新机制，强化协同培养，加强创新创业培养，积极培养学生的创新创业精神和实践能力，营造浓厚的科技创新氛围，完善学生课外科技创新活动体系，极大地调动了学生的积极性。以创新竞赛、校企联合课题等项目为抓手，组织本科生积极参与各级的实践创新项目，激发学生的创新思维和创新意识，提高创新能力和实践能力，跟进科技创新活动，强化学生的创新精神。

二、推进水利实践创新、科普教育的过程与做法

（一）营造实践创新与科普教育氛围

对于大部分水利专业学生而言，他们对创新创造、科普教育的了解并不是很深刻，因此需要实施实践创新与科普教育，必须先培养学生的实践创新与科普教育意识，让学生了解实践创新与科普教育的重要性。

1. 深入宣传实践创新与科普教育活动的重要意义

学院全面开展了以实践创新与科普教育为中心的宣传活动，通过主题班会、创新教育专家报告等形式，提高学生对实践创新与科普教育活动的认识，为落实实践创新与水利科普教育活动奠定了基础。同时，学院领导高度重视，为顺利开展实践创新与科普教育活动建立了保障机制。

例如，特邀请藕舫学院院长葛昕明来南京信息工程大学水文与水资源工程学院做创新创业竞赛政策解读，邀请学校江志红副校长以班主任的身份引导水文与水资源工程专业学生学习水利创新与科普的重要意义，邀请宜水环境科技公司总经理章卫军进校园与水文学子畅谈水利创新创业，诠释了"如何将知识应用于实践"这一普遍存在的问题，鼓励大学生勇于创新，坚持梦想。

2. 教学过程中，实施实践创新与水利科普教育

实践创新与水利科普教育原则的科学实施有利于培养学生的人文精神，发挥其想象力，开发其情商，发挥其潜能，从而得以运用变化的思维独立自主地

进行实践创新与水利科普。需要教师在教学中营造这种气氛。结合实践创新与水利科普特色建设需要，组建一支实力雄厚的专业创新与科普教师团队，在理论课的讲授过程中，不断渗透实践创新与水利科普的重要意义，潜移默化地激发学生去实践创新与水利科普的主动性。

（二）构建实践创新与水利科普教育载体

1. 举办实践创新与水利科普的专家讲座

为了进一步深化实践创新与水利科普教育，定期举办实践创新与水利科普专家讲座。例如，聘请廖爱民、王健健等多位专家进行关于"水文实验创新设计讲座"和"水环境防治创新专项讲座"等，廖爱民全面介绍了水文实验。带着问题，学生认真聆听讲解，初步了解了整个水文野外实验的基本内容，指出水文实验要解决的问题主要是从降雨到径流的产生机理，实地观察降雨降落到地面之后，在不同空间高度上产生的地表径流、壤中流、地下径流是如何进行采集计算的。上至叶冠层截流观测、下至土壤含水量的观测，都一步一步地在学生面前展开。讲座报告使学生开阔了眼界，增加了见识，更明确了作为当代大学生的责任。

2. 举办实践创新与水利科普活动，认识"实践创新"教育

开展实践创新与水利科普系列活动，让水利学子在活动中真切体会到实践创新与水利科普的重要性。

例如，紧扣"实践创新，让水利飞翔"这一主题，结合学生自身的独特优势，根据自己现有的材料，组织教师、学生开展科技作品竞赛，发挥每个人的想象力，有创新有创造地设计自己的作品，并在竞赛中为获奖的学生颁发实践创新证书，以此引导和激发学生正确认识实践创新的兴趣。此外，在世界水日，为培养南京市中小学生的节水习惯，提高节水意识，水利学子开展了进校园与学生互动的科普实践活动。

科普的同时，学生也对节约用水有了更深刻的认知，促使学生做好节水这件小事。通过节水科普活动，学生不仅宣传了节水精神，也对促进水资源的保护贡献了自己的一份力量，水利科普的思想领悟也得到了很大提升。

3. 组织学生参观科普教育基地

定期组织学生参观无锡太湖大溪港湿地实践科普基地和长江水情科普基地等科普教育基地，学生结合自己的水利专业知识，了解科普教育的独特之处，掌握水利科普教育的精髓，使学生对水利科普教育有了进一步的认识，学会了如何将所学的水利知识转化为公众通俗易懂的科普知识，极大地提高了学生进行水利科普的兴趣，达到学以致用的目的。

4. 加强对外交流与联系，建立实践与科普教育基地

为顺利开展学生实践创新与水利科普教育活动，发挥学生科普创新的作用，面向学生开展科普教育活动，积极推进科普工作，为实施"科教兴国"战略和提高学生科学文化素质服务，南京信息工程大学水文与水资源工程学院积极开拓外部资源，不断加强对外交流与联系，建立了20多个创新实践基地，包括安徽省黄山市水文局、江苏省江都水利枢纽、金牛水库管理处、江苏长三角智慧水务研究院、光大水务、滁州水文实验基地，同时建立了两个科普教育基地，长江水情科普教育实践基地与无锡太湖大溪港科普教育实践基地。

学院与这些单位共同建立校外实习基地、产学研基地、科普基地，在科研、实践、科普等方面全方位合作。通过合办科普与实践活动，激发学生学习专业课程的积极性。

（三）实施实践创新与水利科普教育活动

通过培养学生实践创新与水利科普意识，结合南京信息工程大学水文与水资源工程学院办学优势和办学特色，在进行实践创新与水利科普教育过程中，主要开展以下工作。

1. 促进专业交叉融合，成立水利创新活动小组

为了提高学生水利实践创新能力，为水利创新设计竞赛选拔人才，从学生大一开始，南京信息工程大学水文与水资源工程学院就鼓励学生与不同专业学生联合成立水利创新活动小组，有水文测验小组、水环境防治小组、水灾害防治小组、水利模型制作小组等。学院为学生配备专门的创新活动交流室，一般每周三和周六下午3：00—5：00为小组活动时间，在专业课教师的指导下，学生进行创造性实践活动。通过小组活动，激发了学生的创新兴趣，提高了水利实践创新能力。

2. 校企结合，加强实践教学环节，培养学生实践创新能力

工学结合、现场教学、真学真做。整合专业教师和实习工程师等人员的力量，专兼结合、优势互补，建设真正意义上的"双师型"师资队伍。定期安排学生去实践基地实地操作，进行有效沟通和交流，利用实践基地的设施设备和技术条件，将工学结合融合在生产现场的环境之中，把生产现场作为教学课堂，在生产现场讲解实际操作和解决疑难问题。提高了学生实际动手操作能力，增强了水利创新实践能力，也为学生提供了一条水文与水资源工程专业实践渠道，以及展示自己业务能力的平台，毕业以后可以到相关单位工作，快速进入工作状态，形成一个良性的人才培养模式，进而提高学生对专业的认可度。

3. 开办水利创新设计竞赛实验班，参与水利创新竞赛，提升学生专业水利创新技能

学院组建水利创新实践授课团队，专门开办南京信息工程大学水文与水资源工程学院水利创新设计竞赛实验班，授课团队包括水利各方面的专家教授，有效避免了讲课教师单一化的现象。竞赛班授课内容紧密围绕"水+生活""水+生态""水+能源""水+节约"等主题进行有针对性的授课，授课内容主要包括理论讲解、实践实验、创新作品分析、创新研讨等环节，精心培养学生的水利创新设计能力。目前，已经连续组织5次南京信息工程大学水文与水资源工程学院水利创新设计竞赛实验班，培养了水利创新类人才531人，激发了学生对水利行业实践创新的兴趣，提升了学生的专业创新能力。

学以致用，学有所用。南京信息工程大学水文与水资源工程学院积极引导和组织学生参加大学生水利创意设计大赛、全国大学生数学建模竞赛、大学生农业水利工程创新设计大赛、水科学数值模拟创新大赛、高等院校数学能力挑战赛、"互联网+"创新创业大赛、"北斗杯"全国青少年科技创新大赛、"挑战杯"全国大学生课外学术科技作品竞赛、南京信息工程大学水文与水资源工程学院水利创意设计大赛，培养的学生在各级学科竞赛、创新创业竞赛中均获得优异成绩。

（四）积极谋求院校两级政策与经费支持

1. 院校两级领导重视与政策支持

为提高学生创造、创新素质，培养创业能力，营造积极向上的创造、创新氛围，构建崇尚创新、激励创业、鼓励创造的校园环境，学校成立了本科生创新创业教育工作领导小组，出台了《南京信息工程大学学生创新创业竞赛管理办法》《南京信息工程大学大学生创新创业导师管理办法》等文件。同时，学院领导也高度重视，学院成立了以院长袁星为组长，副院长于志国、副书记徐海波为副组长，以水文水资源系、水文气象系、智慧水利水电工程系全体教师为组员的实践创新与水利科普建设小组，在建设小组的指导下，开展南京信息工程大学水文与水资源工程学院的实践创新与水利科普建设工作。

2. 科普创新项目投入了大量研究经费

实践创新力量薄弱是南京信息工程大学水文与水资源工程学院学生自主创新、创造、创业能力与人才市场竞争力较弱的主要因素，而科技自主创新能力与经费投入、科研管理效率密切相关。为了提高我校学生实践创新能力，学院多方筹集资金，鼓励学生进行水利实践创新活动，例如，江苏长三角智慧水务研究院投入30万元，学校自筹资金10万元。

三、实践创新与科普教育取得成果与成效

1. 科学知识、技能的提高

通过自主、多途径的学习，在完成专业课程标准规定的科学知识技能要求的前提下，加强新科学知识教育，开拓视野，夯实基础，并能结合生活和自己的专业特点，积极动手实践，搞一些科学发明。

2. 科学方法得到掌握、学习能力得到提高、个人素质得到提升

开展科普教育系列活动，开展研究性学习等综合实践活动，培养学生的创新精神、实践能力，使学生学会学习，学会做人，懂得团队合作的重要性。培养了学生吃苦耐劳、热爱工作等精神，使学生对工作充满了激情。

3. 创新实践硕果累累

主持大学生实践创新训练计划国家级课题 3 项，省级课题 5 项，校级课题 9 项。依托创新课题，本科生以第一作者发表北大核心期刊论文《自然资源学报》1 篇、《南水北调与水利科技》论文 1 篇。学科竞赛方面，专业学生获得国家级竞赛特等奖 1 项、一等奖 4 项、二等奖 6 项，省级一等奖 2 项、二等奖 6 项。例如，杨泽龙同学在全国大学生数学建模竞赛中获得国家二等奖，谢雨初同学在全国大学生水利创新设计大赛中获得国家一等奖，周德迅同学在中国气象现代化科技创新创业大赛中获得国家一等奖。

职业院校

扬伟人精神　树厚德之人
——浙江同济科技职业学院创建"周恩来班""邓颖超班"伟人育人文化品牌建设

吴宏平，吴敏启，叶乐

（浙江同济科技职业学院）

摘要：浙江同济科技职业学院把校园文化品牌和落实立德树人根本任务紧密结合，于2009年在全国公办高职院校率先申请创建"周恩来班""邓颖超班"，为创建伟人精神育人文化品牌提供有效载体。10多年来，学院坚持以"扬伟人精神、树厚德之人"为目标，大力倡导学习伟人精神、争创先进班级、打造德育品牌，在育人载体、育人模式、文化品牌管理等方面进行了较有成效的理论和实践创新，形成"同科特色"的育人模式，助推校园精神文明建设。创建活动获得全国高校优秀校园文化成果和全国水利职业院校优秀校园文化成果，入选浙江省高校思想政治工作质量提升工程示范载体。

关键词：周恩来班；邓颖超班；文化品牌

一、背景情况

习近平总书记在党的十九大报告中指出："要全面贯彻党的教育方针，落实立德树人根本任务，发展素质教育，推进教育公平，培养德智体美全面发展的社会主义建设者和接班人。"浙江同济科技职业学院自2006年升格为高职院校后，办学条件、教学水平、校园文化建设等都有了明显提升。为了进一步提高学院育人水平，更好地落实立德树人根本任务，学院党委把"如何促进学生成长成才"作为学院德育工作的首要问题以寻找突破。祖居浙江的一代伟人周恩来总理的高尚品格非常值得新时代的大学生敬仰、感悟和学习。学院党委经分析论证，结合水利类高职院校的特点，以创建"周恩来班""邓颖超班"为载体，推进大学生思想政治工作。

经中央党史和文献研究院周恩来、邓颖超研究中心批准，2009年6月学院成为全国第一所申请成立"周恩来班""邓颖超班"的公办高职院校。2009年至今，学院创建工作已开展10多年。10多年来，学院以伟人文化为育人载体，以"周恩来班""邓颖超班"创建工作为抓手，创新宣传思想文化工作，组织数万名师生投入活动，在全面提高学院育人水平，形成全员、全过程、全方位育人格局，在不断开创学院新时代思想政治工作新局面上成效显著。伟人文化作为学院核心特色文化品牌，已经成为学院德育教育的金名片，曾荣获全国高校优秀校园文化成果和全国水利职业院校优秀校园文化成果，并入选浙江省高校思想政治工作质量提升工程实施载体。

二、主要做法

1. 形成一套机制：建设形成科学合理的"周恩来班""邓颖超班"工作机制

在顶层设计方面，成立"周恩来班""邓颖超班"创建工作领导小组，明确形成以学院党委统一领导，学工部、团委具体牵头实施，系党总支配合，各班级积极参与的工作体系。邀请周恩来、邓颖超原秘书赵炜同志，周恩来、邓颖超亲属周国镇同志担任名誉会长；纪东将军、周秉德女士担任顾问，建立"周恩来班""邓颖超班"创建工作研究会。在学院的思想政治工作中，"周恩来班""邓颖超班"创建工作是一项重要的院级思想政治工作内容，举全院之力共同配合推动。

在考评制度方面，建立系部初评、创建办复评、领导小组总评的三级考评制度。制定完成一级指标5个和二级指标14个，建立科学的考评体系。学院制定"周恩来班""邓颖超班"创建考核测评表，由创建氛围、思想引领、学风建设、遵纪守法和集体荣誉等一级指标5个和二级指标14个构成。根据各指标在考核中重要程度不同，科学赋予指标不同分数。

考评时形成人人参与、大家知晓、公开公正的机制，考评前借助全国周恩来班网、校园官网、官方微信、校园展板等宣传"周恩来班""邓颖超班"创建考评工作,既展示创建班级的先进事迹,又起到加强宣传,发挥创建活动的示范、引领作用。

2. 打造一个平台:形成以"周恩来班""邓颖超班"创建为核心的伟人文化育人载体平台

10余年来,学院旨在传承伟人精神,培育厚德之人,积极打造育人平台,已经形成了"8+1"的以"周恩来班""邓颖超班"创建为核心的伟人文化育人载体平台。

"8"是指通过制度引导学生在争创"周恩来班""邓颖超班"的过程中完成"八个一"活动:写一份创建方案计划和倡议书,观看一次周恩来、邓颖超影片,召开一次主题班团日活动,出一期周恩来、邓颖超同志黑板报,组织一次集体瞻仰宣誓仪式,组队参加一次学院院级赛事,听取一次周恩来、邓颖超事迹报告会,开展一次志愿服务活动。

"1"是指把每年"周恩来班""邓颖超班"命名仪式办成学院全体师生积极参与、热切期盼的标志性活动。学院自2009年开展创建工作以来,每年举办一届"周恩来班""邓颖超班"命名仪式。仪式多次邀请到以下人员莅临仪式现场:周恩来、邓颖超生前秘书,全国政协原副秘书长赵炜女士;周恩来、邓颖超生前卫士,中央警卫局原副局长高振普先生;周恩来生前秘书、武警指挥学院原副局长、周恩来思想生平研究会副会长纪东先生;周恩来侄孙周国镇先生;中共党史和文献研究院研究员、周恩来思想生平研究分会名誉会长廖心文;周恩来亲属、周恩来发展基金会中国区主席苏毅等。由伟人身边人亲手向命名班级授牌,通过仪式现场,强化师生对伟人文化的自觉传承和文化认同感、自豪感。每年的命名仪式已经成为全校最隆重的校园文化活动之一。同时,在命名仪式期间,举办全国高校研讨论坛,邀请国内相关高校、各级相关领导来校共同研讨,不断总结、丰富、提高活动的内涵。

3. 培育一批典型:发挥优秀典型的"身边人"示范力

周恩来、邓颖超的崇高精神是学院教育广大青年学生砥砺前行的强大动力。"周恩来班""邓颖超班"创建工作已是学院文化建设的标杆和德育工作的品牌。在伟人精神的激励下,涌现出许多杰出青年学生代表。

学院第三届"周恩来班"饶瞬,虽然是90后,但目前已是丽水市缙云县水利局的技术骨干,被水利部、省水利厅授予"全国水利技术能手""浙江省水利技术能手"荣誉称号。学院第四届"周恩来班""邓颖超班"创建奖班级班长陈金彬,毕业后全心创业的他,在不到5年的时间里,已是杭州富阳简佳装饰工程有限公司、杭州令牌智能家居技术有限公司、金华答案茶品牌管理有限公司等多家公司法人代表、总经理，总营业额达3000多万元/年。第五届"邓颖超班"赵敏敏，在校期间曾获第七届全国广联达大赛精英组挑战赛二、三等奖，浙江省高职技能大赛工程造价比赛建筑手工算量一等奖、安装软件算量一等奖、个人总分二等奖、建筑软件算量三等奖、创新思维三等奖等多个奖项。第六届"周恩来班""邓颖超班"创建奖班级团支书邓科，他潜心学习，在校期间参加学院台湾交流学习后，通过雅思考试赴英国谢菲尔德大学攻读并获得硕士学位。

"周恩来班""邓颖超班"学生参加全国水利高等职业院校技能大赛获得5个特等奖，参加浙江省高职高专院校技能大赛"水环境监测与治理技术"赛项并包揽所有冠军，晋级国赛获得团体二等奖。此外，还有一大批学生在建筑、机械、移动商务、艺术等专业技能比赛以及文化体育、志愿服务等活动中获得省级以上奖项。

4. 营造一种氛围：让伟人文化全方面融入校园文化生活

（1）建成伟人主题雕塑广场，强化环境育人载体

学院于中华人民共和国成立60周年之际，在校园中立周总理铜像，铜像矗立于校园广场中心，全院学生可随时瞻仰。2015年，设立名录碑，将历届"周恩来班""邓颖超班"刻在名录碑上，以这种方式在学院史上留下刻苦学习、努力创建的班级，展现独具特色的校园育人景观和育人文化。

（2）广泛发动师生参与，形成人人学习伟人精神的良好风尚

10多年间，成功创建"周恩来班""邓颖超班"22个，选拔了一大批示范典型班集体。过去10多年，300余个班级参与创建活动，22个班级成功创建"周恩来班""邓颖超班"，30个班级获创建奖。创建工作已成为学院各班级争先创优的一道亮丽的风景线。

（3）以"传承伟人精神"为主题开展重要的校园文化活动，以多种活动形式强化育人效果

自2009年学院"周恩来班""邓颖超班"创建工作以来，结合重要节点和教育主题，开展以弘扬伟人精神为内容，适合校园特点的大学生文化活动。结合教育教学实际，积极组织学生开展演讲比赛、故事会、情景剧、征文、知识竞赛等丰富多彩的活动，组织学生传唱体现校训精神的校歌，传承弘扬伟人精神；利用校报学刊，宣传橱窗，校园广播，标志命名，公共设施，学习、生活场所，建设主题景点等宣传伟人精神，充分营造创建的文化氛围，强化文化育人效果。

三、成效与启示

（一）主要成效

1. 形成"三全育人"的工作格局，履行立德树人根本任务

（1）全过程育人，彰显高校育人工作的连续性

学院"周恩来班""邓颖超班"创建活动，覆盖大一新生的入学教育、大二学生的专业教育和大三学生的实践教育。

（2）全员育人，彰显高校育人工作的重要性

10多年来，学院累计组织100多个班级，合计5000余名学生参与"周恩来班""邓颖超班"创建活动。形成"班级—系部—学院"三级联动的工作格局，组建"团委—专业教师—班主任—辅导员"四元参与的工作队伍。

（3）全方位育人，彰显高校育人工作的全面性，师生满意度高

学院把"周恩来班""邓颖超班"创建活动融入第一课堂、第二课堂、第三课堂，形成育人工作的协同效应。

2. 形成"励志向上"的育人机制，助力学生成长成才

（1）争创"周恩来班""邓颖超班"成为学生集体创优第一大事

过去10多年，300余个班级参与创建活动，22个班级成功创建"周恩来班""邓颖超班"，30个班级获创建奖。广大学生集体意识和集体荣誉感得到加强，学习积极性、主动性和创造性得到激发。连续举办11届命名仪式，仪式晚会成为学院的一大文化盛事。

（2）"周恩来班""邓颖超班"创建和现代学徒制教育改革相得益彰

学院积极探索现代学徒制改革，先后设立"大禹班""圣都班""江能班"，现代学徒制改革试点班级积极参与"周恩来班""邓颖超班"创建活动，实现伟人精神指引现代学徒制改革、现代学徒制改革弘扬伟人精神的生动局面。

（3）"周恩来班""邓颖超班"榜样效应充分发挥

在创建班的引领下，同科学子励志向上，一大批学生在建筑、机械、移动商务、艺术等专业技能比赛以及文化体育、志愿服务等活动中获得省级以上奖项。10多年来，学院校风学风积极向上，校园文化风清气正，人才培养获得广泛认可，办学水平稳步提升，2015年被评为第四届全国文明单位。

3. 形成"同科特色"的育人平台，获得社会高度评价

（1）形成特色育人平台，获得教育主管部门认可

"周恩来班""邓颖超班"创建活动荣获全国高校优秀校园文化成果和全国

水利职业院校优秀校园文化成果，2018年入选浙江省高校思想政治工作质量提升工程实施载体。

（2）毕业生质量稳步提升，获得用人单位认可

近年来，浙江同济科技职业学院毕业生初次就业率保持在98%以上。毕业生满意度稳居浙江省高职院校第一梯队。

（3）积极推进校地共建，赢得当地政府部门认可

学院积极与绍兴周恩来纪念馆共建学院思想政治教育基地，与杭州市萧山区、衢州江山、丽水松阳共建"双百双进"社会实践教育基地，在服务地方的过程中，取得一大批共建成果。

（4）线上、线下协同并进，获得社会高度评价

在线上，学院通过官网、官微宣传"周恩来班""邓颖超班"创建活动。2018年，学院加大网络宣传力度，开通全国周恩来班网站浙江同济科技职业学院子网站。在线下，学院坚持以伟人精神为指引，积极参与浙江省委部署的五水共治、"剿灭劣Ⅴ类水"战略行动，努力当好"河小二""湖小二"，为浙江省水利建设做出重要贡献。新华社、中国水利报、浙江日报、浙江教育报、浙江电视台、浙江新闻、钱江晚报、浙江水利网等媒体多次报道浙江同济科技职业学院"周恩来班""邓颖超班"创建工作情况，以及浙江同济科技职业学院师生的优秀表现和育人成果。

（二）启示

1. 文化育人要注重实践，以实践活动践行伟人精神，开展有实效的文化活动

创建工作规划了大量实践活动，把周恩来、邓颖超等伟人精神作为学院特色校园文化的代表，对伟人精神进行多方面的学习、展示和实践，创新育人新模式，将伟人精神与现代学徒制人才培养模式相结合，助推人才培养。在实施现代学徒制改革的班级内开展"周恩来班""邓颖超班"创建活动，形成伟人精神指引现代学徒制改革、现代学徒制改革弘扬伟人精神的相得益彰的局面。作为高职院校，在做好技能培训的同时，加强了社会主义核心价值观教育宣传，切实提高人才培养水平，为社会主义建设提供合格的高素质技术技能人才。

2. 文化育人要创先争优，以典型带动全体的传教模式，营造有感染的文化氛围

10多年间，学院每年举办一届"周恩来班""邓颖超班"的创建工作，每届评选出"周恩来班""邓颖超班"各1个。至今已完成创建"周恩来班""邓颖超班"各11个。通过层层选拔，评选出的"周恩来班""邓颖超班"在集体

意识、集体荣誉、班风、学风等各方面都非常优秀，得到了全校师生的认可和赞赏。这批"周恩来班""邓颖超班"的命名，在全校各班中起到了积极的榜样示范作用，对助推学院形成"励志向上"的良好育人氛围发挥了重要作用。

  3. 文化育人要完善体制，以科学系统的管理机制，打造有特色的文化品牌

  在周恩来、邓颖超亲属和生前身边的工作人员，以及中央党史和文献研究院周恩来、邓颖超研究中心的指导下，学院经过 10 年创建实践和理论积累，不断完善创建工作的选拔制度、评价考核机制等，已基本形成较为科学系统的创建工作制度、指标体系和考评办法等制度文化。这套较完整的制度体系，是学院在结合自身实际的基础上探索摸索出来的宝贵经验。

"工匠"铸魂　"三全"育人
——江西水利职业学院"1+4+2"思政育人模式探索与实践

徐桂珍，盛闯贵，郭磊，李也杨，龙洋，魏珂

（江西水利职业学院）

摘要：为了落实习近平总书记提出的把立德树人作为教育中心环节这一根本任务，将思想政治工作贯穿教育教学全过程，实现全员育人、全程育人、全方位育人，努力开创我国高等教育事业发展新局面，江西水利职业学院以"工匠精神"为抓手，探索大学生思想政治教育新路径，构建"1+4+2"思政育人新模式，围绕以文化人、以榜引导、以德润心、以志励人"四位一体"课程思政教学体系，在育人的各个环节融入思政教育，保证各门课都要守好一段渠、种好责任田，为高职院校思想政治教育"思政课程"与"课程思政"教学改革深入推进形成协同效应提供一套可参考的教育新模式。

关键词：立德树人；工匠精神；三全育人；课程思政

一、成果背景

习近平总书记在全国高校思想政治工作会议上强调，做好高校思想政治工作，要因事而化、因时而进、因势而新。要用好课堂教学这个主渠道，提升思想政治教育亲和力和针对性，满足学生成长发展需求和期待，其他各门课都要守好一段渠、种好责任田，使各类课程与思想政治理论课同向同行，形成协同效应。

为此，江西水利职业学院积极探索实践，把培养工匠精神作为思政工作的抓手，以三全育人的"大思政"格局来培育学生的工匠意识，形成了"1+4+2"课程思政育人模式：学院党委以习近平新时代中国特色社会主义思想为指导，在办学治校中将发挥思政课主渠道作用作为思想政治建设的一个重点，通过"党建+思政"的示范引领，构建全员育人的机制；以培育工匠精神为落脚点，构建以文化人、以榜引导、以德润心、以志励人"四位一体"的课程思政教学

体系，形成全员育人、全程育人、全方位育人的格局；构建师资队伍、评价体系两个支撑，为"四位一体"课程思政教学体系保驾护航。

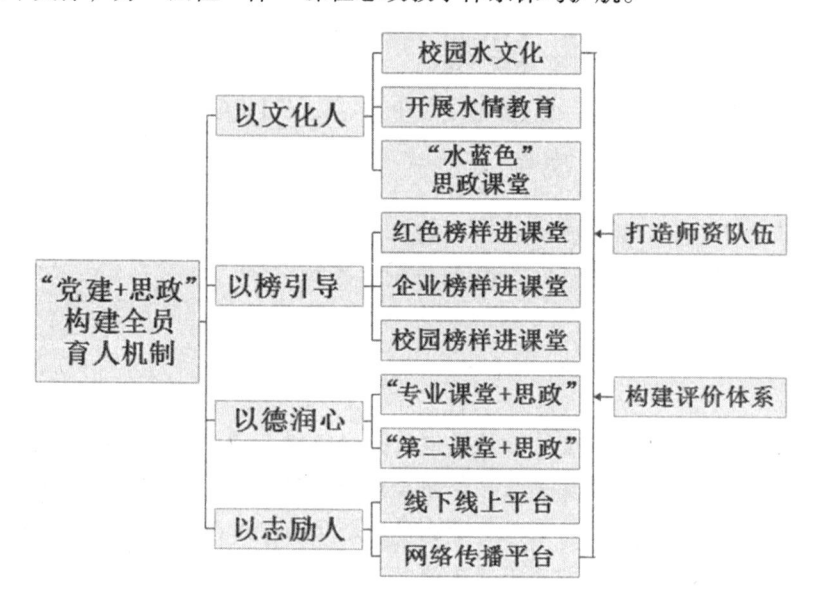

图1 "1+4+2"课程思政育人模式

二、主要做法

（一）"党建+思政"，构建全员育人机制

江西水利职业学院成立由党委领导下的工作小组，制定《中共江西水利职业学院委员会关于进一步加强思想政治工作的实施方案》，统筹推进全院课程思政教学改革工作；每年定期召开思想政治工作会议，引导全院师生学习马克思主义中国化最新成果，尤其是推动习近平新时代中国特色社会主义思想进课堂、进教材，入脑入心；建立学院领导及专家授课、课堂教学、骨干培训、实践活动、第一课堂、第二课堂联动的学习宣讲格局，统筹推进习近平新时代中国特色社会主义思想"教学讲"一体化，把思想政治工作贯穿办学治校各个环节，构建全员育人体制机制。

（二）"四位一体"，"三全"育人

1. 以文化人

江西水利职业学院围绕"水"元素，做足"水"文章，优化校园环境，建立大禹广场、孔子广场、山高水长等景观，在提升校园整体人文旨趣的同时，营造良好的学习环境，提升环境育人水平。积极拓展教学资源、教师资源、实践资源，组织"书记面对面"访谈活动；开展"每周一课——水利青年思政大讲堂""青马工程"等活动，厅领导、院领导班子成员为师生做思政讲座和报告，构建全水利厅关心支持学院思政理论课的人才培养新模式；开展"谷雨诗会""祭拜大禹""校园读书日"等相关活动，将思想政治教育融入校园特色文化与传统文化建设。

打造水文化育人品牌，将思政课堂打造为"水蓝色"，推动水情教育进课堂，传授水利知识，开拓水利学子眼界；编写《水生态文明建设理论与实践》教材，针对不同专业学生，分层次、有重点地开展水情教育，将新时代水利精神内化和工匠精神厚植相结合，形成水文化特色元素融入课程思政的人才培养模式。

2. 以榜引导

（1）红色榜样进课堂

江西作为红色革命的摇篮，具有丰富的红色"榜样"资源，学院充分利用、广泛开展红色资源进校园、进课堂。课程以"红色"为主题，充分挖掘思政元素，把课堂放到红色教育基地，把红色资源引进课堂，组织学生到井冈山、瑞金、八一起义纪念馆、小平小道、方志敏烈士陵园接受红色革命教育，学院在莲花县沿背村甘祖昌将军故居建立校外德育实践活动基地，补强思政理论课教学，追寻红色足迹，培养爱国情怀。

（2）企业榜样进课堂

学院充分发挥企业在人才培养方面的"榜样"优势，构建"立体课堂"。通过组织学生参观企业岗位工作实况，了解工匠精神，帮助学生明确今后的学习目标和方向。邀请企业优秀典型人物和学院校友来学院做报告与专题讲座，通过企业优秀人物奋斗历程、言传身教，帮助学生树立正确的人生观和价值观，培养学生工匠情怀。组织学生参与企业实践，理论结合实践，培育学生工匠精神。

（3）校园榜样进课堂

树立"三好学生、优秀学生干部、优秀团干部、优秀团员、校园好青年、校园技能能手"等校园"标杆"，通过组织专业学生参加报告会、座谈会等形式大力宣传"校园标杆"典型事迹，让广大学生切实感受到榜样的力量，从而起到引领、激励的作用。

3. 以德润心

（1）"专业课堂+思政"，拓宽思政课堂

学院深度挖掘专业课程蕴含的德育要素，大打"课程融合牌"。在专业课程的课堂教学目标设置上，注重联系学生思想实际，引导学生正确认识世界形势、中国特色社会主义、时代责任和历史使命，培养具有工匠精神，德才兼备、全面发展的人才。例如，可以借鉴古代的发明创造故事重点培养学生对祖国传统文化的自豪感，也可以把当今中国十大国之重器"天宫、蛟龙、国产航母、国产大飞机、高铁等"融入课堂，培养学生主人翁意识、爱国情怀、民族自豪感，引导学生对国家制造装备、智能制造政策、核心价值观的认同。

在专业课程的课堂教学内容上，把德育思想、价值引领融汇到专业课及其实践课程系列活动中。例如，可以结合学生感兴趣的影视剧，设定具有专业性质的思政问题，从而引导学生思考一些在知识层面上的个人价值、社会价值等更高层面的问题，培养学生的社会使命感、价值感、哲学辩证思维等综合素质。

在专业课程的教学方法上，灵活运用各种形式，注意课程思政与专业知识点的无缝对接。充分利用多媒体课堂教学、微课视频、实训实验及校企合作实践等手段，达到"以情动人，以理服人"的目的，潜移默化地树立起学生正确的荣辱观和职业操守。例如，可以引入各种工程事故案例，美国"挑战者号"航天飞机爆炸事故、乌克兰的切尔诺贝利事故、丰田"召回门"等事件的图片、视频，给学生带来触目惊心的心灵震撼，用以说明"千里之堤，溃于蚁穴""基础不牢，地动山摇"的现实意义，培养学生的责任意识以及职业操守，让学生明白细节决定成败的道理。强调"精益求精"的大国工匠精神和"十年磨一剑"的螺丝钉精神对于个人以及社会的重要价值意义。

（2）"第二课堂+思政"，拓广思政课堂

按照"分类设置、强化实践、衔接融合"原则制订教学计划，学生参与第二课堂纳入学分制管理，引导学生积极参与暑期"三下乡"、志愿服务进社区、"青春丝路行""青年红色筑梦之旅"等社会实践活动，逐步形成实践育人合力，提升学生理论素养与实践创新能力。通过有效联结学生第一课堂、第二课堂，促进学习与活动贯通，实现课上与课下互补、校内与校外协同，推进思政课堂全方位覆盖。学院思政社团"向阳社"，为学生提供不一样的思政学习课堂，指导教师通过带学生实践、参加思政知识竞赛，以实践促教育，以比赛促教学，让思政工作更好地融入教育教学当中。

4. 以志励人

"扶贫先扶志"，要让青年学生摆脱思想上的"贫"，就需要让青年学生树立习近平新时代中国特色社会主义的工匠"志"。学院依托"智慧校园"信息化建设,搭建网络教育教学平台,构建网络学习课程,实现线上、线下、课上、课下扶"志"全方位服务。做到哪里有青年,哪里就有思想引领,在微信、微博、抖音都设有官方账号,利用年轻人时常活跃的平台,积极宣传青春正能量,补足青年的"精神之钙"。微信公众号"水院零距离"定期开设专栏,引领青年学习习近平新时代中国特色社会主义思想,树立中国特色社会主义的工匠"志"。

(三)两支撑为"四位一体"保驾护航

1. 打造师资队伍

学院围绕"四位一体"课程思政人才培养体系需求,着力打造一支专业与思想素质过硬的师资队伍。通过多种方式,引导带动广大教师既要当好"经师",更要做好"人师"。充分运用专业群建设讨论、老教师传帮带、教材教案编写、本专业先锋模范人物的示范作用等手段,开展思想政治教育技能培养,让广大教师能利用课堂主讲、现场回答、网上互动、课堂反馈、实践教学等方式,把知识传授、能力培养、思想引领融入每门课程教学过程。充分利用学院思想政治教育优质资源,发挥名师工作室、教学创新团队和思政课教学团队的引领辐射作用,鼓励引导全院青年教师积极参与学院组织的各类学术沙龙讨论活动,发挥在学校课程思政教学改革中的带头示范作用。

2. 构建评价体系

结合学院专业人才培养方案修订原则意见,将课程思政理念有机融入学院各专业人才培养方案,建立课程思政教学效果评价体系。在课程建设、课程教学组织实施、课程质量评价体系建立中,注重将"价值引领"功能的增强和发挥作为首要因素,并在教学建设、运行和管理等环节中落到实处。严格执行领导干部听课制度,在听课记录中体现课程思政内容。在"学评教"体系中体现育人评价元素,完善"学评德"体系,使德育元素成为"学评教"的重要内容。同时,引导学生在校期间德智体美劳全面发展,构建学分替换制度,实现专业技能与课程互通,培育学生深耕专业的工匠精神;改革课程考核评价,将学生日常行为、敬业精神、团结协作、诚信意识、安全意识等纳入考核范围,对学生掌握的专业知识、技能、职业素养和职业道德进行综合评价。

三、成效与启示

(一)成效

近来,江西水利职业学院通过"1+4+2"思政育人模式的实践,在教师成长与育人效果上收获累累硕果，概括起来为一个"回归"、三个"转变"。

1. 教师回归教书育人的初心

教师的初心在于教书育人，学院通过"1+4+2"思政育人模式的开展让全体教师读懂、学通、悟透习近平总书记关于"四有"教师的论述，让每一位教师乐于从教，热心教研，回归教书育人初心，凝练教学质量内涵；用自身的理想信念点燃学生对真善美的向往、用自身的道德情操影响学生的人格品质、用自身的扎实学识引导学生进入知识的殿堂、用仁爱之心引领学生成长成才。一分耕耘一分收获，伴随着学生的成长，教师的专业知识与职业技能也得到了大幅提升，在课题申报、专利论文发表、教材出版、竞赛成绩上成果斐然。中国水利报、中青网、江西省教育电视台、江西省教育厅网站、江西省水利厅网站等社会媒体也多次报道学院课程思政育人成效。

2. 学生课程学习态度转变

传统的思政课程与专业理论课程在学生眼里是高深的理论、严肃的课堂，导致他们对思政理论知识敬而远之。通过课程思政教学改革，学生认识到思政课程可以成为活泼的水蓝色，也可以演变为光辉的红色，在专业课程学习中可以出现学生喜闻乐见的文化故事、时事热点等，使课程学习的学生到课率由之前的70%左右到现在90%以上，甚至出现思政选修课程一课难求的局面。

3. 学生生活方式与作风转变

通过专业课程教学改革，在专业课教学中融入思政，通过潜移默化的渗透、基因式的植入，在润物细无声中使学生的世界观、人生观、价值观发生了很大变化。学院出现"江西省大学生自强之星"勇救落水儿童的姚益辉，拾金不昧的杨海亮，"中国大学生自强之星"勇救跌入深坑大学生的邱宇，开展志愿活动的青年志愿者协会，开展义务维修的电子社团等一大批引领社会正能量的学子与社团。学生在课余生活中由"低头族""宿舍宅"逐渐转变为投身于社团活动、社会实践、河小青志愿服务、乡村振兴与脱贫攻坚、"一带一路"调研等活动当中。

4. 企业对学生评价转变

通过对500家企业调研问卷中的对学院毕业生所掌握的知识结构是否合理和对学院毕业生总体满意情况两个问题的分析，发现企业对学院顶岗实习、就业学生的评价逐年上升。企业表示愿意与学院保持长期合作，吸收学院学生实习就业的企业数量持续增加。

（二）启示

"1+4+2"思政育人模式取得了明显的成效，分析具体做法给我们带来了四个方面的有益启示。

1. 学院党委高度重视，引领全员育人

学院党委高度重视以学习习近平新时代中国特色社会主义思想为核心内容的思政课程群建设，在办学治校中将发挥思政课主渠道作用作为思想政治建设的一个重点，通过"党建+思政"的示范引领，形成各类课程与思政理论课在思政育人上协同的效应，为各类课程思政与思政理论课同向同行提供有力保证，引领全员育人。

2. "四位一体"推进"三全育人"

学院探索实践以文化人、以榜引导、以德润心、以志励人的"四位一体"课程思政育人体系，实现课内与课外、校内与校外、线上与线下结合，最大限度扩展学生学习空间，拓展课程理论视角，丰富学生实践体验，激发学生学习热情，提高教育的实效性和吸引力，推进全程、全方位育人在高职院校开花结果。

3. 专业课与思政课同向同行，协同育人

专业课、思政课从来不曾割裂，每门专业课程都有其求真、触情、传递价值观的功能。深入挖掘专业课程思政元素，打好"课程融合牌"，确保所有课程都上出"德育味"，所有教师都挑起"思政担"，让立德树人潜移默化，形成专业课与思政课教学紧密结合、同向同行的协同育人格局。

4. 两支撑，确保"四位一体"有的放矢

基于职业教育教师团队的特点，组建课程思政教学团队，构建学分制、学分替换制度、课程评价制度的评价体系，让课程思政贴近职业教育特色、贴近高职学生学习现状、贴近课堂教学实际，潜移默化地引导青年学子，切实增强学生的获得感，让"四位一体"能够扎根高职院校，有的放矢。

二十四节气暨农耕文化教育工程

——杨凌职业技术学院基于二十四节气暨农耕文化传承教育的实践研究

张迪，任得元，孙承俊

（杨凌职业技术学院）

摘要：为贯彻中共中央办公厅、国务院办公厅《关于实施中华优秀传统文化传承发展工程的意见》精神，学院于2017年印发了《国家非物质文化遗产——二十四节气暨农耕文化主题教育工程实施方案》，创新实施了"二十四节气暨农耕文化"传承教育工程。每年组织全校2万余名师生挖掘节气历史由来，诠释节气概念，了解基本信息，掌握节气养生常识，传承节气良好习俗，学习节气民谚、七十二候、节气歌、节令歌、农谚等农耕文化。使青年学生知节气、晓气候，学节气、懂农事，读节气、晓地理，研节气、通天文，用节气、益养生。丰富了立德树人工作内涵和载体，促进了二十四节气暨农耕文化的有效传承，形成了"杨职"特色校园文化品牌，提高了学生的人文素质，培养了知农、学农、爱农的社会主义建设者和接班人，有效提升了思想政治教育工作的亲和力、向心力、凝聚力和感染力，成效显著。荣获"全国高职高专院校党委书记论坛二等奖"等多项荣誉称号。

关键词：节气；农耕文化；传承教育

一、成果背景

二十四节气是我国古代劳动人民通过观察太阳周年运动而形成的时间知识体系。二十四节气能反映季节的变化，节气不仅指导农事，也指导人的生活与养生，影响千家万户的衣食住行，每个节气对应的是中国人丰富多彩的生活。二十四节气至今已有超过数千年历史，甚至在当今科技文明高度发展的时代，二十四节气仍然是中华民族最具民族特色、最富文化底蕴的指南针。

我国是一个农业古国，从钻石取火、刀耕火种到现代农业文明漫长的历史进程中形成的经典农谚，不仅指导着农事，还指导着人们的生活与养生，成了亿万劳动人民从事农业生产的基本遵循。经过历史沉淀，历经大浪淘沙后传承下来的经典农谚成了农耕文化的精髓。

2016年11月30日，我国"二十四节气"被正式列入联合国教科文组织人类非物质文化遗产代表作名录，这是中华民族数千年智慧的结晶。中共中央办公厅、国务院办公厅《关于实施中华优秀传统文化传承发展工程的意见》（以下简称《意见》）指出，"加强对传统节气、生肖和饮食、医药等的研究阐释、活态利用，使其有益的文化价值深度嵌入百姓生活"。作为高等院校尤其是涉农高校理应对二十四节气暨农耕文化进行学习了解、应用和传承。

为贯彻落实《意见》精神，加强新形势下中华优秀传统文化教育，落实立德树人根本任务。2017年10月，杨凌职业技术学院印发了《国家非物质文化遗产——二十四节气暨农耕文化主题教育工程实施方案》并启动实施。

杨凌职业技术学院"二十四节气暨农耕文化"传承教育的主要内容为：在全院2万余名学生中实施"立春""雨水""惊蛰""春分""清明""谷雨""立夏""小满""芒种""夏至""小暑""大暑""立秋""处暑""白露""秋分""寒露""霜降""立冬""小雪""大雪""冬至""小寒""大寒"节气及有关农耕文化主题教育。

二、主要做法

1. 编写指导手册

由院团委组织编写《国家非物质文化遗产——二十四节气暨农耕文化主题教育读本》，用于指导各分院组织开展"国家非物质文化遗产——二十四节气暨农耕文化"主题教育工作，出版后免费发给师生使用。

2. 学习教育读本

各分院以团支部为单位，组织学生学习《国家非物质文化遗产——二十四节气暨农耕文化主题教育读本》，完成规定的学习任务。

3. 撰写心得体会

学院要求学生认真填写《国家非物质文化遗产——二十四节气暨农耕文化学习心得体会写实登记表》，主要记载参加的节气学习情况、心得体会和传承路径等。

4. 举办文化展演

举办国家非物质文化遗产——二十四节气暨农耕文化书画展，书写二十四节气名称、节气歌、节令歌、七十二候以及有关二十四节气的诗词歌赋等，开展板报、手抄报、话剧、文艺、游艺、节气摄影、主题征文等展演活动，传承二十四节气农耕文化。

5. 线上节气文化传承

精心编排二十四节气文化知识点、节气养生常识、节气活动简讯、主题活动照片、节气书画作品、节气诗词等，利用微信公众号、校院两级网站、各级微信群、QQ 群等公众平台进行展播传播，将我国非物质文化遗产——二十四节气暨农耕文化传承活动引向深入。

6. 培养兴趣，激发动力

一是精心组织学生挖掘节气历史由来，诠释节气概念，了解基本信息，掌握节气养生常识，学习节气民谚、七十二候、节气歌、节令歌、农谚等农耕文化。二是将二十四节气暨农耕文化传承教育纳入有关课程教学，赋予相应的学分。三是纳入《大学生第二课堂成绩单指导教程》，要求各分院以班级团支部为单位组织学习《二十四节气暨农耕文化主题教育读本》，填写《二十四节气暨农耕文化学习心得体会写实登记表》。四是加强考评，考评结果与学生素质综合测评、"三好"表彰、团员评议、团内表彰挂钩，激活了青年学生的内生动力。通过不懈努力，杨凌职业技术学院青年师生知节气、晓气候，学节气、懂农事，读节气、晓地理，研节气、通天文，用节气、益养生。丰富了立德树人工作内涵和载体，促进了二十四节气暨农耕文化的有效传承，形成了"杨职"特色校园文化品牌，提高了学生的人文素质，培养了知农、学农、爱农的社会主义建设者和接班人，有效提升了思想政治教育工作的亲和力、向心力、凝聚力和感染力，成效显著，如图1所示。

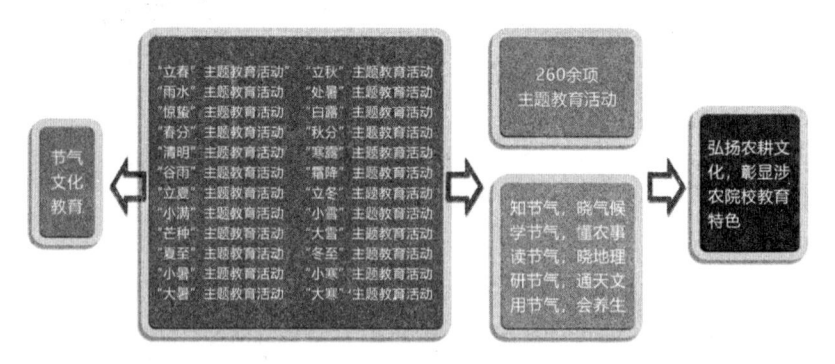

图1　杨凌职业技术学院"二十四节气暨农耕文化"传承教育顶层规划设计

7. 营造氛围，感染熏陶

定期举办二十四节气暨农耕文化书画展、诗词歌赋诵读，开展板报、手抄报、节气摄影、知识竞赛、主题征文等展演活动，传承二十四节气暨农耕文化，尤其是在"冬至"节气举办的"冬至节气·两万名学子免费饺子宴"活动，数十家媒体竞相报道，在全国高校学生中引起了强烈反响。每年精心组织5000余名学生参加中国·杨凌农高会和农民丰收节志愿者、讲解员和农产品推介者。通过组织学生"走进农高会·感知农耕文明"，培养学生知农、学农、爱农的使命情怀。

三、成果创新点

1. 创新了"三全育人"组织体系

促进了"三全育人"工作向纵深发展。构建以"党委牵头，以学工部、院团委为统领，以分院党总支具体组织，团总支、学工办、学生会为抓手，以班级为基本单元"的传承教育组织机构，促进了全员、全过程、全方位育人。组织机构如图2所示。

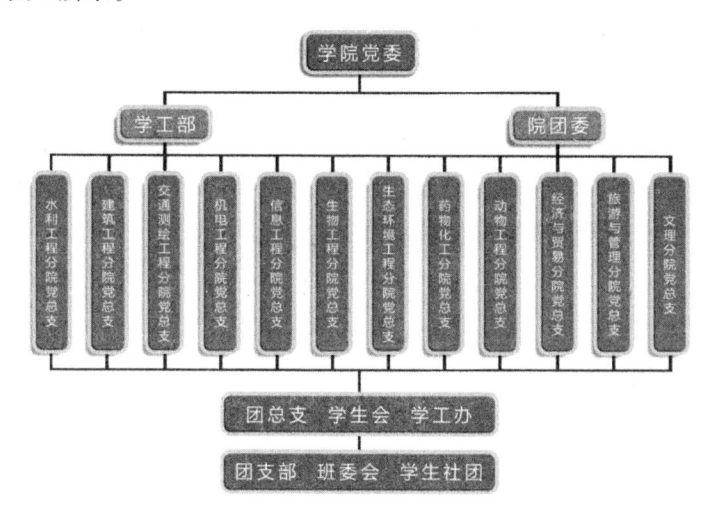

图2 杨凌职业技术学院"二十四节气暨农耕文化"传承教育组织机构运行框架

2. 创新了工作方案

为"二十四节气暨农耕文化"传承教育提供了基本遵循。创新形成了固化的、可复制、可示范、可推广的《杨凌职业技术学院"二十四节气暨农耕文化"主题教育工程实施方案》。

3. 开发了教材，满足了教学需求

研发出版了《国家非物质文化遗产——二十四节气暨农耕文化教育读本》教材1本，每年免费发给2万余名师生使用。

四、工作成效

1. 促进了学院"三全育人"工作的组织建设、机制建设和载体建设

构建了"学院党委，学工部、院团委，分院党总支，团总支、学工办、学生会，社团、班级、团支部""五位一体"，基于"二十四节气暨农耕文化"传承教育的"三全育人"组织机构、工作机制和教育载体。强化了全员、全过程、全方位育人工作。

2. 促进了高校对二十四节气暨农耕文化育人功能重要性的认识

为高校开展"二十四节气暨农耕文化"传承教育提供了成功案例，解决了学生学习二十四节气暨农耕文化动力不足的问题。长期以来，高校对二十四节气暨农耕文化育人功能的重要性认识不到位，传承教育缺失，几乎没有提上教育教学议事日程。杨凌职业技术学院以"思政导航、价值引领、文化浸润、学分导向"的《国家非物质文化遗产——二十四节气暨农耕文化传承教育工程实施方案》和形成的可复制、可示范、可推广的案例成果、机制成果及教材成果，为高校开展二十四节气暨农耕文化传承教育提供了成功范例，特别是邀请著名老中医参与编写的"节气养生小常识"受到了青年师生的追捧。学分导向激活了青年学生学习二十四节气暨农耕文化的内生动力。

五、成果推广应用

1. 校内应用推广

该成果在杨凌职业技术学院16个（院）部持续实施3年，参与弘扬和传承二十四节气暨农耕文化的青年师生达6万余人（次）；入编《大学生第二课堂成绩单指导教程》，每年指导学院2万余名青年师生弘扬和传承节气暨农耕文化；"二十四节气暨农耕文化"传承教育工程，陈列学院校史馆。

2. 学术会议推广

先后在全国高职高专院校党委书记论坛、全国高职院校学生管理50强评审会、全国50强高职院校答辩会上与延安职业技术学院、浙江金华职业技术学院、四川财经职业技术学院、白银冶金职业技术学院等多所高校交流。该成果入编教育部"全国高职院校学生管理50强案例汇编"丛书。

3. 网络媒体推广

该成果先后在中国教育报、陕西日报、凤凰网、商丘职业技术学院学报、省教育厅网站、团省委网站等多家媒体报道，得到了广泛传播和推广，提升了学院的社会声誉。

六、成效与启示

通过持续深入实施"二十四节气暨农耕文化"主题教育工程，提高了学生思想政治素质，提升了学生综合能力，浓厚了校园的文化氛围，提高了学生人文素质，增强了学生发展后劲，树立了学生生活仪式感，坚定了学生文化自信，促进了学生全面发展，增强了学生对中华优秀传统文化的了解和喜爱，培养了一批又一批中华优秀传统文化学习者、弘扬者和传承者。

传统节气文化，凝结着中华民族的民族精神和民族情感，承载着中华民族的文化血脉和思想精华，是维系国家统一、民族团结和社会和谐的重要精神纽带，是高校育人工作的宝贵资源。

融合新时代水利精神的德育模式创新
——浙江同济科技职业学院"3234"德育教育模式研究与实践

江影，吴宏平，吴敏启，吴玲洪，曹明，梁莹

（浙江同济科技职业学院）

摘要：本成果以培养具有"高志向、高品格、高技能、高素养"的新时代水利技术技能人才为目标，在落实立德树人根本任务中有效融入"忠诚、干净、担当，科学、求实、创新"的新时代水利精神，打造特色鲜明的"三融合"系统构建，"二行动、三平台、四阵地"立体推进的德育教育模式（"3234"德育教育模式）。

关键词：新时代水利精神；德育教育；新模式；实践创新

一、成果背景和主要做法

本成果以培养具有"高志向、高品格、高技能、高素养"的新时代水利技术技能人才为目标，把新时代水利精神融入德育教育，构建了以"三融合"（教学过程、校园文化、实践育人）为主体，"二行动"（课堂创优行动、守渠种田行动）、"三平台"（治水文化、伟人文化、文明校园）、"四阵地"（大师、大馆、大工程、大项目）相互协同的德育教育"3234"德育教育模式。有效解决了水利职业院校存在的对新时代治水思路转变跟进不紧，教育手段创新不足，教育力量协同不畅等问题，形成了对接新时代治水思路要求的育人新路径，构建了体现水利特色的育人新模式，丰富了涵养新时代水利精神的育人新载体。建设成果丰硕，培养质量显著，辐射示范突出。

（一）实施"两大行动"，与教学过程融合

将新时代水利精神融入人才培养方案，提出明确素质要求。一是实施思政课程"课堂创优行动"，构建课堂教学为主体，网络教学、实践教学、文化浸润

为补充的立体化教学模式,打造思政"金课",思政课获得省教学能力大赛一等奖。二是实施课程思政"守渠种田行动",充分挖掘课程的德育因素,依托教育部现代学徒制改革试点,以水利工程大禹班为示范,将"大禹治水精神"与"三峡精神""抗洪精神""红旗渠精神""南水北调精神"等体现新时代水利精神的元素融入课程教学模块,形成协同效应,通过跨部门教研、同上一门课等,推动各类课程与思政课同向同行。"防汛与抗旱"等5门课列为省级课程思政示范课程。

(二)整合"三大平台",与校园文化融合

1. 搭建"治水文化"育人平台,培养大禹传人

一是高质量打造水利特色美丽校园。在校园景观、实训基地、基础设施等环境上融入新时代水利精神,建设"一轴两廊"沿河景观带水文化长廊、节水文化广场等"十大景观"。二是以校风、校训、校歌、校园文化活动等精神载体为依托,组织开展亲水课堂宣传教育,加强"亲水之旅"水文化教育,组建"水之声合唱团",开展"传唱大禹之歌 铭记治水精神""我心中的新时代水利精神"主题征文和演讲系列活动。

2. 构建"伟人文化"育人平台,传承红色基因

自2009年起,经中央党史和文献研究院批准浙江同济科技职业学院在全国公办高职院校率先开展"周恩来班""邓颖超班"创建活动,挖掘"伟人精神"与新时代水利精神的结合点,让学生体验、感悟和学习伟人的崇高精神、高尚品德、伟大风范。728个班级3.5万名学生参与创建活动,26个班获"周恩来班""邓颖超班"称号。"四驱动、三融合、一平台""431"伟人精神育人模式,已成为浙江省和全国水利职教行业知名育人品牌。

3. 依托"文明校园"育人平台,优化德育生态

作为浙江省高职院校中唯一的全国文明单位和省首批文明校园,学院在教风学风、志愿服务、传统文化、文明寝室、网络平台、师德师风等文明创建中融渗新时代水利精神,探索特色育人之路,被水利部文明委列为全国63个水利水电工程系统基层单位文明创建案例,予以通报表彰。

(三)协同"四大阵地",与实践育人融合

学院利用区域、区位优势,构建了"大师、大馆、大工程、大项目"的"四大联动"多维实践育人模式。

1. 请进"大师",带来新思想

中国工程院院士王浩,全国劳模奕永庆,全国水利行业首席技师张利明、郭光海等来校弘扬水利精神。依托人才基地,成立浙江省首个以个人命名的节

水大师工作室——"奕永庆节水大师工作室"。"大师进校园"和"学生访大师"相结合，与水利模范面对面，学生在大师的引领下励志成长。

2. 走进"大馆"，传承新文化

与所在地的中国水利博物馆、海塘遗址博物馆、跨湖桥遗址博物馆等水利历史博物馆建立水文化教育实践基地。校馆合作成为专业教育的新典范，为新时代水利精神育人提供了新途径。

3. 感知"大工程"，练就新技能

从"钱塘江海塘"到"海塘安澜千亿工程"，从"京杭大运河"到"百项千亿防洪排涝工程"，从新安江水电站到"水旱灾害防御能力提升工程"和2022年杭州亚运会重要保障项目"三堡排涝工程"等重大项目，学生在大工程历练中感悟水利精神。

4. 服务"大项目"，担当新使命

结合"五水共治""三服务""幸福河湖""农村饮用水达标提标""古井水源保护"等项目，开展"亲水之旅"活动，调研了全省85%的县市区，抽查了600余个农村供水工程和近200个古井，撰写了100余份调查报告，在践行新时代水利精神中担当成长成才。

二、标志性成果

①2011年教育部全国高校优秀校园文化建设成果；

②2015年全国文明单位；

③2018年浙江省高校思政工作质量提升工程文化育人示范载体；

④2018年教育部第三批现代学徒制试点单位；

⑤2019年浙江省"三全育人"综合改革重点支持高校；

⑥2019年全国水利德育教育优秀成果一等奖；

⑦2019年全国水利水电工程系统基层单位文明创建案例；

⑧2020年全国高职院校教学能力比赛一等奖1项，省级一等奖2项；

⑨2021年浙江省首届文明校园；

⑩2021年国家级职业教育教师教学创新团队；

⑪2021年浙江省第一批课程思政示范课程5门；

⑫近10年全国水利职业院校优秀校园文化成果4项；

⑬近5年培养全国水利技术能手、浙江省技能能手12人；

⑭近5年学生技能大赛获国家级奖项13项、省部级奖项282项。

三、主要解决的问题及解决教学问题的方法

（一）主要解决的问题

1. 新时代治水思路转变与水利院校人才培养回应不够、跟进不紧问题

在主动对接水利人才新要求，转变培养思路和方式，着力构建与治水问题深度融合的高水平育人体系等方面还存在差距。

2. 水利行业职业要求与高职学生综合素养不高、价值塑造不力问题

文化基础薄弱，缺少吃苦耐劳和艰苦奋斗的精神，重技术而轻人文的教育模式存在问题。

3. 高质量落实"立德树人"根本任务与学院教育手段单一、创新不足问题

教育内容固化，时效性、针对性欠缺，与实践结合还存在不足。

4. 全方位构建"三全育人"格局与学院教育力量不集成、协同不畅问题

教育资源分散，各自发力，协同效应存在短板。

（二）解决教学问题的方法

1. "一体化"构建育人模式

以培养具有"高志向、高品格、高技能、高素养"的新时代水利技术技能人才为目标，在落实立德树人根本任务中有效融入"忠诚、干净、担当，科学、求实、创新"的新时代水利精神，通过与教学过程、与校园文化、与实践育人"三融合"进行系统构建，实施"两大行动"，依托"三大育人平台"，"四大联动"多维立体推进，形成特色鲜明的"3234"德育教育模式，积极回应治水矛盾深刻变化和治水思路调整转变对水利人才的需求。

2. "四阵地"提升学生素质

构建四大联动多维实践育人模式，从整合"水"资源角度，把具有浙江特色的水利优秀榜样、水利优质场馆、伟大水利工程、重大水利项目等融入实践，打造"请进大师""走进大馆""感知大工程""服务大项目"四个模块的实践项目，将人物、场所、工程、项目纳入一个教育体系中，把思想教育、文化影响、技能学习和社会实践等各个环节串联起来，形成模式创新、内容丰富、效果明显的实践育人体系。使学生在大师引领下学习、在大馆熏陶中感悟新时代水利精神，在大工程中厚植水利情怀，在大项目中历练成长成才。

3. "三平台"创新育人手段

一是通过高质量打造水利特色美丽校园，开展"传唱大禹之歌 铭记治水精神""我心中的新时代水利精神"主题系列活动，搭建"治水文化"育人平

台,培养"大禹传人"。二是通过挖掘"伟人精神"与新时代水利精神的结合点,让学生体验、感悟和学习伟人的崇高精神、高尚品德、伟大风范,构建"伟人文化"育人平台,传承红色基因。三是在教风学风、志愿服务、传统文化、文明寝室、网络平台、师德师风等文明创建中融渗新时代水利精神,依托"文明校园"育人平台,优化德育生态,探索特色育人之路。

4. "两行动"集聚育人力量

完善工作机制,实施思政课程"课堂创优行动"和课程思政"守渠种田行动",充分挖掘课程的德育因素,协同各方资源,在人才培养方案、评价体系等全方位融入新时代水利精神。实施"四阶段导航、三场域协奏"的教师专业发展校本体系,强化队伍建设,落实"三全育人"综合改革试点(省重点支持高校)各项举措,构建育人新生态。

四、成果的特色与创新点

(一) 形成了对接新时代治水思路要求的育人新路径

项目基于新时代治水主要矛盾的深刻变化,把握新时期水利人才培养的基本遵循,着眼"节水优先、空间均衡、系统治理、两手发力"的治水新思路,对新时代高职院校水利人才培养规格、类型和内容进行了新探索。着力加强学生的水资源、水生态、水环境、水利行业监管等教育,将教学与专业教育、职业培育相结合,实现职业技能和新时代水利精神培养高度融合,努力培养新时代贯彻新时代治水思路和水利工作总基调,应用新理念、新技术、新材料、新设备解决水利问题的高素质技术技能人才。

(二) 构建了体现水利行业特色的育人新模式

水利人要有"忠诚、干净、担当"的可贵品质,水利行业要坚守"科学、求实、创新"的价值取向。水利行业的职业精神渗透影响着水利人的思维方式、价值观念、职业道德和行为规范。项目针对水利院校专业人才培养职业素质养成的痛点,如缺少系统化构建、学生基础薄弱、教育力量不集成、手段创新不够等问题,着眼于新时代水利精神融入水利院校德育教育,适应时代水利行业的新业态,提出了"与教学过程融合、与校园文化融合、与实践育人融合"的"三融合"德育教育模式,并以"三融合"为核心,通过"两行动、三平台、四基地"进行体系化构建,探索其实现路径和保障措施,可操作性强,指导意义显著,"3234"德育教育模式创新了德育生态体系。

(三) 丰富了涵养新时代水利精神的育人新载体新方法

把新时代水利精神与学院德育教育的特色及重要工作平台结合起来,贯彻落实全员育人、全程育人、全方位育人，夯实新时代水利精神育人实效。与"扬伟人精神、树厚德之人"——"周恩来班""邓颖超班"创建活动相结合；与加强"亲水之旅"水文化教育相结合，组织开展亲水志愿服务、亲水课堂宣传教育、亲水体验活动等；与全国文明单位和文明校园建设相结合，争做文明学子，探索一条特色育人之路。

五、成果的推广应用成效

（一）项目建设成果丰硕

新时代水利精神融入育人工作得到上级领导和部门认可，浙江省副省长孙景淼对学院培养水利人才的做法批示肯定。学院成为浙江高职院校唯一的全国文明单位和首届浙江省文明校园。2019年，学院被列入浙江省"三全育人"改革重点支持高校。"伟人精神"育人项目获得全国高校优秀校园文化建设成果、全国水利德育教育优秀成果一等奖，入选浙江高校思政工作质量提升工程文化育人示范载体和水利水电工程系统基层单位文明创建案例。近5年立项学生参与的省哲社项目"浙江省古井保护现状和对策研究"等相关成果课题15项，公开发表相关论文27篇。

（二）人才培养质量显著提高

学生综合素质提升明显，人才培养质量调查居全省第4位，毕业生就业率保持在98%以上；近5年，学生技能大赛获国家级奖项13项、省部级奖项282项；培养全国水利技术能手、省技能能手12人。学生服务浙江五水共治、幸福河湖、农村饮用水达标提标等能力显著提高，被公认为称职的"河小二""湖小二"。

（三）省内外辐射示范突出

学院牵头中国水利教育协会职教德育工作，承办了全国水利德育教育论坛，牵头评选优秀德育成果等，推动新时代水利精神更好地融入思政教育。中国传媒大学、淮阴师范学院以及在浙高校等80余所院校来校交流、学习，平均每年接待20余批次院校和单位参观考察、借鉴经验，院校辐射作用逐步显现。思政教师团队获浙江省高职院校教师教学能力比赛一等奖，向浙江教育同行展示了水利职业院校思政教育的风采，助推学院水利德育教育模式推广应用。

（四）媒体报道宣传影响扩大

新华社、中新社、中国教育报、中国水利报、浙江日报、中国水利等媒体多次报道学院立足水利办教育，传承新时代水利精神的经验。项目组成员的4

篇论文分别发表在《中国水利》杂志和《中国教育报》理论周刊,推动成果在全国水利和教育系统形成示范带动效应。

课程育人德技并修绘河山
教学有道铸魂育人攀高峰
——黄河水利职业技术学院"GNSS 定位测量"课程建设

何宽,纪勇,于兆国,陈琳,杜丙辰,彭新立

(黄河水利职业技术学院)

摘要: 全面推进职业教育课程思政建设,是贯彻落实习近平总书记对职业教育工作重要指示和全国职业教育大会精神的重要举措,是坚持立德树人、建设高质量现代职业教育体系的重要任务。黄河水利职业技术学院落实立德树人根本任务,深化课程思政教学改革,把思想政治教育贯穿教育教学全过程,构建"一院一品牌、一课一特色"的"大思政"育人格局。"GNSS 定位测量"是测绘、水利等专业岗位核心课,主要传授基于北斗系统为经济建设、国计民生提供高效时空位置服务,将传承、弘扬、践行以"测绘精神""北斗精神""珠峰精神"为核心的中华民族精神作为课程育人目标和育人灵魂,并将学院文化融入知识传授和技能培养。课程团队从教学体系、实施路径、教学和评价模式等方面进行了课程思政改革与探索,以实现"四有"为目标提高立德树人成效,多次在教育部、新华网等全国会议上进行主题发言。

关键词: 立德树人;课程思政;教学

在"十四五"开局之年,在开启全面建设社会主义现代化国家新征程的重要历史时刻,全国职业教育大会在北京胜利召开,习近平总书记做出重要指示,强调职业教育前途广阔、大有可为。职业教育作为一种类型教育,要坚持党的领导,坚持正确办学方向,坚持立德树人,优化类型定位,深化产教融合、校企合作,深入推进育人方式、办学模式、管理体制、保障机制改革,培养更多高素质技术技能人才、能工巧匠、大国工匠。课程思政建设是落实新时代职业教育改革的一项系统工程,教育部印发的《高等学校课程思政建设指导纲要》

对课程思政建设的意义、目标、任务、方法和机制等方面做出了全面指导,将思想政治教育融入专业课程教学,形成"课程思政"的教育教学体系,将价值引领、知识传授和技能培养有机融合,是构建"三全育人"工作格局的重要方式。

黄河水利职业技术学院测绘地理信息技术专业群是国家"双高计划"A类校中唯一的测绘地理信息类专业群,该专业群坚持立德树人,围绕"测绘强国"发展目标,紧盯"云物移大智"等带来的测绘新技术新业态,携手中国电力建设集团有限公司、自然资源部第一大地测量队、黄河勘测规划设计研究院有限公司等行业领军企业,校企双主体培养基础深厚、德技并修、扎根基层的高素质技术技能人才、能工巧匠、大国工匠,服务新时代中国测绘地理信息事业发展。

"GNSS定位测量"课程于1992年在黄河水利职业技术学院开设,随着我国北斗卫星导航系统建设,紧跟行业发展,2012年更名为"全球卫星导航系统(GNSS)定位测量",是测绘地理信息类专业核心课和多个1+X证书课,是水利和土建类专业岗位核心课,也是黄河水利职业技术学院众多传承红色基因的课程之一,在现代测绘科学技术教学中处于重要地位。该课程把传承、弘扬和践行以"测绘精神""北斗精神""珠峰精神"为核心的中华民族精神作为课程育人目标和育人灵魂,并将学院文化中蕴含的思政元素共同融入知识传授和技能培养,把吃苦耐劳、精益求精、劳动光荣、奉献伟大、艰苦奋斗等思想品德融入教育教学全过程,做到师德高尚专业过硬"有魅力",案例引领技术前沿"有内涵",五育并举协同育人"有情怀",技术技能解决难题"有成效",守好课程教学一段渠、种好课堂育人责任田。

一、专业群背景下课程思政建设的思考

专业群建设是"双高计划"建设的基点和核心,专业群教学团队的80%是专业教师,课程的80%是专业课程,学生学习时间的80%用于专业学习,因此,在课程思政建设过程中,如何在专业群内对课程思政建设的方向、教学体系、内容、路径、思政元素挖掘和平台等进行系统梳理与规划设计,如何将有效的教学模式和评价模式融入专业教育和课堂教学的各个环节,体现专业培养特色,是课程思政研究的核心任务,也是专业群提升育人质量的核心环节。

习近平总书记指出:"要用好课堂教学这个主渠道,思想政治理论课要坚持在改进中加强,提升思想政治教育亲和力和针对性,满足学生成长发展需求和期待,其他各门课都要守好一段渠、种好责任田,使各类课程与思想政治理论

课同向同行，形成协同效应。"习近平总书记关于教育的重要论述强调了教育办学的方向性和政治性，即我们教育培养的人才既要爱党、爱国、爱社会主义、爱人民、爱集体，又要能担当社会主义现代化建设和中华民族伟大复兴的大任。

"课程思政"是落实"立德树人"根本任务的关键环节，是指思想政治理论课之外的所有课程（包括通识课、专业课、实践课）。以立德树人为目标，课程思政是思想政治理论教学的创新和发展，是对传统思政教育的补充和支撑，课程思政极大地优化了思政育人的时空域，"课程思政"是隐性教育方式，对在各种专业课和通识课中充分挖掘思政元素的学生形成潜移默化的影响，使其思想意识和行为举止都能符合素质教育的要求，是全面提高人才培养质量的重要任务。

二、注重价值引领，扛牢立德树人一面旗

1. 课程思政教学体系设计思路

专业知识（技能）和思政教育内容有效嫁接，需要充分结合学院特定文化和课程服务产业、专业自身特点来因地制宜。职业教育的类型定位要求其必须瞄准技术变革和产业优化升级的方向，紧跟行业新技术、新工艺和新规范，深入调研厘清行业人才需求和能力要求，明确专业群人才培养目标，注重学生工匠精神和精益求精习惯的养成，这是专业群建设的根本任务。明晰高职院校专业群建设过程中所秉持的价值理念，明确专业群"为谁培养人、培养什么人"，这是专业群建设的起点，也是课程思政教学研究的起点。构建价值引领、知识传授和技能培养有机融合的课程思政教学体系，明确专业群"怎样培养人"，既是专业群建设的核心，也是课程思政建设的核心。

以测绘地理信息技术专业群为研究对象，通过与业务主管部门、行业企业专家和毕业生调研座谈，分析得出测绘地理信息行业新技术变革发展趋势，主要表现为内外业颠覆、专业测绘泛化、数据产品转向服务的趋势，本质上是从"以测图制图"为核心的传统测绘发展到"以空间信息服务"为核心的地球空间信息工程，服务对象由基础测绘和相关行业应用发展到空天地海一体化、自然资源（山水林田湖草）服务，集数据采集与处理、信息提取与应用、信息共享与服务于一体。经过专业指导委员会论证，明确测绘地理信息技术专业群办学定位：坚持立德树人，围绕"测绘强国"发展目标，紧盯"云物移大智"等带来的测绘新技术新业态，以服务时空数据"生产、处理、分发与应用服务"产业链为目标，携手行业领军企业打造"专业基础相通、核心技术各异、专业特色鲜明"的专业群，培养基础深厚、德技并修、扎根基层的高素质技术技能

人才，服务新时代中国测绘地理信息事业发展。

2. 一体化设计专业群课程思政教学体系

紧紧围绕国家和区域发展需求，结合学院发展定位和专业群人才培养目标，按照"一体化设计、结构化课程、分阶段实施"的建设理念，创新构建了"三目标融合、三课程递进、三课堂联动"的"专业—课程—课堂"一体化的专业群课程思政教学体系，其设计理念、内涵及做法如表1所示，形成"一课一特色"百花齐放的课程思政建设局面。

表1 "三目标融合、三课程递进、三课堂联动"的课程思政教学体系设计

设计理念	内涵及做法
一条主线	爱党、爱国、爱社会主义、爱人民、爱集体
优化课程思政内容供给	"政治认同、家国情怀、文化素养、法治教育、道德修养、实践创新、职业能力、职业理想和职业道德"9个方面
挖掘课程思政元素	"理想信念、社会责任、集体观念、国家力量、中华文化、人文情怀、法治观念、思想品德、社会公德、劳动精神、创新创业、科学精神、知识应用、技术运用、职业精神、工匠精神、职业规范和职业品格"18个维度
三目标融合	根本目标——为党育人 基本目标——为国育才 职业目标——大国工匠
三课程递进	专业基础课——首岗适应 专业核心课——主岗胜任 职业拓展课——多岗迁移
三课堂联动	第一课堂——教室、实训室、实训场、顶岗实习等 第二课堂——社团活动、创客空间、科普活动等 第三课堂——志愿服务、社会实践等

从源头定位专业群各课程学习与思政修养教育的关系，深度挖掘提炼测绘地理信息专业群知识体系中蕴含的时代价值和精神内涵，明确专业思政主线、课程思政主题、课堂思政话题，分类、分层次、分阶段实施，实现显性专业教育与隐性思政育人有机融合，形成课程育人合力及叠加效应，形成全面覆盖、全课育人、全程衔接的立体化课程育人体系，增强课程育人效果。

3. 聚焦行业发展，形成本课程思政独特的文化内核

专业核心课程和思政教育内容有效嫁接，需要充分结合学院特定文化和课程专业自身特点来因地制宜。黄河水利职业技术学院因黄河而生、因黄河而兴，始终以黄河保护与治理为己任，形成了黄河为魂、水利为根、工程为基、育人为本的办学特色，也涌现出一大批爱岗敬业、舍己报国的英雄模范人物。先辈那种家国己任的责任担当和坚忍不拔的事业忠诚天然就具备了强烈的思政内涵，也孕育了黄河水利职业技术学院思政教育独特的文化内核。与此同时，"GNSS定位测量"课程聚焦我国自主研发的北斗导航定位系统如何随时随地为国计民生提供优质、高效的时空位置服务，以服务"测绘强国"发展战略为主旨，面向测绘地理信息行业生产一线，以培养热爱祖国、忠诚事业、艰苦奋斗、无私奉献、开拓创新、追求卓越的高素质技术技能人才为目标，将水院文化内核和测绘精神实质有机结合，构成了这门课程独有的思政指导思想，为开展课程思政教育提供了强大而丰富的内涵支撑。

比如，在项目一"卫星定位系统概述"中设计了6个教学任务，每个教学任务包含的知识点和技能点不同，相对应的思政育人元素都不尽相同，对于任务二"时间系统与坐标系统"的2个知识点，运用问题导向和案例教学法，通过分析对比全球四大卫星导航定位系统，讲述我国自主研发北斗卫星导航定位系统的艰辛历程和核心优势，引导学生树立自主创新的"北斗精神"和科技报国的家国使命。

三、注重点面结合，织全德技并修一张网

将习近平新时代中国特色社会主义思想、社会主义核心价值观和马克思主义哲学融入教学，深入挖掘课程内容中的思政元素和前沿热点问题，探索实践出具有"GNSS定位测量"课程特色的课程思政建设路径、建设模式和课堂教学模式，使学生全面理解全球卫星定位系统发展、定位基本原理和方式等基本知识，熟练掌握导航、测地和授时型北斗接收机的构造、使用方法和空间数据采集应用等技能，在知识传授和技能培养中实现思想引领和价值塑造。

1. 课程思政建设路径：精选思政育人结合点，聚焦思政元素和案例，系统设计课程思政教学内容体系

落实专业群人才培养目标，"GNSS定位测量"课程基于工作过程系统设计了"4个教学项目、15个教学任务、50个知识点和技能点、若干育人元素和思政育人案例"的课程思政教学内容体系（如图1所示）。深度剖析职业岗位所需知识与能力，深度挖掘和开发课程本身蕴含的先进思想元素，注重主流价值观

引领，从专业、行业、国家、国际、文化、历史等角度，发掘蕴含的科学素养、国家力量、家国情怀、哲学思维、人文素养、职业道德、职业理想等思政元素，精心选择思政育人元素与专业知识和技能的结合点。

项目	任务	育人元素	教学方法	考核方式
项目一 卫星定位系统概述	任务一 卫星导航定位系统认识	科学素养、国家力量、家国情怀、职业理想道德	翻转课堂、案例教学、任务驱动	汇报演示
	任务二 时间系统与坐标系统	科学素养、哲学思维、时空观念素养、务实严谨	任务驱动、案例教学、单项实训、虚拟实验	项目考核
	任务三 GNSS系统组成	科学素养、哲学思维、北斗精神、创新思维	线上线下混合教学、任务驱动、小组讨论	理论考核
	任务四 信号组成	哲学思维、家国情怀、务实严谨	问题导向、线上线下混合教学、小组讨论	课堂测验
	任务五 GNSS系统定位误差	科学素养、哲学思维、精益求精、创新思维	小组讨论、线上线下混合教学	项目考核
	任务六 GNSS定位原理	哲学思维、科学素养、职业理想道德、精益求精	线上线下混合教学、虚拟仿真法	项目考核
项目二 静态控制测量	任务一 静态控制网布设	工匠精神、科学素养、守时守信、测绘职业精神	虚拟仿真法、翻转课堂、边讲边练	技能考核
	任务二 静态控制网外业施测	科学思维、务实严谨、测绘职业精神、团结协作、国测一大队精神	虚拟仿真法、理实一体、分组实训	成果评价
	任务三 数据下载与格式转换	问题引导、精益求精、逆向思维、工匠精神、家国情怀	演示法、虚拟仿真法、分组实训	仿真平台考核
	任务四 静态数据解算	科技创新、创新思维、爱国情怀、精益求精	虚拟仿真、边讲边练	上机考核
项目三 动态RTK测量	任务一 RTK仪器架设	人文素养、政治素养、哲学思维、社会责任	小组讨论、项目驱动、虚拟仿真	操作技能考核
	任务二 点校正	哲学思维、科学素养、测绘职业精神	边讲边练、翻转课堂、虚拟仿真	精湛技能考核
	任务三 RTK应用	政治素养、科学素养、团结协作、测绘职业精神	案例教学、问题引导	精湛技能考核
项目四 导航应用	任务一 北斗导航位置服务	家国情怀、国家力量、创新思维、职业理想道德	翻转课堂、案例分析、小组讨论	汇报演示
	任务二 北斗导航公共安全	家国情怀、国家力量、精益求精、职业理想道德	翻转课堂、案例分析、小组讨论	汇报演示

图1　"GNSS定位测量"课程思政教学内容体系

课程根据不同专业、年级、班级的学生，把育人元素和育人逻辑灵活嵌入教案设计、教法创新、课堂教学等环节，贯穿学生每节课的课前预习、课中学习、课后复习的教学全过程，把教师、教材、教案、教室、教风五个核心要素嵌入育人各环节，构建全面覆盖、全课育人、全程衔接的立体化课程育人体系。

2. 课程思政课堂教学模式：坚持以学生为中心，聚焦混合式教学，深化课程思政教法和评价模式改革，将课程建设目标融入课程教学过程

以学生为中心，因材施教，坚持立德树人教育贯穿于知识学习全过程，采用讨论、案例、实践式、启发式、翻转课堂等教学方法，在具体教学过程中，将习近平新时代中国特色社会主义思想、社会主义核心价值观、哲学思维方式等融会贯通在课程知识点中，探索出了"案例导入、搭建框架、思政育人、协同合作、综合评价、精准提升"的课程思政教学模式。多途径建立"过程评价"

+"结果评价"+"精湛认证"的考核评价方式,将课程思政育人目标融入学生的素质、知识和技能的全方位综合评价,潜移默化地达到育人效果。

3. 挖掘典型案例,织全德技并修一张网

通过挖掘典型案例,课程从专业、行业、国家、国际、文化、历史等角度,系统设计了"4个教学项目、15个教学任务、50个知识点和技能点、117个思政育人案例",在厘清知识点(技能点)与思政元素对应关系的基础上,把117个思政育人案例融入知识体系,形成了一大批显性知识和隐含价值有机结合的"特殊"知识点,编织一张有机联系、彼此呼应的专业课程思政案例网,将思政元素中的"德"通过"网"中的一个个节点渗透进课堂、浸润进教材、滋养进学生头脑,在知识传授和技能培养中实现思想引领和价值塑造。比如,在项目二"静态控制测量"中设计4个教学任务,对于任务一"静态控制网布设"的知识点和技能点,运用翻转课堂和虚拟仿真教学法,讲授中国测绘人如何解决"港珠澳大桥"建设"最长沉管隧道、外海人工岛、超大规模外海钢桥"等世界性难题,引导学生树立精益求精的"测绘精神"和严谨求实的科学素养;对于任务二中的"静态控制网外业施测"这个技能点,运用分组实训和虚拟仿真教学法,着重描述自然资源部第一大地测量队利用国产高精尖测量装备2次下南极、7次测珠峰、39次进驻内蒙古荒原、52次深入高原无人区、52次踏入沙漠腹地,用生命测绘壮美河山的事迹,引导学生树立勇攀高峰的"珠峰精神"、专注坚韧的"工匠精神"和敬业奉献的"家国情怀"。

例如,在任务"静态控制网布设"的知识点和技能点教学中,运用翻转课堂和虚拟仿真教学法,通过讲解高速铁路施工测量GNSS控制网如何布设才能确保长大线路施工测量精度,更要将轨道精平控制在毫米级误差范围内,若测量数据"差之毫厘",则会造成高铁安全行驶"谬以千里",测绘工作者责任重大,因此要求学生除了有精湛的职业技能外,还必须胸怀使命、肩担大任,如此才能认识到自己的工作"精益求精"是多么神圣。

通过织全德技并修一张网,我们把红色基因、工匠精神、劳模品质等思政元素的"魂"融入专业课程的"体",形成"思政+课程"有机交融的"滋补汤",使专业课更有味道、有色彩、有营养,让学生通过理实交融,实现又"红"又"专",既体现了知识传授的"此中有真意",又达成了立德树人的"润物细无声"。

四、校企多策并举,下好以德化人一盘棋

以教师党支部为组织单位、以思想建设为引领,教学团队将课程思政建设列入教研活动计划，加强探索过程中的集体备课和集中研讨，系统制定每期研究主题并按计划开展，包括国家和省市课程思政相关政策学习、课程思政元素挖掘、人才培养方案修订、课程标准优化、课程思政建设目标和建设模式研讨、课程思政教学设计制定和实施、课程思政教学评价等。通过专题培训、现场观摩、交流研讨等推进"课程思政"教育教学改革的方式方法，指导专业课教师在理念转变、教学目标设计、教学大纲修订、教学研讨组织、教案课件编写、教学活动开展等方面落实好课程思政教育教学改革的要求，充分发挥教师的主体作用，调动其积极性、主动性和创造性，与时俱进不断深入挖掘课程思政元素，建设课程思政案例库，集体实践课程思政育人元素"进课堂、进教材、进学生头脑"，将思政教育融入教学全过程，切实增强课程育人的实效。

第一，拓展课程育人的"宽度"。专业教师通过课堂观摩、教学比赛、名师工坊等方式，提高课程思政教学能力。组建"思政教师+专业教师"的课程教学团队，共同发掘课程和企业中所蕴含的思政元素，建设课程思政案例库。选聘企事业单位负责人、社科理论界专家、企业劳模和技能大师等校外专家组建课程思政的兼职教师队伍，开展模块化分工协作教学，形成了校内外协同育人的机制，拓展了课程思政育人的宽度。

第二，延伸课程育人的"长度"。课程积极参与学院的北斗创客空间、测绘社团活动、科普活动周、社会实践等"第二、第三课堂"，深入企业的顶岗实习，拉长了课程思政育人的链条，将校园文化、企业文化等思政元素与知识传授、技能培养融合在一起，显著提升了课程思政的育人效果。

第三，挖掘课程育人的"深度"。课程以问题为导向，用生动活泼的课程思政案例，回应学生在学习生活中的现实困惑，教育引导学生爱上专业；从专业发展角度出发，将无形的价值观教育与有形的专业知识深度融合，诠释知识背后的价值趋向和人文精神，教育引导学生爱上职业；从职业发展角度出发，挖掘企业文化和测绘大国工匠等典型人物，实现知识传授、技能培养和思想引领的有机结合，教育引导学生爱上事业，在社会实践中达成"知情意行"的统一。

五、成效与启示

团队教师坚持立德树人，深入课程建设"主战场"和课堂教学"主渠道"，将思政元素贯穿课程教学全过程，并实施全方位管理和监控，让学生在学习和实践活动中润物细无声地接受、感知、升华思政元素所体现的价值观念和精神内涵，课程思政教学改革成果丰硕，在本学科领域及同行中具有较高的知名度。综合校内外专家、学校和学生评价意见，"GNSS定位测量"课程在教学过程中积极融入课程思政元素，形成了知识、能力、素养协调发展的育人体系，达到了与思政理论课教育同向同行的育人目标。

本课程团队先后培养出了红旗渠设计师、全国劳动模范、国务院政府特殊津贴专家、全国测绘地理信息科技创新人才等一大批思想政治素质高、专业技能强、立志扎根基层一线、用青春坚守测绘事业的优秀校友。近5年，本课程培养的学生在全国职业院校技能大赛测绘赛项中获一等奖数位居全国第一；2020年，本课程培养的4名学生经过多方考核选拔，参加了国家2020珠峰测量任务，珠峰测量登山队35人中仅有8名测绘技术人员，其中就有本课程教授的3名毕业生，展现了黄河水利职业技术学院测绘学子技艺精湛、精益求精、不畏艰险、勇攀高峰的职业精神和爱国敬业、无私奉献等优秀道德品质。

课程思政建设的基础在课程，根本在思政，重点在课堂，关键在教师，成效在学生。教学中应注意"入深入细、落小落全、做好做实"，深入分析学生的学习需求、心理特征、成长规律和价值取向，悉心点亮学生对专业课程学习的专注度，引发学生的知识共鸣、情感共鸣、价值共鸣，教育引导学生爱上专业、爱上职业、爱上事业。

课程建设案例多次出现在全国性会议上，并被知名刊物、行业媒体广泛关注。例如，2021年6月10日，在教育部主办的课程思政建设工作推进会上，黄河水利职业技术学院被评选为国家级课程思政教学研究示范中心并现场授牌，2门课程被评选为国家级课程思政示范课程。其中，黄河水利职业技术学院"GNSS定位测量"课程作为全国职业教育战线唯一示范课代表现场汇报，建设工作得到了与会教育部领导、专家和同行的高度认可。

2021年6月29日，课程负责人受邀在新华网、高等教育出版社举办的职业教育课程思政建设工作研讨会做专题报告，报告同步在新华思政平台和智慧职教平台面向全国直播，350余万人在线观看。7月7日，课程负责人受邀在由时空感知与智能处理自然资源部重点实验室、智慧中原地理信息技术河南省协同创新中心主办的"测绘工程领域课程思政研讨会"做专题报告。

2021年7月11日，课程负责人受邀在上海第三届人工智能"职教百强"院校长论坛课程思政与创新创业分论坛做主题交流发言。课程负责人受邀在"不动产数据采集与建库""测绘地理信息数据获取与处理"等教育部"1+X"证书全国师资培训班上做专题报告分享建设经验，在全国范围起到了引领和示范效应。

"三平台三维度三课堂"课程思政建设模式研究与实践
——山东水利职业学院围绕"三主"推进课程思政建设走深走实的基本做法与启示

颜秀霞,殷镜波,刘冬峰,杜守建,闫廷光,滕兆娜

(山东水利职业学院)

摘要：山东水利职业学院牢记"立德树人"的教育使命，认真贯彻落实习近平总书记关于教育的系列重要讲话精神、"七一"重要讲话精神和教育部《高等学校课程思政建设指导纲要》，紧紧围绕"主力军""主战场""主渠道"这"三主"，在三年多的探索实践中，总结形成了"三平台、三维度、三课堂"课程思政建设模式，在国家级、省级课程思政示范课程建设、教学团队建设、研究中心建设、实践探索和理论研究、辐射带动作用发挥、社会影响等方面，均走在全省和全国水利高职前列，在全省及全国有关会议上做典型发言，多次被大众日报、中央教育电视台等媒体报道。

关键词：课程思政；模式；研究与实践

一、建设背景

党的十八大以来，"立德树人"成为教育的高频词，也成为高校课程思政建设的根本目的、本质要求和中心环节。2016年12月，在全国高校思想政治工作会上，习近平总书记强调，其他各门课都要守好一段渠、种好责任田，使各类课程与思想政治理论课同向同行，形成协同效应，确定了课程思政的理念是协同育人；2020年5月，教育部印发的《高等学校课程思政建设指导纲要》成为课程思政建设的纲领性文件；2020年10月，中共中央、国务院印发的新中国第一个关于教育评价系统改革的文件《深化新时代教育评价改革总体方案》为课程思政建设营造了立德树人的良好社会环境；2021年3月，教育部办公厅《关

于开展课程思政示范项目建设工作的通知》及随后课程思政示范课程、教学名师和团队名单的公布，拉开了全国高校课程思政建设的序幕，奠定了坚实的实践基础。

自2018年下半年以来，山东水利职业学院深入推进课程思政建设，紧紧围绕教师"主力军"、课程"主战场"、课堂"主渠道"这"三主"，探索形成了"三平台、三维度、三课堂"课程思政建设模式，取得了优异的成绩，并在山东省内外产生了较大影响和辐射带动作用。

二、主要做法："三平台、三维度、三课堂"模式

（一）三平台支撑，建强教师队伍"主力军"

制约课程思政实施效果的"卡脖子"技术是教师自身的师德水平、育德意识、教学水平和敬业精神。关键在于政治要强，站位要高；重点在于情怀要深，有德有爱；前提在于思维要新，与时俱进；基础在于视野要广，学养要厚；核心在于人格要正，自律要严；根本在于本领要强，功夫要深。山东水利职业学院通过搭建三个平台，全面提升教师课程思政意识和能力。

1. 搭建培训平台，提升课程思政意识和实施能力

一是通过"请进来"举办课程思政专题培训传授方法。山东水利职业学院"请进来"举办线下全校规模的课程思政专题培训，先后邀请了叶志明、李新萍、黄有全等来自省内外的多名知名专家，解读课程思政纲领文件、介绍各校课程思政建设经验、分享优秀案例，提升了课程思政教学能力。

二是通过"送出去"参加研修开阔思路。近几年山东水利职业学院先后送出去50余位骨干教师参加了齐鲁工业大学主办的"全国高校课程思政培训班和课程思政工作坊"、中国高职发展智库举办的"职业院校课程思政建设实施与实践案例分享培训班"等10余个培训班，开阔了全校教师课程思政思路。

三是通过组织线上培训增强灵活性。通过购买课程思政的网络课程，为教师提供全方位、泛在式、日常化学习机会，组织全校教师参加了教育部课程思政集体备课会、中国教育干部网络学院直播课以及智慧职教、超星、人民网等平台举办的各类课程思政公开课，增强了学习培训的灵活性和效果。

2. 搭建交流平台，发挥辐射带动作用

一是搭建比赛交流平台，以赛促建。研究制定了课程思政教学比赛的模式和评分标准，举办了3届课程思政教学比赛，达到了以赛促改、以赛促建、以赛促升的目的，提升了全校教师课程思政教育教学能力。

二是搭建展示交流平台，示范带动。学院建有专门的山东水利职业学院课程思政专题网站，成为全国为数不多建有专题网站的高职院校。各类项目的申报书模板、评分标准、建设成果等资料全部上传到网站，为课程思政的推广和应用提供了范本。

三是搭建省级研课平台，辐射全省。2021年6月，山东水利职业学院承办了山东省教育厅"新时代思政课程与课程思政协同育人"高端论坛和山东省职业院校首场课程思政研课会，论坛包括专家报告会、校际论坛、教师研课会三大板块，来自全省40多所高职院校的160余位领导和教师参加了会议，论坛为全省兄弟院校和广大教师搭建了一个展示交流的平台。中国教育电视台、中国教育新闻网、大众日报、大众网等多家媒体予以宣传报道。首场研课会的实施方案、评分标准等均由我校配合山东省思政课程与课程思政研究分会制定，并辐射带动了全省8场研课会，为山东高职院校课程思政研课和比赛提供了样板和标准。

3. 搭建研究平台，以研促建

一是成立了学院课程思政研究中心，加强顶层设计。2019年3月，山东水利职业学院成立了山东水利职业学院课程思政研究中心；2020年11月，山东水利职业学院课程思政研究中心被教育部全国职业院校文化素质教育指导委员会授予"全国职业院校课程思政研究中心"称号。2020年10月，学院成为山东省职业技术教育学会"思政课程与课程思政"研究分会副会长单位。2021年5月，山东水利职业学院课程思政研究中心被评为山东省职业教育课程思政教学研究示范中心；2021年6月，山东水利职业学院成为全国职业院校土木类专业课程思政教学创新联盟常务理事单位。

二是设立了课程思政专项研究课题，调动广大教师研究的积极性。近几年来，学院设立了校级课程思政专项研究课题，申报了60余项、立项了30项课程思政教学研究课题，省级立项课题10余项，发表课程思政研究论文20余篇，结集编印了《山东水利职业学院课程思政专题论文集》，提升了广大教师的课程思政理论水平。

（二）"三维度"协同，夯实课程"主战场"

1. 从课程思政资源建设维度，实施思政"三进"

思政"三进"为思政进方案进标准、思政进教材、思政进线上资源。

一是立足于课程思政，对全校50个专业的人才培养方案以及所有课程的教学标准进行了全面修订，有机融入思政元素，改革课堂教学模式，做到思政进方案、进标准。

二是立足于课程思政，推动教材思政。按照课程思政要求，对原有教材进行修订改版，现已出版10余部。举办课程思政优秀案例征集活动，并按照专业大类编印成册，作为教材的补充，丰富教学资源。结合学院特点和办学优势，开展水文化通识教育，编写了4册水文化通识读本——《水与历史发展》《水与经济社会》《水与思想精神》《水与文学艺术》，实现以水育人的目的。

三是立足于课程思政，推进思政元素进线上资源。建立了山东水利职业学院课程思政专题网站，网站开设中心概况、政策文件、教学设计、示范课堂、领航课堂、案例库、专业思政、专项课题、成果展示九大栏目。融入思政元素完善了18门省级精品资源共享课和30门精品在线开放课程。实施了"四个十"工程，建设了课程思政示范课50门、示范课堂10个、领航课程10门、案例库10门、研究课题30个，征集课程思政教学设计案例100余个。

2. 从课程思政实施维度，实施"五定"工作法

具体到一门课程而言，在开展课程思政建设时，我们探索形成了"五定"工作法，即定主线、定目标、定内容、定设计、定方法。按照"五定"工作法，开展了课程思政示范项目建设。2021年5月，"水处理工程技术"入选国家级职业教育课程思政示范课程，"数据通信与网络技术""财务会计Ⅰ""室内装饰材料与施工""测绘基础""水处理工程技术"5门课程被评为省级职业教育课程思政示范课程，"华为基础教程（HCNA）"被评为省级继续教育课程思政示范课程。

3. 从考核评价维度，形成了"四维度、四纳入"全方位评价体系

按照标准化的评价制度和程序，构架了四维度评价体系。

一是构建了四维度评价体系。包括课程标准化评价、师资标准化评价、效果标准化评价、考核标准化评价。

二是构建了"四纳入"激励机制。从"三全"育人角度，形成了"四纳入"激励机制，即纳入教学系部和教师个人的绩效考核、纳入教师教学质量考核评价体系、纳入系部党总支考核指标体系、纳入教师职称晋升和各类评比表彰条件。

(三)"三课堂"贯穿，畅通课堂教学"主渠道"

课程思政，基础在课程，而课堂为课程育人的主渠道。山东水利职业学院坚持专业教育与课程思政在第一课堂、第二课堂、第三课堂全过程贯穿。课上课下、线上线下、校内校外、理论实践全部打通，且各有侧重，畅通课堂教学主渠道，实现全过程、全方位育人。

1. 第一课堂课程育人，重思想引领、价值塑造

第一课堂即课堂教学，将思政元素与专业课程有机融合，通过科学构建课程体系，从专业课程知识、结构、课程资源及专业课程实践维度，精准融入课程思政元素，重点挖掘知识本身蕴含的思想和精神价值以及学科伦理，丰富专业课程思政内涵，拓展其教育教学功能。例如，在我校水利类课程中，以习近平新时代中国特色社会主义思想为指导，将"忠诚、干净、担当，科学、求实、创新"的新时代水利精神融入水利教育教学，通过专业课程思政体系构建、思政教材及资源库开发、思政元素挖掘、思政标准与评价体系构建、思政实践等多项举措，不断完善融人文素养、价值理念、国家战略、职业精神、职业技能于一体，具有鲜明时代特征和水利特色的全方位立体化育人体系，打造融红色"思想铸魂文化"、绿色"生态引领文化"与蓝色"工匠奠基文化"于一体的"水利红绿蓝"课程育人品牌，铸就我校水利类课程思政品牌特色。

2. 第二课堂文化育人，筑牢育人"魂、根、本、基、翼"五大支撑体系

（1）以爱国主义为魂

作为山东省职业院校爱国主义教育合作联盟副理事长单位，在课程建设中融入爱国主义、习近平治水思想、习近平生态文明思想和中国梦、红色文化教育。山东水利职业学院作品"半条被子忆初心"在全国职业院校红色故事大赛中荣获二等奖。

（2）以传统文化为根

将中华优秀传统文化融入课程，让传统文化浸润课堂、滋润心灵。我校作品"一刀印阁——手工篆刻治印技艺的传承者"荣获中国青年创新创业大赛优秀奖，非遗传承协会"木工坊"登上《人民日报》，"割绒纳绣技艺技能传承创新平台"被授予山东省技术技艺传承创新平台。

（3）以水文化为本

作为"全国水文化教育基地"和"山东省节水型校园"，秉承以人为本、以水为魂的办学理念，将水文化和新时代水利精神融入教育教学全过程，全面实施"以水育人、以文化人"的水文化育人工程，构建了以校园水利景观建设（都江堰、三峡大坝、水经苑、大禹塑像、李冰父子塑像等）为依托，以水利行业优良传统（大禹精神、红旗渠精神等）为血脉的新时代水文化育人体系，将劳模精神、工匠精神与"忠诚、干净、担当，科学、求实、创新"的新时代水利精神等融入教育教学，深入发掘水文化内涵，推进水文化"进教材、进课堂、进头脑"，形成水文化特色育人品牌。

（4）以工匠精神为基

将劳模工匠"请进来"，让劳模精神进课堂。开展劳模精神进校园系列活动，企业工匠、技术能手、全国劳模纷纷站上讲台，现身说法，让劳模精神、工匠精神的"盐"溶入技能人才培养的"汤"中，培养精益求精、追求卓越的新时代工匠。通过"水工机械工程师班""智慧水利现代学徒制班"等各类"工匠班"，培养了"齐鲁工匠"后备人才51名。

（5）以创新创业为翼

成立了山东省"山水创客之家"和山东水利职业学院双创学院，确立了"追求卓越、勇于探索、师生共创、服务赋能"的山水创客精神，形成了"十百千万"为特征的创新创业教育竞赛体系，打造双创思政的"四力四融"特色，让学生在专业学习中"敢闯会创"，在亲身参与中增强创新精神、创造意识和创业能力。2018年10月，中国发明协会、山东省教育厅、山东省知识产权局、山东省科学技术协会联合授予我校"全国高等职业院校创新发明教育基地"称号。

3. 第三课堂实践育人，重社会责任感、家国情怀和劳动精神培养

学院把培养学生的社会责任感、家国情怀和劳动精神作为落实立德树人根本任务的重要举措，将课程思政融入人才培养全过程。学院以社会服务平台、科研平台、企业平台为依托，以实际项目为载体，构架课程思政第三课堂。

一是让师生走进企业，将课堂建在企业。让教师走进企业，一边参加实践锻炼，一边指导学生顶岗实习，在真实的生产环境中打造真正具有工匠精神的"工匠型""双师型"师资队伍，培养学生的工匠精神和职业素养。

二是让师生走向社会，将课堂建在中华大地上。我校各系部都依托专业大类开展社会服务，在社会服务项目中融入思政元素进行隐性思政。例如，水利大类的"水利小屋—1+4+N"志愿者服务项目获中国青年志愿服务项目大赛全国赛金奖；资源与环境大类的"绿色使者水生态调研队"入选2021年山东省大学生暑期"三下乡"国家级重点服务团队；还有测量专业的"乡村振兴义务测量队"，无人机专业的"空中鹰眼治水服务队""乡村振兴茶园植保服务队""山东省水旱灾害防御服务队"，财经大类的"税月春风"志愿服务队等，都利用社会服务第三课堂，将第一课堂上的专业知识运用于社会实践，将作业和论文写在中华大地上，写在江河边、农田里、茶园里，让学生身体力行，知行合一，践行第一课堂上的思政目标。第一课堂、第二课堂、第三课堂前后贯穿，有力有效达成思政目标，培养了学生的社会责任感、家国情怀和劳动精神。

三、成效与启示

（一）成效

自开展课程思政以来，山东水利职业学院在提升教师的教学能力、提高人才培养质量以及辐射带动作用方面，取得显著成效。

1. 主要荣誉成果——国家级奖项

①2021年国家级课程思政教学团队；

②2021年国家级课程思政示范课程"水处理工程技术"；

③2021年第二批国家级职业教育教师教学创新团队；

④2020年11月，被教育部全国职业院校文化素质教育指导委员会授予"全国职业院校课程思政研究中心"称号；

⑤2021年6月19日，在全国土木类专业课程思政教学创新联盟成立大会上，学院当选为常务理事单位，并做典型发言；

⑥2021年9月25日，在教育部职成司主办，高等教育出版社、新华网协办的全国职业教育土木建筑专业大类课程思政集体备课会上，做专家报告；

⑦获全国职业院校教学能力大赛三等奖2项；

⑧1人获全国优秀教师；

⑨2017年全国职业院校信息化教学大赛二等奖；

⑩2019年第一届全国水利职业院校青年教师讲课竞赛获得3个二等奖；

⑪2012年指导学生参加全国职业院校技能大赛"水环境监测与治理"项目，获得团体三等奖；

⑫学生在全国及全省职业院校等各类技能大赛中获一等奖36项、二等奖58项、三等奖72项；

⑬在全国和全省"挑战杯"中国大学生创业计划大赛、"互联网+"大学生创新创业大赛等赛项中获金奖57项、二等奖82项、三等奖126项。

2. 主要荣誉成果——省级奖项

①2021年山东省高校"黄大年式教师团队"。

②2021年4月，课程思政研究中心被山东省教育厅评为"山东省职业教育课程思政教学研究示范中心"。

③2020年11月，学院当选为山东省职业院校爱国主义教育合作联盟副理事长单位。

④2020年10月，学院当选为山东省职业技术教育学会"思政课程与课程思

政"研究分会副会长单位,并做课程思政唯一典型发言。

⑤获全国首届体育课程思政教学设计比赛三等奖1项。

⑥获山东省高校思政课教师教学比赛一等奖2项、二等奖2项。

⑦获山东省职业院校教学能力大赛一等奖11项、二等奖6项、三等奖13项。

⑧获山东省高校青年教师教学比赛一等奖9项、二等奖6项;是山东省高职中获奖数量最多的院校,学院两次获优秀组织奖,还有2名教师分获2个工科组第一名。

⑨教师1人获"山东省富民兴鲁劳动奖章",1人获山东省农林水系统"齐鲁工匠",1人获"山东高校辅导员年度人物",1人获山东省高等学校教学名师,3人获山东省水利厅"我来讲党课"精品党课和优秀党课。

3. 示范辐射作用

学院立足课程,将思政元素与课程有机融合,以示范课程为引领,辐射学院其他课程,建立了30多门课程思政领航课程、示范课堂及案例库。同时,依托"全国职业院校课程思政研究中心""山东省职业教育课程思政教学研究示范中心""全国水文化教育基地""山东省节水型校园",山东水利职业学院不断完善课程思政的研、学、做,深化课程思政育人内涵。课程思政模式与成果得到了山东省其他兄弟院校的普遍认可,并在50多所省内外职业院校中引起热烈反响,先进经验和典型做法在省内外院校中得到推广,在省内外十几所高职院校做经验交流。

4. 社会影响和媒体报道

社会影响:通过在线开放课程向326位水利行业相关教师、水利行业从业人员发布调查问卷,发现对课程内容合理性、与岗位贴合程度、育人效果等满意度较高;学生对课程思政教学内容、课程思政教学方法、课程思政教学资源的满意度及对本专业的热爱度均明显提升。

媒体报道:围绕立德树人这一根本任务,山东水利职业学院做了大量工作,多家媒体争相报道山东水利职业学院重要育人举措及取得的重要成果。其中,大众日报、大众网、中国教育新闻网等媒体登载介绍山东水利职业学院课程思政经验的典型文章,重点介绍推广山东水利职业学院高质量育人经验,在同类职业院校中引起广泛讨论和热烈反响。

(二) 三点启示

1. 课程思政要遵循三大规律

第一,课程思政要以课程为根,遵循教育教学规律,这是教书育人的本质要求。一要坚持内容为王，打造高水平课程，这是课程思政的依托和基础。只讲教书不讲育人的课，就没有灵魂；只重育人，不注重提高课程的教学水平，思政就失去依托。二要坚持方法为技，注重教学方法的灵活性、启发性、艺术性，回答好学生之问、人生之问、时代之问。三要坚持师生双主体同步思政，让学生成为学习的主人，践行教师主导、学生主体的理念，让学生参与到课程思政的过程中，增强学生体验感、获得感，这是课程思政的目的所在。

第二，课程思政要以思政为魂，遵循思想政治规律，这是教书育人的内在需要。思想政治工作是一项复杂的"铸魂工程"，要做到"四个坚持"：一要坚持协同效应，形成"三全"育人大格局；二要坚持以理服人、以情感人、春风化雨、润物无声；三要坚持事实胜于雄辩的规律，开展案例教学；四要坚持师德为魂，身教胜于言教，引导教师以德立身、以德立学、以德施教，做到知行合一、言行一致，为人师表。

第三，课程思政要以学生为本，遵循学生成长规律，这是教书育人的最终归属。课程思政实施过程中要围绕学生、贴近学生、关爱学生、服务学生，转换话语体系，让学生有获得感和参与感，融入社会，见证时代发展，见证自身成长，才能培育时代新人。

2. 课程思政要做到四个结合

第一，要与"三教"改革相结合。将课程思政理念融入教师、教材、教法系统化改革，同步推进，一起部署，共同考核评价，以建促改，以改促建。

第二，要与"三全"育人相结合。学院围绕立德树人的教育使命和学院的办学定位、办学特色，加强顶层设计，构建"三全"育人大格局，将课程思政与科研育人等其他九大育人体系筹规划，一体化设计，打造育人综合体，实现育人的综合效能。

第三，要与学院各类重点项目推进相结合。在"双高"校建设、示范校建设、优质校建设、"职教高地"计划等各类重点项目中，都要牢记立德树人使命，创造新的增长点和创新点，打造品牌，创造特色。

第四，要与党建思想政治工作相结合。坚持以党建引领教学，以课程思政充实、深化党建，务虚和务实结合，解决业务学习和思政工作"两张皮"的问题。

3. 课程思政要做到"五抓五提"

课程思政要以教师为要，首先解决好"教师"这个"卡脖子"技术，将教师培训和师德提高放在首位。

第一，抓专项培训，提高教师育德意识和育德能力。

第二，抓政治理论学习，提高政治站位。改变教师重教学、轻政治的现象，加强教师与本行业、本专业、本课程相关的政策理论学习，提高为党育人、为国育才的责任感和使命感。

第三，抓师德建设的长效机制建设，提高师德水平。教师的敬业精神、师德水平直接影响着对教学时间、精力、智慧、感情的投入，决定着课程思政的效果。

第四，抓教学比赛，提高教学水平和能力。好课程、好课堂是思政的载体和平台，要打造金课，淘汰水课。

第五，抓考核评价，提高学院治理能力。加强对课程思政的督导评价，将育人意识和效果纳入对教师、对全校职工的考核评价，纳入职称评聘和各类先进评比考核指标体系，以考促改，以奖促改。

上善若水　启智润心
——广东水利电力职业技术学院大思政育人模式的探索与实践

林冬妹，张文彬，欧阳莎，甘子成，温雪秋，陈仲峰

（广东水利电力职业技术学院）

摘要： 针对思政教育亲和力与针对性不强、育人协同效应不明显等问题，2013年3月，广东水利电力职业技术学院以广东水文化研究推广中心为依托，以3项相关课题为起点，联合广东省水利水电科学研究院、中国水利职业教育集团，开启"上善若水、启智润心"大思政育人模式的探索，将"水文化"作为思政教育的重要内容，与专业教育相融合，挖掘思政元素，贯通大思政育人路径，形成了"两主体、三联动、四课堂、五结合"的育人模式。经过4年实践检验和推广应用，广东水利电力职业技术学院大思政育人模式表现出应用性强、普及面广、效果好、影响大的特点，有效促进了广东水利电力职业技术学院立德树人根本任务的落实。形成了一支以"全国教书育人楷模"林冬妹为引领、具有全国影响力的教师团队，有力提升了广东水利电力职业技术学院的示范性与辐射力。

关键词： 立德树人；水文化；大思政；育人模式

一、背景情况

1. 党高度重视构建大思政育人模式，落实立德树人根本任务

党的十八大以来，以习近平同志为核心的党中央围绕"培养什么人、怎样培养人、为谁培养人"的问题，高度重视构建大思政育人模式，明确了立德树人路径，"三全育人"（全员育人、全程育人、全方位育人）的理念被广泛接受。

中共中央、国务院《关于加强和改进新形势下高校思想政治工作的意见》

提出，高校要把立德树人作为根本任务，融入思想道德教育、文化知识教育、社会实践教育各环节，把思想政治工作贯穿教育教学全过程，把思想价值引领贯穿教育教学全过程和各环节，形成课程育人、科研育人、实践育人、文化育人、网络育人、心理育人、管理育人、服务育人、资助育人、组织育人的长效机制，切实构建"十大"育人体系。从党的教育理念可以看出，育人是一项庞大的系统工作，绝不是某一学科、某一领域"单打独斗"可以实现的。因此，构建大思政育人模式是新时代教育落实立德树人根本任务的必由之路。

2. 学院具有"上善若水、启智润心"大思政育人的历史传统

广东水利电力职业技术学院创建于1952年，是广东省唯一以水利电力类专业为主的公办全日制高等职业院校。学院地处粤港澳大湾区、海南自由贸易试验区腹地，以职业性、技术性、终身性为行为逻辑起点，以服务国家和社会发展为宗旨，以立德树人为核心使命，面向粤港澳大湾区、海南自贸区、乡村振兴、精准扶贫等国家重大战略及"一带一路"倡议，服务现代水利电力等重点行业和智能制造、现代服务等新兴产业，培养兼具专业素养、人文情怀、创新实践能力和开阔视野的复合型、创新型、发展型高素质专业技术技能人才。

学院以新时代职业院校思政教育的"三教"改革为背景，丰富"立德树人"的内涵，将思政教育、文化教育贯穿人才培养全过程，构建"思政为魂、文化为根、全面发展"的人才培养体系，强化思政课程、专业教育、职业精神有机融合，落实立德树人根本任务，全面提升学生思想品德，实现德智体美劳全面发展。

二、主要做法

在新形势下，面对学院生源的多样化、学生需求的多元化，党和国家对高校育人提出新要求、新标准，学院育人模式还存在一定的问题，例如，思政教育亲和力、针对性不强，部分学生对思政课兴趣低，甚至出现厌学情绪；思政育人与专业育人、管理育人、科研育人等协调性不足；学院特色水文化的育人功能彰显得不够充分，没能很好地发挥水文化的育人功能。基于现实问题，项目以"人文化素质教育与职业技能培养相融合的高职人才培育模式研究"课题为起点，通过一系列探索，形成了以下解决教学问题的方法。

1. 以水为媒，贯通大思政育人路径

项目将水文化作为思政教育的重要内容与专业教育相融合，挖掘专业中的思政元素，绘制思政地图，建设课程思政共享型教学资源平台，传递有温度的教育力量；引导学生以水为师，学习水蕴含的道德品质，以悠久的水文化历史

促进学生成长成才;结合学院专业特色,融入行业文化,突出新时代水利精神,编制了校本活页式辅导教材,建立了由 8000 多个案例组成的专业特色案例库,丰富教学内容载体;通过三峡工程、东深供水工程等经典民生水利工程,使学生深刻理解中国共产党为什么"能"、马克思主义为什么"行"、中国特色社会主义为什么"好";通过校园水文化环境育人,开展水文化实践育人,塑造学生的优秀品质和职业精神,满足学生成长需求和期待。在以水为媒的大思政具体教学中,教师遵循"五步走"的路径:在"承前启后"环节围绕案例提出问题,小组讨论和发表观点;在"内涵剖析"环节引导学生认知概念;在"刨根问底"环节创新教学方式,让学生把握重点;在"躬行践履"环节挖掘水文化来攻克难点;在"拓展升华"环节引入信息化手段,让学生感悟水利人精神,坚定文化自信。

2. 以水铸魂,凝聚大思政育人合力

教学团队以水文化建设为中心,打造环境协同、教学协同、队伍协同、评价协同的四大协同运作模式,以环境育人、名师带教、部门联动、校际联合等形式,优化"课程思政""文化思政""实践思政""网络思政"四大课堂,强化育人力量和教学环节的无缝衔接,实现师生之间的同频共振和教师队伍之间的协同联动。其中,在"课程思政"课堂,实现了思政课程与课程思政同向同行,促进了习近平新时代中国特色社会主义思想进教材、进课堂、进师生头脑,编织了"课内、课外、线上、线下"思政网络;在"文化思政"课堂,以"大禹治水精神"为特色的各类校园思政文化百花齐放,打造了融美育于思政教育的"朋辈美育"新模式;在"实践思政"课堂,积极实践思政活动,连续 18 年开展"立足水利,服务社会"的志愿服务活动,连续 8 年获广州市无偿献血先进单位;在"网络思政"课堂,开展新媒体互联网、智能技术与教学工作的融合,搭建师生互动平台,开设思政网络专栏,拍摄慕课、易班网等网络课程,拓展学生学习范围和交流空间。

3. 以文化人,强化水文化育人功能

学院积极营造水文化育人环境氛围,建设了以"治水英雄、典型水利工程"为主题的水文化浮雕文化墙、水文化广场等水文化景观工程,教学大楼、校园楼宇、道路以水文化元素命名,使校园成为水文化教育的一部鲜活"景观"教材。教学团队不断完善水文化育人资源体系,编写了《水之美》《水之魂》《水之歌》《水之粤》等系列教材,开设水文化课程,让水文化教育实现显性化;建设水文化示范课,编印水文化育人典型案例,创建"广东水文化"专题网站;以广东水文化研究推广中心为依托,打造了"创新+水文化平台体系",形成了

"粤港澳大湾区水利电力产教联盟""粤水大禹科技研发中心""粤水中小微企业服务中心",开展水文化挖掘、教育推广和社会服务。通过一系列的以文化人活动,擦亮了以水文化为特色的"上善若水、启智润心"校园文化品牌。

三、特色创新

1. 提出了"上善若水、启智润心"大思政育人理念

项目围绕立德树人根本任务和职业教育人才培养目标,结合学院专业特色,提出了以水文化为特色的"上善若水、启智润心"大思政育人理念,聚焦提高教书育人的成效性,大力弘扬"大禹治水精神"和"忠诚、干净、担当,科学、求实、创新"的新时代水利精神,将水文化融入立德树人的各个方面,架起连接立德与树人、成才与育人的桥梁。

2. 构建了"两主体、三联动、四课堂、五结合"的育人模式

项目围绕"培养什么人、怎样培养人、为谁培养人"这一教育的根本问题,在 2017 年 1 月引领学院制定了《关于进一步推进思政教育实施方案》,构建了教师和学生"两个主体",行—企—校"三方联动"的育人模式,课程思政、文化思政、实践思政、网络思政"四大课堂",思政教育、专业学习、文体活动、社会实践、创新创业"五个结合"的育人体系。

3. 创新了"多元合作共建"的育人途径项目

从课程、文化、活动、管理、实践、协同等方面开展全方位育人工作,将育人理念融入学生学习和生活的各个环节;将水文化有机渗透到课程教学中,绘制课程思政地图;通过将水文化有机渗透到课程教学中,培养学生良好品质;通过将"水文化"融入育人过程,形成学院亮丽底色和精神内核;通过活动,将学生的道德认知转化为道德行为;通过管理,教育、引导学生养成良好行为习惯和良好品德;通过实践,促进学生在体验中增强责任感、培养创新精神;通过协同,构筑育人共同体,充分发挥课程思政地图的作用力,形成协同创新的育人效应。

四、成效与启示

成果通过三个阶段的创新实践,表现出应用性强、普及面广、效果好、影响大的作用与特点,有力促进了大思政育人事业的蓬勃发展。

第一阶段(2013 年 1 月—2013 年 12 月),调查研究。调研组在问卷调查、实地调研的基础上进行调查统计、分析研究。第二阶段(2014 年 1 月—2017 年

12月），建构模式。项目组在学习研究的基础上，构建"上善若水、启智润心"大思政育人模式。第三阶段（2017年1月—2021年5月），实践检验。项目组通过探索多种方法与路径，将"上善若水、启智润心"大思政育人模式落实到具体实践中。

1. 成效

（1）固本强基，学生受益

围绕立德树人的根本任务，从德智体美劳全方位夯实提升学生综合素质和能力的基础。近年来，学生志愿者注册率达90%以上，学院连续8年获得"广州市无偿献血先进单位"，学生积极参与智力扶贫、乡村振兴等志愿服务项目，累计达3000余人次。学生累计获各类省部级以上奖项300余项，举办水文化演出共58场次，参与学生达2万多人次。初次就业率达97%，用人单位满意度提升了6%，稳居90%以上。

（2）楷模引领，师资精良

成果第一完成人林冬妹教授，获得"全国教书育人楷模""广东特支计划"教学名师等各级各类荣誉60多项，其中，国家级15项。学院通过多年的探索实践，形成了以林冬妹教授为引领的，包括广东省高校"千百十工程"培养对象和专业领军人才在内的高水平师资队伍。其中，教师团队成员获得省级以上各类奖励、荣誉共计129项，发表论文156篇，出版专著及教材26部。

（3）校外推广，效果显著

本成果得到全国同行的广泛认可，成果已被多家单位应用，效果显著；打造的水文化教学资源平台已实现对外开放，辐射至30多个省，累计30多万人次受益；有30多家兄弟院校来到广东水利电力职业技术学院考察学习经验。同时，团队成员坚持"走出去"，在全国开展宣讲交流达到82场次，水文化育人成果得到交流和推广。

（4）媒体聚焦，反响强烈

成果第一完成人林冬妹教授，是全国师德师风建设专家委员会委员，是全国首位获得"全国教书育人楷模"的思政课教师，出席了习近平总书记主持的"3·18"学校思政课教师座谈会和国庆70周年观礼，各大主流媒体对其进行了广泛宣传报道。师生结合学院特色，创作的水文化作品登上学习强国和人民网等主流媒体，育人成果得到中国教育电视台等多家媒体宣传和报道。

2. 启示

（1）目标引领，打造行业特色育人品牌

作为广东省唯一一所水利高职院校，广东水利电力职业技术学院以习近平新时代中国特色社会主义思想为指导，紧紧围绕水利人才培养目标，立足行业特色，把握"水文化"核心价值，深入挖掘"水文化"和"岭南水文化"育人内涵，打造以水文化为特色的培根铸魂、启智增慧的育人体系，专注内涵发展，打造核心竞争力。

（2）问题导向，坚持以学生为中心理念

本成果旨在回应思政教育面临的问题。项目组认为，水利人才培养目标与毕业要求应紧紧围绕学生的发展来确定；教育教学内容应根据对学生的期望而设计；师资与其他支撑条件应以是否有利于学生达成预期目标为判断标准。坚持践行"以学生为中心"的教育理念，挖掘学生潜能，提高学院办学声誉。

（3）多措并举，发挥协同育人优势

通过构建大思政育人模式，建立"协同育人"新机制，探索"协同育人"新路径，使各类课程与思想政治理论课同向同行，形成协同效应；树立大育人观，各部门协调联动，营造良好的教育生态环境和完善的教育支持系统，使校内外各种资源为大学生的学习与实践搭建平台，实现全员育人、全过程育人、全方位育人。

（4）改革创新，善用"大思政课"

通过不断推动思政教育改革创新，增强思政教育的思想性、理论性、亲和力和针对性，让思政教育与现实紧密结合、与实践充分互动、与时代同频共振。"大思政课"之"大"，内核在于其遵循思政教育铸魂育人的价值逻辑和实践规律，促进思政教育的理论性与实践性相统一，让思政教育内容入脑入心入行。

HOPE 育心工程建设
——广西水利电力职业技术学院积极心理健康教育体系的研究与实践

班兰美，陈功兴，杨鸿锋

（广西水利电力职业技术学院）

摘要：本成果在当前"深化产教融合、加强校企合作"的高职教育背景下，基于积极心理学的视角，围绕"成长课题的主线、危机干预的副线、育人途径的明线、助人模式的暗线"四条脉络，以职业为导向，通过"345 工程"开展积极心理健康教育，即运用三个载体，搭建四个平台，采取五级防控，培养学生阳光心理状态（H-Happy）、塑造职业心理素质（O-Occupation）、开发积极心理品质（P-Positive）。经过八年的研究与实践，打造一个广西高校示范中心，建设一个素质拓展基地，培养一支优秀教学团队，培育一个"高校三位一体主题式素质拓展"特色项目，建成一门专题式心理健康教育课，形成水电特色育人体系和活动品牌，取得大批个人和集体奖励。切实增强广西水利电力职业技术学院心理育人的针对性和实效性。

关键词：积极心理健康教育；HOPE；高职院校

一、成果背景

（一）时代呼唤积极心理健康教育

《"健康中国 2030"规划纲要》明确指出，加大全民心理健康科普宣传力度，提升心理健康素养。党的十八大报告指出："提高公民道德素质，要注重人文关怀和心理疏导，培育自尊自信、理性平和、积极向上的社会心态。"积极心理学主张通过对人类自身积极力量的开发和应用，挖掘其积极力量在维护心理健康方面的重要作用。积极心理健康教育理念倡导从积极方面入手，用积极的内容和积极的方式培养积极心理品质，克服心理与行为问题，开发潜能，减负增效，塑造积极向上心态和奠基幸福人生。因此，开展积极心理健康教育，对建构和谐社会具有重要意义。

（二）"大思政"需要积极心理健康教育

2017年以来，习近平总书记多次讲话都着重强调高校思想政治教育的重要地位。我国高校思想政治理论课的教育教学工作不断改革，形成了以"大思政"为特色的教育模式。2018年，教育部颁布的《高等学校学生心理健康教育指导纲要》指出，要坚持育心与育德相统一，加强人文关怀和心理疏导。开展积极心理健康教育，将育心和育德有机结合，最终实现育人的总体目标，是在"大思政"视域下深化心理健康教育课程思政的有效途径。

（三）高职院校亟须积极心理健康教育

职业心理素质对高职学生健康成长和未来职业发展能够产生重大影响。然而，当前高职院校心理健康教育仍存在一些不足。比如，教育理念陈旧，部分高职院校遵循预防和矫治为主的消极理念，把重点放在关注"心理问题"和"问题学生"上。教学内容空泛，较少联系行业实践，未能将高职学生的心理特点和企业对人才的心理需求进行有机结合。教学形式单一，往往以理论讲授为主，未能让学生在"做中学，学中做"，没有达到"知行合一"。

因此，项目组成员在当前校企合作、产学融合的背景下，以积极心理学为理论视角，以职业为导向，结合岗位需求，围绕"一条主线——成长课题、一条副线——危机干预、一条明线——育人途径、一条暗线——助人模式"四条脉络，探索和建构高职积极心理健康教育体系，以期培养学生阳光心理状态（H-Happy）、塑造职业心理素质（O-Occupation）、开发积极心理品质（P-Positive）。

二、主要做法

（一）高度重视，扎实推进，创设良好教育环境

1. 统筹协调，强化责任，提供坚强保障

学院成立领导小组，强化组织领导。领导小组主要负责心理健康教育工作的顶层设计和总体规划。

2. 建章立制，规范运行，保障工作科学化

制定《广西水利电力职业技术学院学生心理健康教育实施办法》《广西水利电力职业技术学院学生心理危机干预暂行办法》等各项规章制度，明确各项工

作职责，强化心理健康教育工作科学化、规范化管理，保证心理健康教育工作有章可循，有序开展，落到实处。

3. 配齐师资，强化培训，提升能力素质

按照1∶4000的师生比配备专职心理教师，按照1∶1000的师生比配备兼职心理教师。广西水利电力职业技术学院从事心理健康教育工作的专兼职教师共17人，其中，博士研究生1人，硕士研究生4人。专职教师4人，均为发展与教育心理学硕士，国家二级心理咨询师，国家中级体验式拓展培训师；兼职教师14人，均参加过心理咨询师培训，8人获国家二级或三级心理咨询师资格证书。专兼职教师与在校学生的比例为1∶870，满足教育厅文件要求的1∶1000。

通过"走出去""请进来"和"相互学"等方式加强对专兼职教师的培养，力争打造素质优良的师资队伍。近年来，学院先后选派专兼职教师赴武汉大学、北京师范大学、华中师范大学、浙江大学、西安电子科技大学等参加广西高校心理咨询实务高级督导班、广西高校心理危机干预培训班等，切实提高专兼职教师的专业能力。

4. 加大投入，美化环境，夯实工作基础

足额配置大学生心理健康教育专项经费，优化工作环境。近年来，学院共投入180多万元，用以建设完善心理健康教育工作场所，如心理咨询室、团体辅导室、情绪宣泄室、心理测评室、户外心理素质拓展基地等，力争建成一个个体咨询、团体辅导、沙盘游戏、智能情绪调节、心理测试、身心反馈训练、心理素质拓展等功能齐全、环境优美的心理健康教育基地。

（二）拓宽渠道，注重实效，提升学生心理素质

1. 运用"三个载体"，实施积极心理健康教育

（1）依托户外素质拓展基地，培养学生良好心理素质

团队教师利用课堂教学、"5·25"活动月、班级活动、协会活动等对学生开展拓展训练，有效提升学生心理素质，优化学生心理品质，激发学生心理潜能。在实践操作、管理制度、校企合作等方面都积累了一定经验并取得显著成效，在区内高校和企业、行业、产业中形成了一定的品牌效应。"高校'三位一体'主题式心理素质拓展模式建构"荣获2014年全区高校心理特色项目一等奖。"'助推就业梦，为生命添彩'拓展训练营"荣获2016年全区高校"5·25"大学生心理健康教育活动月素质拓展活动一等奖。

（2）依托团体辅导室，开展主题心理活动

根据不同群体学生特点，设计了"发现独特的我""做时间的主人""解开千千结"等涉及自我意识、生涯规划、时间管理、人际交往等专题的心理辅导

方案，渗透绘画分析与治疗技术，每学期指导开展10次以上团体辅导，借助朋辈力量帮助学生健康成长。

（3）依托心理辅导站，打造特色品牌活动

各系心理辅导站结合专业特色，打造系部品牌活动。如水利水电工程系的跑团活动、机电系的感恩活动、自动化系的微电影、信息系的电子竞技比赛之水电"最强王者"争霸赛（《英雄联盟》）。其中，水利水电工程系的"'奔跑吧，水电人'——水电跑团争霸赛暨心理素质拓展活动"获得2017年全区高校心理活动月特色项目二等奖。

2. 搭建"四个平台"，多途径、全方位教育引领学生

（1）搭建教学平台，让特色化课堂教学深入学生心灵

从教学理念、培养目标、课程设置、教学内容、教学方法、考核评价等方面创新高职心理健康教育教学体系。大力推行项目教学法，采用专题式教学。结合岗位需求，通过案例分析、情景表演、小组讨论等方式实施教学，激发学生兴趣，拓宽学生视野，提高教学效果。近年来，广西水利电力职业技术学院教师获厅级以上教学奖励9项，其中，陈功兴老师主讲的"自杀危机干预——生命教育"荣获首届全国高校微课教学比赛优秀奖。

（2）搭建活动平台，让品牌活动成为学生健康成长的沃土

每年通过"3·25善爱我""5·25我爱我""10月10日世界精神卫生日"三大主题活动，开展现场心理咨询、专题讲座、心理情景剧暨手语舞大赛、趣味运动会、辩论赛、演讲比赛、心理阳光进宿舍等活动，普及心理健康知识，引导大学生传递心灵正能量，释放梦想。

（3）搭建互助平台，通过朋辈辅导帮助学生健康成长

每年对全院心理协会成员、系心理部成员、班级心理委员和宿舍联络员2000余人开展学生心理骨干能力提升活动。通过心理讲座、素质拓展、团体辅导、社会实践等方式开展系统的培训，使学生心理骨干掌握心理健康与心理辅导的基础知识和基本技能，为充分发挥朋辈互助作用奠定基础。

（4）搭建信息平台，通过网络途径实施心理健康教育

借助校内网、QQ、微信、微博等多元通道及时为学生答疑解惑，普及心理健康知识，传递正能量，培养学生积极阳光的心态。

3. 采取"五级监控"，切实加强心理危机干预

建立健全学院"心理中心—系心理辅导站—系心理部—班级心理委员—宿舍联络员"五级心理健康教育工作网络。实施异常情况汇报制度，完善应急处理预案，建立了应急处理快速通道，初步形成了"信息收集—评估—反馈—防

治"的预警体系。近 3 年的新生心理普查结果显示，中重度心理问题学生比例逐年下降。

（三）立足实际，创新思路，有效提高科研水平

团队积极探索，加大科研力度，拟定科研计划，针对不同专题开展研究。2012 年至今，获得厅级立项 16 项。其中"积极心理健康教育对高职生社会适应的促进效应研究"被立项为 2012 年度广西高等教育教学改革工程项目一般 A 类课题，"以职业为导向的高职心理健康教育改革与创新"被确定为 2015 年度广西职业教育教学改革项目的一般项目。

（四）彰显特色，开拓进取，构筑成长"心"防线

2012 年，学院建成 2350 平方米的标准化心理素质拓展基地，为学生心理健康教育工作提供心理素质拓展平台。建构高校"三位一体"主题式心理素质拓展模式，开展阳光心理、积极心理和职业心理素质拓展训练活动，旨在优化心理品质，激发个人潜能。

1. 阳光心理素质训练项目

阳光心理素质训练以"生命教育"为主题，通过阳光心理素质拓展，学生更好地认识自我、接纳自我、关爱他人、珍爱生命等，让青春更阳光。①"同栽培成长之树"：帮助学生正确认识、接纳和欣赏自我，进行生涯规划，明确生活目标，共同成长，提升生命价值。②"罐头鞋"：培养学生接纳他人、关爱他人、尊重他人的意识。③"毕业墙"和"空中相依"：提高危急时刻的生存技能、安全意识和保护意识等。

2. 积极心理素质训练项目

积极心理素质训练以"挫折教育"为主题，旨在激发学生心理潜能，优化品质，让青春更积极。①"梅花桩"和"礼让通行"：练就个人的勇气、自信心与责任心，训练创新性解决问题的能力和项目管理中的时间管理技巧。②"移花接木"：培养学生的分析能力，突破思维定式，培养创新的思维模式。③"软梯"和"高空绳网"：培养学生的勇气和毅力，增强学生自我挑战、克服困难、勇攀高峰的信心。

3. 职业心理素质训练项目

职业心理素质训练以"团队合作"为主题，以便更好地满足职业所需的心理素质要求，让青春更闪耀。①"生日排序""驿站传书"和"坐地而起"：培养学生换位思考、服从命令、严谨认真、团结互助的团队意识。②"雷阵""盲目障碍"和"信任背摔"：培养学生有效沟通，增强人际信任感。③"高空吊桩""高空断桥""巨人梯"和"模拟电网"：缓解学生高空恐惧，促进高空作

业的心理稳定性，训练挑战自我、勇往直前的意志力，培养行动前调查研究、认真计划的工作作风。

三、特色与创新

（一）更新理念：从"负向"转向"积极"

以积极心理学理念为指引，整合教育资源、拓宽教育渠道。从"问题"转化为"发展"模式，由"负向"转向"积极"，既要聚焦高职生的心理问题，更要把注意力投向大多数高职学生积极心理品质的培养。

（二）拓展内容，转换过程，激发心理潜能，优化心理品质

通过"三个载体""四个平台""五级防空"，开展积极心理健康教育。在教育教学过程中，高职学生不再是旁观者，也不再是知识的感知者、接受者，而是活跃的参与者、主动的体验者。让他们在参与中学习，在体验中收获，在分享中进步，在感悟中成长，激发心理潜能，优化心理品质。

（三）创新高职心理健康教育的教学体系和活动体系

有效构建了由"一条长线——助成长，一条底线——防危机，一条纵深线——攻难点，一条延伸线——点带面"组成的"345工程"特色积极心理实践育人体系。该体系具有前瞻性和针对性，是高职院校心理健康教育主动适应教育改革、以服务为宗旨的有为之举。

四、成效与启示

（一）深化教学改革，搭建学生成长成才通道

大学生心理健康教育课普及率为100%，每学期学生对教学的评价均在90分以上（总分为100分）。每年开展"3·25善爱我""5·25我爱我""10月10日世界精神卫生日"等主题积极的心理健康教育活动，班级参与率为100%。获得一批积极的心理健康教育标志性成果。出版教材2部，获得厅级科研立项16项；发表论文38篇，其中，核心期刊11篇；获得厅级以上奖励50余项。陈功兴老师主讲的"自杀危机干预——生命教育"荣获首届全国高校微课教学比赛优秀奖。

（二）强化心理教育，人才培养质量明显提升

积极心理健康教育有效激发心理潜能，优化心理品质，提升职业心理素质，提高社会适应能力。近年来，我们的毕业生在各自岗位上吃苦耐劳、勤奋工作，赢得单位的好评和重用，他们迅速成长为岗位技术能手和骨干，为区域经济发

展提供了强有力的支持。2019年,学院杰出校友李炎荣获"广西青年五四奖章",他曾获得"全国青年岗位能手""中央企业青年岗位能手""中央企业技术能手"、广西"五一劳动奖章"、首届"广西工匠"等荣誉。

(三)发挥示范作用,辐射带动能力明显增强

打造了1个区级示范中心,学院投入180多万元建成面积达2350平方米的大学生户外心理素质拓展基地,可开展数十项高空、低空和场地项目。"高校'三位一体'主题式心理素质拓展模式建构"荣获2014年全区高校心理特色项目一等奖。素质拓展基地特色鲜明,覆盖全体学生,同时辐射社会,为企事业单位和电力系统等提供特色服务,在区内高校和企业、行业、产业中形成了一定的品牌效应,数十万人从中受益。同时,也为南宁职业技术学院、广西财经学院、广西农业职业技术学院等学校咨询室的建设提供了参考。广西教育厅网站、广西高校思想政治教育在线、南国早报等多家媒体报道心理健康教育成果10余篇。

广西水利电力职业技术学院开展的积极心理健康教育得到上级部门的充分肯定与高度评价。2017年12月15日上午,以广西教指委副主任覃干超教授任组长的广西高校大学生心理健康教育与咨询示范中心建设评估专家组一行,莅临广西水利电力职业技术学院检查心理健康教育与咨询示范中心项目建设情况。专家组对广西水利电力职业技术学院心理健康教育工作予以充分肯定与高度评价:"一是学院高度重视大学生心理健康教育工作,机构、经费、人员到位;二是理念先进、定位准确、特色显著、成果丰硕。"2018年3月,广西水利电力职业技术学院大学生心理发展服务中心成功获批广西高校大学生心理健康教育与咨询示范中心。

基于"校园大职场"下的水文化育人建设
——黄河水利职业技术学院文化育人的探索与实践

于兆国,杜丙辰,王靖

(黄河水利职业技术学院)

摘要:黄河水利职业技术学院将水文化作为文化育人的重要特色,坚持立德树人,彰显水利院校办学特色,突出水文化内涵;将水利工程搬进校园,营造校园大职场氛围。建设"足迹"景观文化,传承水利精神;引进水利行业企业文化,培养学生职业素养。制作系列水文化宣传片,文化内涵传播成效显著。学校在90多年发展中,校园文化建设紧紧围绕立德树人,以水为出发点,做大"水"文章,融水利物质文化、制度文化与精神文化于一体,逐渐形成了具有鲜明水文化特质和浓郁办学特色的校园文化,提高了学校发展软实力,为推动学院各项事业的高质量发展提供了有力的文化支撑。

关键词:水文化;水利精神;以水化人

学校发展历史与水文化有着不解之缘。黄河水利职业技术学院始建于1929年3月,原名"河南省建设厅水利工程学校",历经黄河水利专科学院、黄河水利学校等历史沿革,1998年3月,改制为黄河水利职业技术学院。2000年3月,学校由水利部划归河南省实行省部共建。2009年,通过国家示范性高等职业院校验收,步入了全国先进高等职业教育行列。学校是全国文明单位、全国职业教育先进单位、全国高校毕业生就业典型经验高校、河南省职教攻坚先进单位。

学校从建立至划归河南省管理,一直是行业办学成就突出的水利院校。新中国成立后,长期隶属水利部、黄河水利委员会,行业办学特色突出。学校在水利、测绘、机电等行业享有盛誉。培养的10万余名毕业生始终活跃在祖国的大河上下、大江南北,学校被誉为黄河流域"黄埔军校"。水利部原部长杨振怀赞誉学校为"黄河技干摇篮"。水利部部长李国英曾在视察学校时说:"没有黄河水院，就没有黄河50多年的岁岁安澜。"时任河南省委书记的郭庚茂到校调研职业教育时说："希望你们继续当好标兵，创出经验，带动全省不同层次的职业教育加快发展。"2015年4月12日，时任中共中央政治局常委、全国人大常委会委员长的张德江到我校视察职业教育时，对我校办学条件和办学成就给予了高度评价。

一、彰显水利院校办学特色，突出水文化内涵

在依托行业办学过程中，学校形成了水利职教特色鲜明的办学定位。办学理念：技能人才的摇篮，技术服务的基地。学校专业定位：以水为主，以测为特，以工为基，文、经、管、艺多科相融。办学方针：立足社会需求，面向未来发展，办人民满意的高等职业教育。服务定位：立足河南，面向全国，依托水利，服务社会。

在鲜明办学特色形成过程中，学校校园文化建设从学校历史和现状出发，突出学校办学特点，强调有利于体现黄河水利职业技术学院历史传统和职业教育特色，有利于凸显黄河水利职业技术学院以水文化为特色的校园文化，进一步丰富校园人文内涵，营造了优美、高雅的育人环境，有利于构建和谐校园、提升学校形象等功能。突出行业特色、职业教育特色，按照"教、学、练、做一体化"专业教学模式要求，营造"校园大职场"的浓厚职业氛围，融入水文化内涵和水利精神，满足学生职业素质养成、职业能力提升、职业技能训练需求，打造人才培养摇篮、技术服务基地。按照这一构想，学校校园建设突出水文化和职教文化特色，以水为基，着力营造人文历史厚重博大、职业实践特色鲜明的校园文化氛围，充分展现出一所现代高职水利院校的文化内涵，提升水文化育人成效。

二、水利工程进校园，构建校园大职场氛围

学校在国家示范高职院校建设中，提出了"校园大职场、企业大课堂"的理念。"校园大职场"就是在校园中构建仿真企业环境，形成理论、实践一体化实训环境，景观实训两相宜。基于这样的职教理念，校园建设突出高职教育特色，把"水利工程搬进校园"，设计建造了系列水利水电工程仿真实训基地，体现出浓厚的水文化特色。如学校的核心区分为教学区和实训区，凸显职业院校理论与实践并重的理念。学校大门造型如水利工程中的渡槽置于大门的上方，寓意"黄河之水天上来"，而渡槽的底部海拔正好和开封地区黄河河底海拔一样

高，展示出地上悬河的奇特地理现象。学校地处历史文化名城，主大门古朴、典雅、雄浑博大、气韵生动，展示了古城、老校的特质，作为连接历史、现代和未来的记忆载体，将地域历史和文化内涵用现代手法予以诠释。学生餐厅造型寓意水工建筑物"弧形闸门"，弧形宽大的前沿设5座室外楼梯，形似水车。按照学校地形地貌，建设测绘实训场，测校园大地、绘神州经纬。

利用校园河湖水系建设集教学、生产、科研于一体的水文实训基地，开展水位观测、流速仪拆装、流量测验、含沙量测验、水文资料整编及分析应用等实训项目，提高学生的水文测报专业技能。

利用洛宁新华水电开发有限公司捐赠的水轮发电机，建设水轮发电机组结构系统实训场，对在校学生进行水电站水轮机、发电机、调速器、变压器等设备的结构了解和熟悉，开展设备操作、控制、巡检和故障处理等方面的实训教学。

设计建造的污水处理厂，承担黄河水利职业技术学院每天生活污水的处理任务，体现了绿色校园、生态校园、和谐校园的理念，同时可作为黄河水利职业技术学院环境监测与治理技术专业学生的实习基地。

学校建筑体现了较高的文化内涵，包含着浓郁的人文气息，这些建筑中的典型代表当属鲲鹏山水利水电工程仿真实训基地。根据"水利水电工程建筑物种类多、地点分散、施工过程不可再现、运行管理不允许学生等外来人员实际操作"的特点，把"水利工程搬进校园"，按照"真实、综合、可动、可测"的标准，建设仿真水工建筑物群，根据教学进程和能力培养的要求，模拟施工导截流、运行与管理等过程，逐项重复进行训练，不仅解决了"想看看不到、想做做不了、做了做不全"学生实训的难题，而且足不出户就可以看到真实的水利工程，了解各种水工建筑物构造。该操作可在生产性实训环境、生产性实训项目设计、企业文化、企业管理模式等方面营造真实或仿真职业氛围工艺流程；满足校内水利专业各类实训的需要；满足职业培训和技能鉴定的需要；满足面向社会技术服务的需要。该工程总占地约20亩，远远望去，一座人工填筑的假山映入眼帘，山上瀑布飞流直下，甚为壮观。目前，该基地建设有各种类型的水利枢纽、拦河闸、渠系建筑物等27个仿真水工建筑物，可进行水利枢纽建筑物布置、建筑物运行管理、渗流观测、泄流能力观测、水文测验、闸门运行管理等实训项目，为黄河水利职业技术学院水利水电建筑工程、水电站动力设备与管理、工程机械运用及维护、水利工程监理、工程测量技术、水工试验与检测技术等专业实习实训提供一个真实的环境，实现实践教学过程的开放性和职业性。

三、建设"足迹"景观文化，传承水利精神

"足迹"校园文化景观是以学校历史文化为内涵的主题景观带，以 80 个铸铁脚印做成的足迹"符号"为主线索，通过涌泉石录、国立门、名人塑像、铭志塔碑等景点，融学校发展历史和文化于一体，集中展示了学校自 1929 年创建起的辉煌发展历程，从学校创办宗旨、建校背景及不同时期学校人才培养目标，体现了学校一脉相承的优良办学传统、鲜明的职业教育办学特色和科学的办学理念，彰显黄河水利职业技术学院深厚的历史人文底蕴。

在"涌泉石录"篆刻的"建校背景"中显示创办目的为苦于黄河千百年之危害，更有水利兴废关系民生国运之重；国立门内侧的四幅浮雕，分别以"建校之初""校址变迁""工学结合""学术交流"为主题，展现了民国时期学校历经流亡、迁徙仍旧保持认真教学，注重实训的优良办学传统；铭志塔碑镌刻的"技能人才摇篮　技术服务基地"的办学理念与学校 1929 年建校之初重视实践技能培养的理念一脉相承。从"治黄河、兴水利、除水患、安民生、建国家"的建校宗旨，到"立足河南，面向全国，依托水利，服务社会"的服务定位，以"守诚、求新、创业、修能"为价值追求，打造了一个名副其实的"技能人才摇篮　技术服务基地"，昭示了学校"继往开来、自强不息"的精神。

四、引进水利行业企业文化，培养学生职业素养

作为国家首批示范性高职院校，学校始终致力于在人才培养中引入水利优秀企业文化，校园规划体现职业特性，实验实训场馆建设体现生产性，文化景观建设融入了职业道德、职业精神的元素。一是开展优秀高职校友典型评选、宣传教育活动，为学生树立成长航标。优秀校友分为技术能手、管理精英、创业先锋、基层标兵、道德模范、国防卫士六大类。在教学区域、生活区域布设知名水电企业家寄语、优秀毕业生图片。二是在实训场馆、道路灯箱布设先进水利企业精神、核心价值观和水利行业企业管理规范、质量标准、职业道德准则，有利于学生了解企业文化，感受职业氛围，传承企业精神，端正职业态度，明确水电企业员工的职业素质标准和在校学生的职业素质标准的异同，强化学生职业素质、职业道德和职业精神。三是以就业道德建设为主题精心设计社团文化活动，开展就业情景剧大赛、专业技能竞赛、课程设计作品展示、创新创业设计大赛等活动，使学生在学习和生活过程中耳濡目染体验企业文化，增强对企业理念的认识理解及对企业文化的认同感，潜移默化地引导、熏陶、升华

学生的职业道德品质。

五、以水为特，文化育人成效显著

近年来，黄河水利职业技术学院围绕学校办学理念、教育理念的凝练和提升，突出内涵式发展要求，先后制作了内容丰富、立意深远、气韵博大的《勇立潮头》《水韵》等学校系列宣传片和《上善若水》等画册，将提升、传播水文化内涵与传播先进职教理念和全方位、全员、全过程育人有机结合，对学校精神的传承、学校育人水平的提升和良好社会形象的树立起到了积极作用。

黄河水利职业技术学院以"水文化""水利精神"传播为主要内容，校园文化建设和育人成效显著，常态化举办水之韵大讲堂，开展系列活动，如"水利精神代代传"演讲比赛和辩论赛、"水之魂"征文比赛、"知水、爱水、节水"宣传周活动。提高师生水利特色意识，增强爱水利、为水利事业而成才的责任感和使命感，培养现代水利人才应有的良好职业道德。

近年来，黄河水利职业技术学院先后两次荣获"全国职业院校魅力校园"称号，两次荣获全国水利职业院校校园文化建设优秀成果一等奖，在全国高校中享有盛誉。

六、文化育人的成效与启示

1. 以水化人，提高了学生思想道德素质

"上善若水，水善利万物而不争"，通过营造善水文化，做大"水"文章，学生在学水、用水、治水、管水、护水、亲水过程中传承"忠诚、干净、担当，科学、求实、创新"的新时代水利精神，形成了水利特色鲜明、实践成效突出的校园文化，为学校人才培养水平的提升奠定了基础条件。

2. 水利物质景观建设，提高了师生专业水平，服务了社会

"把水利工程搬进校园"，服务于学校水利及相关专业的人才培养，发挥了较好的教学育人效果。如水利水电工程仿真实训基地开设了46个实训项目，可同时容纳4个班160名学生实训，满足水利水电建筑工程专业群13个专业1500名学生实训实习需要。在满足校内实践教学的同时，还承担了水利行业特有工种技术培训和鉴定工作，如水工监测工、水文勘测工、泵站运行工、闸门运行工等，每年开展水利行业特有工种技能培训与鉴定200余人次，起到了良好的服务社会的作用。

3. 塑造了优美的校园文化景观

以鲲鹏山水利水电工程仿真实训基地、水利馆、水文站为代表的水利景观与光明湖浑然一体，成为黄河水利职业技术学院优美的校园文化景观。如水利水电工程仿真实训基地整体上是一座人工填筑的假山。山上奇石交织，山的北侧飞流直下，甚为壮观；山的南侧重力坝、拱坝、土石坝、水闸、渡槽等建筑物错落有致、环环相扣，展现出一幅幅亮丽的景观，成为学生休闲、散步、晨读、留影的好去处。深处景观中，学生在无形中对水利工程有了直观的认识，接收到了水利文化的教育和熏陶。

水利工程仿真实训基地与学校一系列实训场馆共同构成了一个功能完备的水利水电科普基地，可以为校内外青少年学生开展科普教育。

4. 传承水利文化，凸显职教理念

校园水文化建设展现了浓厚的水文化内涵，向全社会充分展示了学校作为国内一流职业院校的良好形象。展现了黄河水利职业技术学院著名校友、红旗渠的主要设计者吴祖太献身红旗渠的事迹，结合水利工程建设的有关背景资料，可对广大师生进行水利精神教育。光明湖畔"足迹"景观中有三个对学校发展历史起到关键作用的人物的铜铸塑像即创办人张钫、民国时期校长刘德润和新中国成立后重建时的校长王化云，他们利用自己在政治或学术领域的影响力，特别是自身不畏艰难、勇担重任、爱校如家、爱生如子、尊师重教的伟大精神力量凝聚了贤人名流、专家学者和济济英才，使学校克服了重重困难，完成了"育人才，治黄河"的历史使命，培养出了一批批优秀学子，保障了黄河的"岁岁安澜"，成就了学校的历史辉煌，彰显出黄河水院人的历史使命感和水利精神。

构建"基地+团队+项目"三元一体实践育人模式
——长江工程职业技术学院以关爱留守儿童为例探索实践育人新模式

梅来源，张自力，李俊

（长江工程职业技术学院）

摘要：长江工程职业技术学院深入组织开展关爱留守儿童、爱心义务支教志愿活动，规范化加强社会实践基地建设，建设组织化的社会实践活动团队，推动社会实践活动项目化开展，充分发挥"基地·团队·项目"要素合力，打造"基地+团队+项目""三元一体"实践育人模式，推进社会实践工作创新，更好地发挥实践育人功能。

关键词：三元一体；实践育人；关爱；留守儿童

一、背景思路

马克思主义人的全面发展学说认为实践是实现人的全面发展的根本途径。坚持教育与社会实践相结合，是党的教育方针的重要内容，也是高校人才培养的重要环节。进一步加强实践育人工作，坚持理论学习、技能培养、实践锻炼相统一，有利于培养学生的社会责任感、创新精神和实践能力，是高职院校学生成长成才的必由之路。

党和国家高度重视实践育人工作。站在新的历史背景下，习近平总书记先后十余次与青年座谈、给青年群体回信，阐释了学习是成长进步的阶梯、实践是提高本领的途径的育人观，从方法、目的、要求等不同侧面论述了青年为什么要在实践中成才、如何在实践中成才，鼓励青少年在实现中国梦的伟大实践中锻炼成长，构成了习近平总书记的实践育人观。紧紧围绕落实立德树人这一根本任务，围绕培育和践行社会主义核心价值观这一主要目标，推动实践育人特别是社会实践工作制度化、常态化、科学化，对提升高校人才培养质量，培养中国特色社会主义事业合格建设者和可靠接班人，具有重要而深远的意义。

规范化建设好社会实践基地，打造优秀的社会实践活动团队，推动社会实践活动项目化开展，充分发挥"基地·团队·项目"要素合力，确保社会实践的育人功能得到充分发挥，有利于高职院校学生在实践中成长成才。

二、主要做法

（一）坚持项目化推动，推进实践育人组织体系化

为构建"基地+团队+项目""三元一体"实践育人模式，长江工程职业技术学院组织申报了2017年湖北省高校实践育人特色项目"'基地+团队+项目'三元一体实践育人模式构建——以关爱留守儿童为例"，该项目实施时间为两年（2017—2019年），主要是以长江工程职业技术学院关爱留守儿童、爱心义务支教志愿活动为样本，探索构建"基地+团队+项目""三元一体"实践育人模式，推进社会实践工作创新，更好地发挥实践育人功能。项目实施包括理论研究、实践活动，理论研究分阶段进行，实践活动主要在暑假期间集中进行。

2017年、2018年、2019年挂牌建设了13个社会实践基地。2017年4月，在研子小学挂牌建设社会实践基地，开展关爱留守儿童、爱心义务支教活动，筹备成立"SHAN"若水志愿服务队。2017年7—8月，"SHAN"若水志愿服务队在马坪小学开展实践活动，挂牌建设社会实践基地。2017年12月，在通山县西庄村开展留守儿童需求调研，开展为留守儿童实现"微心愿"的志愿活动。2018年5—8月，组织"SHAN"若水志愿服务队、"曙光"社会实践团队前往畅周学校、江夏五里界希望家园等开展社会实践，探索驻扎式、陪伴式关爱留守儿童、爱心义务支教的规范管理模式以及"关爱"内容系统化、标准化、课程化。

（二）坚持双主体并重，推进实践育人主体多元化

坚持大学生、留守儿童并重互育。依托"SHAN"若水志愿服务队、"曙光"社会实践团队，根据大学生的成长规律和身心特点，项目组持续组织开展了关爱留守儿童、爱心义务支教活动，在组织建设、经费保障、活动开展等方面给予全方位支持，志愿者在团队内部相互支持、互相鼓励，收获了友谊。在参加社会实践过程中，志愿者在灵魂深处感悟奉献的力量，起到了增长见识、砥砺品行、锤炼意志、提升道德水平的作用，发挥了实践育人功能和润德育人作用。

组织志愿者深入农村学校，依托长江工程职业技术学院社会实践基地，驻扎式、陪伴式面向留守儿童，开展以学业辅导、亲情陪护、自护教育、素质拓

展等为主要内容的关爱留守儿童、爱心义务支教活动，使农村留守儿童感受到关爱、学习到知识、体会到快乐，解决了假期留守儿童"学校管不着、家庭管不好、自己管不了、社会不好管"的现实困难。

（三）坚持"三元一体"，推进实践育人资源一体化

建设社会实践基地。近年来，学校先后与武汉市黄陂区研子小学、长阳土家族自治县马坪小学、通山县燕厦乡畅周学校等签订共建协议书，建立了完善的共建机制，明确了共建内容，挂牌建设社会实践基地15个。项目组和"SHAN"若水志愿服务队、"曙光"社会实践团队主要依托学校挂牌建设的社会实践基地，开展关爱留守儿童、爱心义务支教活动。

组建社会实践团队。在项目组的指导下，长江工程职业技术学院先后成立了聚焦关爱留守儿童、爱心义务支教的"SHAN"若水志愿服务队、"曙光"社会实践团队，并在规范管理、制度建设、活动策划方面给予指导，先后建立了队员选拔和管理制度、家访制度、签到制度、备课制度、上课制度，推动"关爱"内容系统化、标准化、课程化。

打造实践活动品牌。项目组连续3年暑假指导SHAN若水志愿服务队申报"三下乡"社会实践重点团队，并获得资金支持，连续3年组织开展关爱留守儿童、爱心义务支教活动。江夏电视台、湖北电视台、长江云、《楚天都市报》、学习强国·湖北学习平台等对此进行了报道，关爱留守儿童、爱心义务支教已经成为长江工程职业技术学院思政工作的品牌和名片。

（四）坚持协同推进，推进实践育人研究品牌化

学校高度重视实践育人工作，成立了实践育人工作领导小组，落实了学生社会实践专项经费，制定了《长江工程职业技术学院加强实践育人工作的实施意见》《长江工程职业技术学院学生社会实践资助管理办法》，成立了特色志愿服务组织20余个。在项目实施过程中，学校在人员、资金、政策方面提供大力支持和充分保障，党委宣传部组织报纸、电视、网络媒体报道11篇次，对扩大项目的影响力、示范性起到了重要作用，党委学工部对项目实施全过程进行了指导和管理，校团委在团队建设、基地运行、项目立项和资金支持上提供了有力支持，确保了项目顺利实施，取得高质量成果。

相关人员均为从事思想政治工作人员，具有扎实的理论功底，承担了多项省部级课题（项目），具有担任校级、院级社会实践团队指导教师经验，指导的团队多次获评全省高校暑期"三下乡"社会实践优秀团队。坚持理论研究和实践活动相结合，边研究边实践，用理论指导实践，在实践中检验理论，以关爱留守儿童、爱心义务支教为样本，探索如何发挥"基地·团队·项目"要素合

力，对"基地+团队+项目""三元一体"实践育人模式的理论设想和实现途径进行了探索。

三、特色亮点

（一）理论和实践相结合

项目实施重视理论研究和实践活动开展，聚焦"留守儿童"这个特殊群体，依托特色志愿服务组织，开展关爱留守儿童、爱心义务支教活动，边研究边实践，用理论指导实践，在实践中检验理论，产生了一批理论成果，培育了一批优秀学生典型、特色志愿服务组织，打造了实践育人品牌，构建了"基地+团队+项目"三元一体实践育人模式。

（二）育人与育己相结合

将留守儿童、大学生作为项目实施对象，避免走访式、体验式，通过驻守式、陪伴式关爱留守儿童、爱心义务支教，力求让留守儿童得到帮助、感受到关爱。同时，重视关爱留守儿童、爱心义务支教的实践活动质量，力求志愿者能在实践中了解民情、认识社会，增强社会责任感，受到熏陶和教育，发挥育人和育己的双重作用。

（三）内涵和外延相结合

项目在实施过程中，既重视项目实施质量，确保取得预期成果，又注重广泛宣传，受到了江夏电视台、湖北电视台、《楚天都市报》、长江云、学习强国·湖北学习平台的关注和报道，成为长江工程职业技术学院实践育人品牌，产生了很好的辐射、引领和示范作用，吸引了更多学生投身志愿活动，实践育人的作用得到了充分彰显。

四、成效和启示

（一）取得了一批优秀理论成果

公开发表论文4篇。梅来源的《"基地+团队+项目"三元一体实践育人模式构建——关爱留守儿童为例》发表于《长江工程职业技术学院学报》2018年第4期，张自力、李俊的《公益视域下加强高职实践育人工作的思考：以长江工程职业技术学院为例》发表于《广东职业技术教育与研究》2018年第4期，湛茂溪的《校企深度融合背景下高职院校实践育人体系建设的研究》发表于《湖北函授大学学报》2018年第7期，苏杰的《大学生关爱留守儿童社会实践的德育实效性探析》发表于《广东蚕业》2018年第2期。社会实践报告

《"SHAN"善若水，滋养心灵——"SHAN"若水社会实践团队开展关爱留守儿童社会实践的调查报告》在湖北省"挑战杯"大学生课外学术科技作品竞赛（2019年）中获得三等奖。

（二）产生了较强的示范引领效应

长江工程职业技术学院校园网、微信公众号以及江夏电视台、湖北电视台、《楚天都市报》、长江云、学习强国·湖北学习平台报道了11篇次。江夏电视台于2018年7月24日和2019年8月5日对长江工程职业技术学院志愿者在江夏区开展关爱留守儿童、爱心义务支教活动进行了采访报道。湖北电视台于2018年7月13日、14日赴通山县对"SHAN"若水志愿服务队在大冶开展关爱留守儿童、爱心义务支教活动及项目实施情况和成效进行了报道。《楚天都市报》于2019年7月16日以"胡辉：他用支教庆祝自己专升本"为题对"SHAN"若水志愿服务队在大冶开展关爱留守儿童、爱心义务支教活动进行了报道。长江云于2019年7月26日以"长江工程职业技术学院：大爱'若水'爱播'留守'儿童"为题对项目实施情况和成效进行了报道。学习强国·湖北学习平台于2019年8月15日以"'SHAN'若水志愿服务队：义务支教薪火相传 将爱撒播在留守儿童心中"为题对项目实施情况和成效进行了报道。

（三）培育了一批优秀学生典型

依托开展社会实践活动的"SHAN"若水志愿服务队，从2016年底筹备成立，至今已有140余人加入"SHAN"若水志愿服务队，参加到项目实施过程中。在爱心接力的过程中，"SHAN"若水志愿服务队也逐渐培育了独特的精神内核，吸引和凝聚了一大批志愿者。这个精神内核，也在一棒接一棒的接力中传承。虽然队员来自不同年级、不同二级学院、不同专业，有的已经参加工作，有的在其他高校继续深造，有的参军入伍，但是他们之间建立了一种超越年级、专业、地域的情感。"SHAN"若水志愿服务队，是很多离校队员内心的牵挂，也是心灵的寄托，其培养了一大批优秀学生典型，队员中先后有43人次获"优秀志愿者"等称号、20余人升入本科院校深造、10余人光荣入党、3人参军入伍。谢国谱是"SHAN"若水志愿服务队首任队长，2019年暑假他还和"爱心接力棒"第二棒接力人周建辉策划赴大冶看望支教队员。叶方圆是"SHAN"若水志愿服务队第三任队长，虽然2019年6月就要毕业离开校园，但直到5月她还在暑期支教队员招募现场忙碌。吴淑芬是第二届队员，毕业后在武汉晴川学院深造，当天她特意赶回学校，参与到招募工作中。胡辉作为资历最老的队员，他已连续3年暑假参加爱心义务支教。

（四）打造了一种实践育人模式

"SHAN"若水志愿服务队逐渐建立起自己独特的运行模式。集中备课制度、接送签到制度、定期家访制度、安全管理制度等相继建立起来。面向留守儿童，"关爱"的内容也越来越丰富和完善，包括学业辅导、情感疏导、自护教育、素质拓展等。通过集中备课制度，"关爱"内容实现了项目化、标准化、课程化。结合理论研究、实践总结，提出了规范化加强社会实践基地建设、建设组织化的社会实践活动团队、推动社会实践活动项目化开展、充分发挥"基地·团队·项目"要素合力的指导原则和实践路径，形成了较成熟的"基地+团队+项目""三元一体"实践育人模式。

长江工程职业技术学院以关爱留守儿童、爱心义务支教志愿活动为样本，建设高质量的社会实践基地，培育、组建高质量的社会实践团队，推动"基地·团队·项目"要素合力发挥，使关爱留守儿童、爱心义务支教志愿活动实现了规范化、标准化、课程化、系统化，培育出了一批优质社会实践基地、社会实践团队和社会实践优秀个人，打造了一批社会实践活动品牌，充分发挥了实践育人功能，构建了"基地+团队+项目""三元一体"实践育人模式，推动了实践育人工作创新，产生了较好的效果，发挥了重要的示范和辐射作用。

文化立魂　德育固根
——新疆水利水电学校校园文化建设优秀成果介绍

王志明，伍耘，王晓燕

（新疆水利水电学校）

摘要：新疆水利水电学校坚持以习近平总书记关于对教育工作的重要论述为指导，聚焦立德树人根本任务，突出职业教育内在要求，确定"文化立魂，德育固根"教育模式，坚持社会主义核心价值观引领，突出文化传承与创新，重视中华民族优秀传统文化和人类优秀文明成果育人，用富含特色的学校文化育人，培养高度的文化自觉自信，把学校建设成文化育人高地。

关键词：社会主义核心价值观；文化建设；德育

一、背景情况

习近平总书记在党的十九大报告中指出：文化是一个国家、一个民族的灵魂。文化兴国运兴，文化强民族强。没有高度的文化自信，没有文化的繁荣兴盛，就没有中华民族伟大复兴。因此，我们认为文化育人是对国家历史责任的担当。新疆水利水电学校充分认识德育工作面临的新形势，勇于担当历史责任，以高度的文化自觉自信推进学校文化育人。学校党委坚持以习近平新时代中国特色社会主义思想为统领，以"文化立魂，德育固根"为宗旨，指导学生形成正确的世界观、人生观、价值观，引导学生扣好人生第一粒扣子，坚持德育与国家通用语言文字教育教学、弘扬中华优秀传统文化、开展爱国主义和民族团结教育相结合，紧扣就业、创业，培养德能同育的社会主义建设者和接班人。

（一）完善德育机制，提高文化育人水平

1. 建立领导小组，落实分工，明确职责

建立党委统一领导、党政齐抓共管、有关部门各负其责、全社会协同配合的德育工作格局。在校党委统一领导下，学校建立和完善了德育工作的领导机构。由党委书记任组长，分管德育工作的校领导任副组长，思想政治与基础教育工作处、党政办、团委、学生工作处、教务处等部门的主要负责人为主要成员。领导小组负责制定工作目标和总体规划，对学校"文化立魂，德育固根"工作进行全面、系统的部署安排。

2. 积极开展科研工作，成果丰硕

学校每年定期召开德育科研工作研讨会，鼓励教职工积极参加科学研究，对公开发表的论文和其他德育研究成果予以表彰和奖励。不断挖掘和探索德育工作中文化育人的新突破点，为德育工作开创新思路。2016年，完成中国职业技术教育学会德育工作委员会2015—2016年度德育专项课题"中职学校提升学生人文素养的现状与对策研究"，荣获三等奖。

（二）推动"三全"育人，增强德育工作合力

1. 加强教师队伍建设，发挥教育主力军作用

学校党委高度重视德育师资队伍的建设，要求全员育人，引导广大教师从博大精深的优秀传统文化中汲取营养，滋润心灵，深化文化自信，从意识形态领域教育、社会主义核心价值观、哲学社会科学等多方面提高教职员工的文化修养。为充分发挥党员的模范带头作用，在各支部开展"一帮一"结对子活动，使每一个党员走进班级开展意识形态教育、文化自信宣讲，引导学生正信正史，筑牢学生"四个自信"，强化学生"四个意识"。

2. 加强班主任、辅导员队伍建设，将文化育人落到实处

由主管校长负责，加强对学生管理工作的指导，传达相关政策、文件精神，有组织、有计划地开展文化育人工作。学校依据《班主任工作条例》《新疆水利水电学校违纪处理实施细则》《新疆水利水电学校辅导员（班主任）工作任务、要求和质量标准》《新疆水利水电学校学生管理工作实施办法》等实施监督与管理。开展一系列"讲文明、习礼仪""传承文化·诵经典"等主题班会，让学生熟知并践行中华传统文化礼仪。加强制度建设，学校党委及时针对学校现有的学生管理的难点和痛点，与时俱进，开展制度废改立工作，逐步完善各项制度，有效提高了学生管理工作的规范性、科学性。

3. 重视共青团、学生会队伍建设，增强文化育人的向心力

校团委在学生活动组织、学生会管理、团组织建设、党团联动等方面建立起一套完整的运行机制。每周召开团委学生会干部例会，对学生会、学生社团、团支部、班级加强引导，带领青年学生开展丰富的校园文化活动，展现中职学生的精神风貌，增强自我监督与管理，培养学生工作协调能力。做到以活动促

德育，周周有活动，月月有主题，使广大青年学生都能够参与到活动中，学生道德素质水平显著提高，形成了"争创文明班级，争做文明学生"的良好氛围。

（三）提供物质保障，加强文化阵地建设，德育工作稳步推进

资金保障为校园文化建设提供了物质基础。本着"一切为了学生"的理念，学校特为校园文化建设专门列支了经费预算。建设宣传栏、宣传墙、阅报栏、网络、校园网站等文化宣传阵地，根据每月宣传主题，针对学生关心的时事新闻、法治教育等内容进行宣传教育。制定《新疆水利水电学校校园文化建设宣传方案》，完善教师资料室、学生阅览室、多媒体教室、学生活动中心、运动场馆等公共场所，使文化宣传贴近现实、贴近学生、贴近教育的各个环节。

二、主要做法

（一）在课程体系建设上下功夫

在第一学年，及时开设人文知识的普及课程，比如简明新疆史类课程，心理健康和人际交往类课程。充分利用开学前后的集中教育开展人文素养教育，比如集中学习新疆历史、民族发展史、宗教演变史，观看科教片辅助教育，参观校史陈列馆等，使学生形成正确的马克思主义观。在第二学年，开展一些文学知识与文学、艺术鉴赏、历史类课程。加强学生中华优秀传统文化教育，培养学生审美观，提升文化艺术修养。在第三学年，开设实践类人文素养课程。比如礼仪类、就业指导类及职业道德与法律课程，帮助学生融会贯通，运用于实践，注重人文素养与实践的结合。

（二）在德育特色资源利用效能上下功夫

自古以来，新疆就是多民族多文化聚集、交流、交融的地方。各个民族都有自己独特的文化，都是中华文化不可或缺的一部分，也是灿烂中华文化的组成部分。我们可充分挖掘新疆少数民族的优秀文化，形成课程资源与教学素材，提高学生的人文素养。将人物传记、考古、名胜古迹等资源融入教学内容，通过互学语言、互学文化、共唱歌曲、咏诗歌、鉴赏名画、欣赏名迹等多种方式增强教育教学的吸引力。不仅帮助学生学习文化知识，提高文化素养，还促进各民族学生的团结。

（三）在校企合作上下功夫

学校文化与企业文化相融合是职业学校文化最显著的特征，也是职业学校文化的活力所在。学校专业课程"双师型"教师取证率为100%，建立青年教师下企业锻炼的机制。新疆水利水电学校与金风科技、红山嘴电厂、特变电工、

葛洲坝工程局、新疆北方建设集团、新疆科纳灌排技术有限公司、中国华电新疆公司、新疆鑫廊桥测绘公司等30余家知名企事业单位建立校企合作关系，签订"订单式"培养目标，积极吸纳企业优秀文化进校园，促进校园文化与企业文化有机结合。近年来，不断邀请企事业单位高级工程师、专家学者到学校开展行业发展前景、职业素养、工匠精神进校园等讲座，学习践行"忠诚、干净、担当、科学、求实、创新"的新时代水利精神，为不断促进新疆水利现代化事业发展提供人才支撑。

（四）在社会主义核心价值观践行上下功夫

学校在每年3月"公民道德建设月"开展学雷锋纪念日活动，青年志愿者服务社区活动，"实施国土绿化，建设美丽新疆"义务植树活动。在4月"综合治理宣传月"，利用校园广播、宣传栏大力宣传法律、法规政策知识，开展法治讲座，学生积极走上街头分发法治宣传单；为营造学校良好的法治教育环境和氛围，开展了"扫黑除恶预防校园欺凌"主题团日活动，引导学生树立良好的法律意识，学生积极发声"亮剑"，杜绝校园欺凌，营造和谐校园环境；4月15日，开展国家安全教育日主题活动，校党委成员在全校开展国家安全宣讲，学生签署维护国家安全倡议书，培养学生总体国家安全意识。在5月"民族团结教育月"，开展形式多样、主题鲜明的民族团结教育，以"'壮丽70年·奋斗新时代'民族团结一家亲——我们都是一家人"为主题开展民族团结宣讲活动，一批好故事《金灿灿的太阳馕，火辣辣的民族情》《你我都是一家人》《有你正好》讲出了各民族之间相互依赖、相互帮助的真情故事，使民族团结的种子深深地根植于各民族学生的心中；以五四青年节为契机，纪念五四运动100周年，校党委成员为学生开办了读书班，教导学生深刻领会五四运动的历史意义，把握中国青年运动百年光荣历程，深刻领会新时代中国青年的使命；以"牢记总书记教导　谱写新时代青春之歌""铭记革命历史，传承爱国精神""初心"为主题开展了一系列主题团日活动，使学生铭记历史，传承爱国精神，做勤奋学习、爱党爱国、励志奋斗的新时代团员。在6月开展"粽叶飘香、情暖校园"师生联谊活动，弘扬民族精神，传承中华优秀传统文化。在7月"党风廉政建设宣传月"，以讲座的形式，让廉政文化进校园。在9月开展"尊师爱校"主题教育，以教师节为契机，以诗歌的形式歌颂教师，以实际行动维护校园环境，爱护校园公共设施，引导学生尊师爱校。在10月"军民共建教育月"，参观军队生活，让学生体验军民鱼水之情。在11月开展诚信主题教育，宣讲"我身边的诚信故事"，签名"班级诚信公约"，观看道德模范视频，弘扬诚实守信的中华民族传统美德，践行"立德树人"。在12月纪念"一二·九"爱国运动，进行红歌大合唱比赛，引领青年学生回顾"一二·九"历史，践行"一二·九"精神，激发学生对国家和民族的责任感和使命感。

（五）在弘扬爱国主义教育、中华优秀传统文化教育和革命传统教育上下功夫

一是进行国旗法、国歌法和党史国史教育，开展升国旗唱国歌、"我和国旗合个影"、观看红色影片、唱红歌等活动，增强学生国家观念和爱国情感。二是使中华优秀传统文化同校园文化生活充分融合。积极打造文化生活平台，为学生提供阅读、文化讨论和观影的场所，以"人文日历""为你读诗""经典文集"等形式，不断将经典阅读融入学生生活。为使国家通用语言文字教学与传统文化教育完美契合，举办美文演绎大赛、汉字听写大赛、话剧表演、画中国地图、制灯笼猜灯谜、京剧表演、中华传统礼仪表演等，让学生加深对传统文化的了解。三是开展"传承红色基因"系列教育活动。利用清明节、"七一"、国庆节等时间节点，在学生中广泛开展革命传统教育，传承红船精神、井冈山精神、长征精神、延安精神、西柏坡精神等革命精神，引导青少年铭记革命历史、崇尚革命英雄、继承革命事业。清明节前后，组织青少年到八路驻新疆办事处、烈士陵园等瞻仰宣誓、祭扫献花，礼敬先烈先辈。

（六）借助"民族团结一家亲"暨"三进两联一交友"师生结对交友平台，开展思想互动、文化育人

学校按照自治区党委的工作部署，积极开展"民族团结一家亲"暨"三进两联一交友"活动，牢固树立"以学生为中心"的教育理念，切实把学生放在心上，把心放在学生身上。以传统节日为媒介，开展师生文化活动。举办"我爱说国语"主题班会及"新时代　新思想　新征程"主题文化活动。在"中秋节""国庆节"期间开展"大手拉小手，交流交融庆双节"活动，让学生过一个充满中国传统文化，符合社会主义核心价值观，健康、和谐、团结的节日。新学期，开展"开学典礼暨民族团结一家亲"迎新生文艺会演，促进师生文化交流、交融。校团委与"三进两联一交友"办公室联合举办"青春建功新时代，雷锋精神心永存"国语朗诵比赛，促进学生的友谊和交流，营造出了浓郁的国学校园文化氛围。

（七）充分利用校外社会资源，发挥第二课堂文化育人作用

组织师生参观博物馆、八路军驻新疆办事处纪念馆等，引导师生通过文物认识中华民族历史与文化，并传承革命文化。依托烈士陵园，开展"继承先烈遗志，发扬革命传统""传承·清明祭英烈""铭记革命历史，传承爱国精神"等主题团日活动，进行爱国主义教育。依托三工社区，开展"尊老爱幼"教育。

三、成效与启示

紧密围绕学校办学实际，让优秀传统文化在校园流行起来，让革命文化在校园传承下去，让社会主义先进文化的主旋律在校园奏响，以立德树人为根本任务，以理想信念教育为核心，以社会主义核心价值观为引领，深入开展中华优秀传统文化、革命文化、社会主义先进文化教育，以文化人，以文育人，滋养师生心灵，涵育师生品行，培育中华民族精神和时代精神，努力构建全方位、多维度、立体化"大思政"格局，在文化育人工作上取得一定成效，并进一步转化为学校改革、建设与发展的动力。

"文化立魂，德育固根"的教育模式在助力中华优秀传统文化传承、发展和文化育人上成效显著。在以后的工作中，新疆水利水电学校将继续依托学科优势，以习近平总书记关于对教育工作的重要论述为指导，聚焦立德树人根本任务，突出职业教育内在要求，确定"文化立魂，德育固根"教育模式，营造浓厚的校园文化育人氛围。同时，着力把握优秀传统文化深刻内涵和新时代文化传播特点，赋予其时代特色，坚定不移地将文化自觉和文化自信贯穿校园文化育人全过程。

构建水文化育人体系建设的探索与实践
——以重庆水利电力职业技术学院特色文化景观水文化长廊为例

邓泄瑶,刘胜兵,王宇

(重庆水利电力职业技术学院)

摘要:学院在开展全国优质水利高职院校、市级优质高职院校建设的契机下,为落实"稳定规模,强化内涵,突出特色,文化引领"四位一体的发展战略,紧紧围绕"水"字做文章,在办学实践中探索水、认识水、体悟水,积极构建以水文化为统领的文化育人体系。

学院斥资从"水之德""水之行"两个方面"十之道"精心打造独具特色的水文化长廊。一方面,将水文化元素、水利精神、水文明、典型水利工程信息、水利大家名言警句等融入其中,潜移默化影响师生的思想观念和行为习惯,增强师生文化自觉和文化自信;另一方面,将水的优秀品质与育人哲学思想有机融合,具象化彰显水文化育人思想、书写传统育人故事,以其蕴含的历史文化和精神品质让师生在教育教学、学习生活中感知水利,进一步激发师生热爱水利、献身水利的热情。

关键词:水文化;特色文化景观;水文化长廊

一、研究背景

按照《中共中央国务院关于加强和改进新形势下高校思想政治工作的意见》《教育部共青团中央关于加强和改进高等学校校园文化建设的意见》《水利部水文化建设规划纲要(2011—2020年)》《高等职业教育创新发展行动计划(2015—2018年)》等文件要求,学院在开展全国优质水利高职院校、市级优质高职院校建设的契机下,为落实"稳定规模,强化内涵,突出特色,文化引领""四位一体"的发展战略,紧紧围绕"水"字做文章,在办学实践中探索水、认识水、体悟水。崇尚水的精神,践行水的品德,积极构建以水文化为统领的文化育人体系，将"水文化"打造成自身校园文化的亮丽底色和精神内核，营造浓厚的水文化育人氛围。

二、主要做法

一是构建水文化育人体系，精心谋划布局。为全面贯彻落实党的十九大和全国思想政治工作会议及有关文件精神，牢固树立文化是学校发展的强大内驱力、核心竞争力、立校之魂和向上之根的意识。以培育和践行社会主义核心价值观为核心，以水文化为统领，凝练大学精神内涵，建设百米水文化长廊。从物质上直观构建彰显水文化特色的校园文化环境，将中华民族远古悠长的治水、用水、兴水、乐水的历史信息和文化融入文化长廊，将巴渝水文化、乌江文化、嘉陵江文化等流域文化融入文化长廊，将学院水利、电力、建筑等专业元素融入长廊，实现绿化与文化自然融合，建成独具特色的水文化长廊。利用已建成的水利工程展示水利人的丰功伟绩和水利人精神，激励、激发莘莘学子勤奋学习，励志成才，情致行业，报效祖国。

二是凝练水文化内涵，走访调研。成立水文化长廊建设项目组，走访调研全国各地、各高校校园文化建设，委托水利行业、文学大家等知名专家提炼水文化精髓。通过专家团队查阅解读大量文献资料，深入思考，反复调研，结合学院文化建设与人才培养要求，围绕"上善若水、学竞江河"的校训精神，水的优秀品质与育人哲学思想，水利人精神，工匠精神，中华民族远古悠长的治水、用水、兴水、乐水的历史信息和文化、巴渝流域水文化等丰富内涵，最终凝练出以"像水一样做人，像水一样做事"为主题，从"水之德""水之行"两个方面阐释水文化的"十之道"。

水之德，教育、培养师生像水一样做人，包括：水利万物——仁爱奉献之道，海纳百川——包容豁达之道，冰清玉洁——纯洁美丽之道，至量必平——公平公正之道，积水成渊——厚积薄发之道。

水之行，教育、培养师生像水一样处世，包括：饮水思源——感恩之道，流水不腐——运动超越之道，滴水穿石——坚忍执着之道，弱之胜强——刚柔勇敢之道，盈不求概——分寸尺度之道。

三是精心打造，建成百米水文化长廊。学院投资 500 余万元，委托行业设计专业团队，对百米水文化长廊进行具象化设计和打造，以"为人"及"处世"分为"水之德""水之行"两个区域，采用模拟重庆主要江河形态的一条曲折柔美的水流及步道连通贯穿，以雕塑、景墙、小品、题词、音频等多种方式展示水的千姿百态、水的崇高品德、水的无私奉献、水文化的哲学思想等内容。

同时，运用现代化技术，对应每个景观同步二维码多语种语音解读，保障文化精髓传递，并在最右的水文化墙上篆刻《水文化赋》，"盖水善无争，任方圆而显其德；仁行有道，涵日月以润其芳"，用以激励全体水利师生：今则以水为师，承延国粹；立德树人，磊落栋梁；厚德载物，力争朝夕而竞秀；上善若水，学竞江河以争光！

三、成效与启示

一是将水文化融入校园环境，增强文化自信。将水文化元素、水利精神、水文明、典型水利工程信息、水利大家名言警句等融入水文化长廊，潜移默化影响师生的思想观念和行为习惯，增强师生文化自觉和文化自信。

二是将思想教育融入校园环境，强化教育成效。将立德树人贯穿始终，以文化景观为载体，教导师生像水一样做人，像水一样做事。

三是将人才培养和育人理念融入校园环境，培养高素质人才。将水的优秀品质与育人哲学思想有机融合，具象化彰显水文化育人思想、书写传统育人故事，以其蕴含的历史文化和精神品质让师生在教育教学、学习生活中感知水利，进一步激发师生热爱水利、献身水利的热情。

水文化长廊文化景观的建成不仅提升了校园形象，丰富了校园内涵，而且弘扬了校园文化，展示了水文化魅力，彰显了育人功效，还培育了数以万计的水电师生，喜迎各方院校到校交流文化育人成果。

中国特色社会主义新时代背景下大学生宪法意识的培育
——山东水利职业学院宪法育人工作创新实践

李建伟,刘青果,付士国

(山东水利职业学院)

摘要:大学生宪法意识的培育是大学生法律意识培育的核心内容,同时也是促进大学生全面发展的必备内容。山东水利职业学院(以下简称"山东水职院")经过多年的研究与实践,厘清了大学生宪法意识培育的必要性,并在结合内涵及培育必要性对大学生宪法意识培育进行了有效的探索与实践,逐步形成了特色鲜明、载体厚重的大学生宪法意识培育的育人新平台。重视对大学生宪法意识的培育,健全校园法治环境;在校园文化建设中,突出尊重宪法、维护宪法权威的校园文化氛围;帮助大学生认识到宪法的重要性,树立对宪法的坚定信仰,增强公民行动能力,积极投身公共生活,增强大学生对宪法的信任感,提高大学生的宪法意识。山东水职院莘莘学子丰富多彩的大学生活,逐步成长、成人、成才的过程就是对宪法最形象的解读和贯彻。

关键词:新时代;宪法意识;培育;创新实践

宪法作为我国根本大法的地位决定了宪法意识在整体的法律意识中的核心地位。培育大学生的宪法意识是全面推进新时代依法治国的必然要求,是促进社会主义市场经济发展的内在需要,是促进大学生全面发展的必备内容。当代大学生在宪法意识培养方面存在认知水平较低,宪法信仰不坚定及宪法情感淡漠等问题,因此,多年来,山东水职院高度重视大学生宪法意识的培育,以及增强大学生对宪法的信任感。

宪法是我国的根本大法,它具有最高的法律权威和效力,在整个法律体系中占主导地位,宪法意识的培养对宪法在生活中的落实情况影响巨大。具体来说，宪法意识是将宪法所体现的权利义务及人民意志转化为具体、生动的权利义务关系及社会关系中人的行为。

一、培育大学生宪法意识的必要性分析

（一）大学生宪法意识的培育是全面推进依法治国的必然要求

党的十九大报告指出："全面依法治国是中国特色社会主义的本质要求和重要保障。必须把党的领导贯彻落实到依法治国全过程和各方面，坚定不移走中国特色社会主义法治道路，完善以宪法为核心的中国特色社会主义法律体系，建设中国特色社会主义法治体系，建设社会主义法治国家，发展中国特色社会主义法治理论，坚持依法治国、依法执政、依法行政共同推进，坚持法治国家、法治政府、法治社会一体建设，坚持依法治国和以德治国相结合，依法治国和依规治党有机统一，深化司法体制改革，提高全民族法治素养和道德素质。"大学生作为未来社会主义事业的建设者和接班人，必然承担着将我国建设成为社会主义法治国家的重要任务，同时也为实现依法治国提供精神支撑。帮助大学生自觉树立宪法意识，使之自觉维护宪法权威，也是新时代全面推进"依法治国"的必然要求。

（二）大学生宪法意识的培育是社会主义市场经济发展的内在需要

大学生是社会主义事业的建设者和接班人，必然会投入市场经济的大潮中。培养大学生权利义务意识等宪法意识，使之成为高层次、高素质劳动者的必须意识，可推动社会主义市场经济的良性发展。

（三）大学生宪法意识的培育是促进大学生全面发展的必备内容

当今的社会价值取向越来越多元化，大学生每天都受到不同思想、文化、理念的影响，缺少必要的宪法意识培育方面的价值观引导，思想容易出现问题。近年来，高校大学生的犯罪率呈上升趋势，大学生自身法律意识淡薄，特别是宪法意识淡薄已经成为主要原因。宪法意识是大学生法律意识培育的核心部分。

经过多年的研究，山东水职院对大学生宪法意识培育进行了有效的探索与实践，取得了成熟的宪法育人成效。

二、构建大学生宪法意识培育的创新实践

大学生作为高素质公民，对其进行宪法意识培育对我国法治社会的建设与发展有着战略性意义。

（一）大学生宪法意识培育"三全"创新教育模式

在高校学生思想政治教育中宪法教育的理论和实现研究的基础上，探索实践宪法意识培育构建和创新性路径。从培育新时代大学生的宪法认同为出发点，构建以大学生宪法知识文本教育、宪法意识与价值教育、公民宪政信仰为主要内容，以爱国主义教育为突破点，以高校思想政治教育方法为媒介，辅之以创新性的教育形式，构建大学生宪法教育的基本框架，进行使宪法教育贯穿高校学生思想政治教育的全员、全过程、全方位的创新教育模式研究。

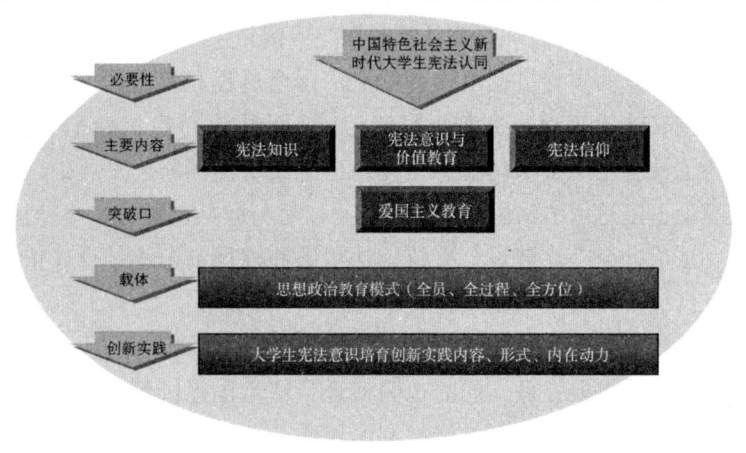

图1　中国特色社会主义新时代大学生宪法认同

1. 以大学生的爱国主义教育为突破口

从宪法理念和国家治理层面更加深入地理解爱国主义，以凝聚宪法共识基础上的爱国主义替代传统的以民族种族为界限的爱国主义，即引导大学生形成更加理性的"宪法爱国主义"理念。

2. 以高校思想政治教育为媒介

构建全员、全方位、全过程的"三全"育人模式，将宪法教育融入思想政治教育的始终。同时，注重理念和方式方法的创新，其中，包括教育内容的创新，注意宪法教育与道德教育"齐头并进"，共同构成完整的大学生思想政治教育。

（二）大学生宪法意识培育内容

大学生宪法意识的培育应该以宪法意识的培养为重心，以宪法知识的积累为基础，以宪法应用能力的提升为重点。

1. 以宪法意识的培养为重心

在进行大学生宪法意识培育的时候，要注意强调宪法意识培育的目的性和建设法治国家这个理想。

2. 以宪法知识的积淀为基础

宪法知识是宪法意识的理论基础,是大学生理解宪法原理的基础,在掌握了一定的宪法知识后,当遇到相关的宪法问题时,就更能够引起学生的注意。

3. 以宪法应用能力为重点

如果一个大学生对宪法文本倒背如流,对宪法知识无所不知,对宪法理念全都洞明,却不会在现实生活中应用宪法,不具有应用宪法的基本能力,那么他对宪法的所知所解也是毫无用处的。

(三) 丰富宪法意识培育形式

1. 加大各种媒体宣传宪法的力度

开展多形式宪法教育活动。学生具有很强的求知欲望,在学校教育中,开展多形式的宪法教育活动,书本教育与宪法讲座相结合,邀请宪法工作者到学校开展宪法知识课堂教学,开展多途径宪法知识教育学习,促进学生宪法意识的提升。积极创新载体,开展新生入学教育、主题班会、模拟法庭、法律知识竞赛、观看展览、演讲比赛等载体和形式,开展安全、禁毒、国防和防止校园欺凌等专题教育活动,增强学生法治意识。开设与宪法相关的微信公众号,加强相关的宪法公众号建设,定期推送一些关于宪法历史、理念、文化、时事的文章,做一些在线宪法常识知识测试等。

2. 融入"水文化"育人的德育目标,营造宪法培育的校园文化氛围

着力构建宪法文化环境。坚持在宪法教育中融入"水文化"育人的德育目标和人才培养规格有序推进,融入学院"以人为本、以水为魂"的办学理念,"上善若水、海纳百川"的校训等核心价值追求与人水和谐共生的理念。注重外部环境教育和影响作用,在社会和校园范围内营造法治和公正的氛围,积极传播宪法价值,通过文化活动潜移默化提升学生的宪法认知和宪法认同。在组织层面,学院各系部成立宪法兴趣小组、宪法教育宣传委员会等。在全院范围内组织宪法知识竞赛、以宪法为主题的演讲比赛,请相关专家学者以宪法为主题开展讲座,在每年12月4日宪法日的时候悬挂横幅、开展宪法主题班会等。这样,在校园里学习宪法知识、感受宪法精神、树立宪法信仰的氛围会日益浓厚。

3. 以"四个特色,4+4模式"重视思想政治理论课建设

"四个特色,4+4模式":主题突出、通俗易懂、互动参与、贴近生活四大特色;采用结合不同年级学生、结合身边发生案例、结合法治文化产品、结合现场师生互动的四种宣讲形式,通过尊崇宪法、学习宪法、以案说法、诵读宪法"四大模块"的宣讲内容。注重课堂效果,注重法治信仰培树,充分激发学

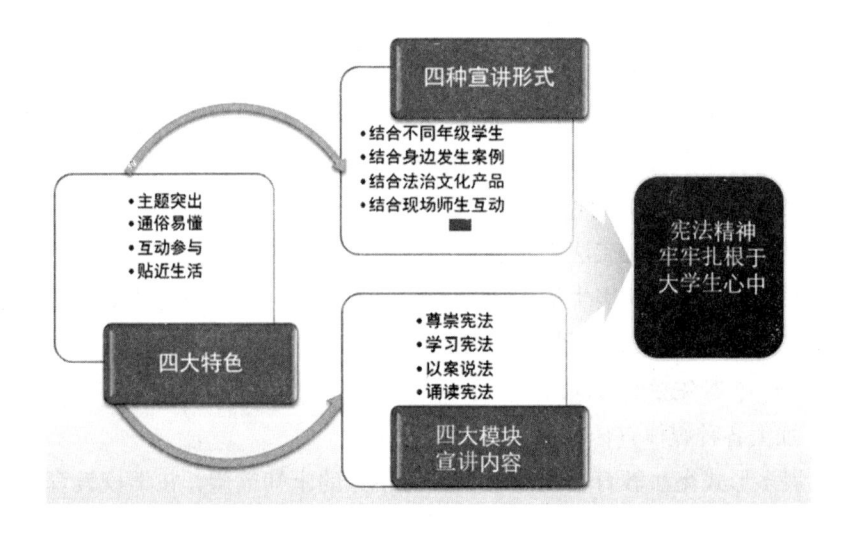

图 2　思想政治理论课建设

生的学法热情，让学生基本了解宪法，内心尊崇宪法，让宪法精神牢牢扎根于大学生心中。

"思想道德修养与法律基础""马克思主义基本原理概论"和"毛泽东思想和中国特色社会主义理论体系概论"是高校思想政治理论课的主要构成。课后组团观看"慕课"课程、建立自己的宪法微信公众号平台、建立班级微信群，引导学生提升对学习宪法的兴趣，加强学生宪法意识培育。学生课后开辟第二课堂，推荐比较合适的"慕课"课程给学生。同时，引入真实案例教学，如食品中的毒牛奶、毒豇豆，土地开发中的强制拆迁、高房价，交通事故中的同命不同价，春运中的车票涨价等衣食住行各方面无不与宪法发生联系。

4. 注重"生活中的宪法"，让宪法教育"活"起来

教育方式的转变和创新，教育重在日常，注重"生活中的宪法"，从五个方面让宪法教育"活"起来。

（1）运用"专业普法"的理念，让宪法教育"活"起来

运用"专业普法"的法治文化建设理念，通过将宪法教育融入专业课学习始终，培养学生的法治观念。将宪法及相关法规知识融入专业课程，把自觉遵守宪法、遵纪守法的意识纳入整个教与学的各个环节，使学生在就业前就养成遵守宪法、遵纪守法的良好职业道德。还要在课堂上、工程施工现场将那些滥用权力、恣意妄为、走上犯罪道路的案例展示给学生，并分析其产生的根源、造成的危害、防范的方法，让学生了解违背职业道德所面临的风险和可能引起

的不良后果，以警示和教育学生。

（2）运用"党课"引入宪法教育，让宪法教育"活"起来

在每期党课中引入宪法教育，可以培养大学生的宪法意识，有利于端正其入党动机。大学生在掌握党员权利义务的同时，学习宪法确立的公民基本权利和义务，了解二者之间的联系和区别，开阔视野，牢固树立宪法意识，为实现人生价值奠定坚实的知识基础。

（3）运用"宪法+地域文化"，让宪法教育"活"起来

坚持"宪法+地域文化"，积淀宪法文化底蕴。学院地处全国著名的三大革命根据地之一的沂蒙革命根据地，在第二次国内革命战争、抗日战争和解放战争中做出了不可磨灭的贡献，被誉为"两站圣地、红色沂蒙"。学院充分利用这一红色文化土壤，采用多种形式的教育实践把宪法培育融入其中。学院多次组建大学生宪法志愿者服务队深入沂蒙革命老区进行宪法宣传，将宪法精神与红色道德文化精神融合起来。

（4）运用"新时代大数据与宪法"，让宪法教育"活"起来

高校大学生遭遇网络诈骗和校园贷的事件屡见不鲜。诈骗分子通过盗取网络账号假冒他人进行诈骗；通过网络购物、网络游戏进行诈骗；以虚假电话短信及求职机会，为大学生提供网站链接进行诈骗；诈骗分子不断翻新诈骗手段，如制作钓鱼网站，以高额奖金、兑换积分等诱使大学生暴露银行账号、密码等个人信息。大学生应当充分运用宪法知识，当自身利益受到侵害时，拿起法律武器与诈骗犯罪分子做斗争。大力开展安全教育，应对网络诈骗；正确认识网络，树立防范意识；掌握网络技术，加强技能防范。近几年，学院学生网络诈骗和校园贷事件明显减少，学生参与网络诈骗和校园贷事件为零。

（5）运用"宪法与安全"，让宪法教育"活"起来

把宪法融入安全教育工作，包含公共安全、交通与出行安全、消防安全、生活安全、财产安全、网络安全、交往安全、教育教学安全、心理与生理安全等安全工作的理论与实践知识。安全素质是大学生全面发展不可缺少的素质，是大学生全面发展的内在要求。

（四）激发学生的内在动力

1. 培育学生的宪法信仰

宪法信仰是一种理性信仰，建立在独立人格的自信、自强、自我肯定的基础之上，这种带有反思的理性信仰对宪法本身以及国家基本制度的完善和发展具有积极的促进作用。

2. 构建自我教育机制

学院举办的学术沙龙、座谈会、辩论会等都是非常好的群体自我教育方式，群体自我教育借助群体活动为载体，使得自我教育形式更加多样，更具有吸引力，有助于受教育者自发进行互相督促，集思广益，互相学习。个体自我教育与群体自我教育一静一动，缺一不可。只有把这两种自我教育形式相结合，才能达到动静结合，互为表里，相得益彰，提高自我教育效率的目的。

3. 增强学生公民行动能力

在学院内进行了国家宪法日的相关宣传，组织观看了与宪法主题日有关的露天电影，组织了宪法知识竞赛等活动，吸引了一些大学生对宪法的关注，在一定程度上增强了大学生的宪法意识。学生和社区民众在参与其组织的活动或是在寻求法律指导的过程中，也获得了法律知识，培养了法律思维，规范了维权程序，增强了公民自身的行动能力。

三、大学生宪法意识培育的成效

依靠宪法育人工作新平台的构建，经过多年来学生宪法意识的培育和实践，成果显著。从每周一次的升旗仪式和国旗下的演讲，到各种集体活动上的升旗仪式，哪怕在宿舍看球赛听到颁奖仪式上的国歌响起，学生都会大声跟唱，因为在庄严的国歌声里回荡着宪法的尊严。

1. 立足社会讲坛，致力以宪法传播人

学院深入开展宪法教育，使"学宪法、讲宪法"的理念深入人心，取得显著成效。2018年，学院获第三届全国学生"学宪法讲宪法"活动山东省赛区演讲比赛决赛优秀组织奖、王娟同学获第三届全国学生"学宪法讲宪法"活动山东省赛区演讲比赛决赛（高校组）二等奖，李晓婧老师获评优秀指导教师。在2019年第四届全国学生"学宪法讲宪法"活动山东省赛区演讲比赛决赛中，学院荣获优秀组织奖，王娟同学获得一等奖，李晓婧老师获优秀指导教师一等奖。

2018年开始，王娟同学被山东省教育厅选入山东省大学生宪法演讲团，成了学法、讲法的一员。为深入贯彻中央、省委和教育部关于学习宣传贯彻实施宪法的部署，贯彻全国教育大会精神，充分发挥大学生宪法宣传教育的重要作用、贡献自己的一份力量，王娟同学跟随大学生宪法演讲团先后前往了山东科技大学、青岛科技大学、青岛高新职业学校、济南市章丘区中等职业学校、山东司法警官职业学院、山东警察学院等学校进行了巡回演讲。2019年4月，山东省法学会、省司法厅、团省委与中国法学会、司法部、团中央在京活动同步联动，王娟同学参加了在曲阜市举行的"山东省2019年青年普法志愿者法治文

化基层行"活动。

2. 立足宪法培育，促进了校园文化自信提升

校内课上、课下，线上、线下，各类活动丰富多彩，"宪法在我心中"全民网上宪法法律知识普及竞赛活动、宪法"慕课"课程、宪法微信公众号平台、班级宪法学习微信群、教职工宪法学习微信群等校内活动与校外宪法宣传志愿者进社区、进基层无不有水院师生的足迹，强有力地推动了校园文化建设。

3. 立足宪法培育，造就了学子优秀人格

通过宪法培育融入"水文化"育人的德育目标，激发了学生的学习热情和新时代的担当精神，在国家级、省级、市级专业技能大赛、双创大赛中频频获奖，彰显了水院学子积极向上、报效祖国的热情。

4. 走出象牙塔，志愿服务社会

每年学院500余名师生志愿者到沂蒙革命老区、日照市宪法宣传团、各大居民社区、海滨旅游区等地方进行宪法宣传活动，得到了社会的关注和好评，打造了水院的文化名片。

四、大学生宪法意识培育的启示

山东水职院大学生宪法意识培育育人工作平台建设实践证明，大学生宪法意识培育不是学校德育体系中的点缀，而是实现其德育目标、发挥其德育功能的主渠道。

大学生宪法意识培育育人工作平台建设是系统工程，必须系统策划，统筹安排，在空间布局、氛围营造环节上紧紧围绕学院"水文化"育人的德育目标和人才培养的规格有序推进。从大学生宪法意识提高开始，注重理论与实践相结合的宪法意识培养方法，一方面，有效引导大学生知宪法、守宪法、用宪法，逐步提高大学生的宪法意识；另一方面，将大学生群体作为宪法普法途径探索的"试验田"，研究出系统、有效、可操作性可推广性高的宪法意识培养方法，为全社会普法提供经验参考，充分发挥大学生群体在全面推动贯彻实施宪法方面的重要作用。

山东水职院莘莘学子丰富多彩的大学生活、逐步成长、成人、成才的过程就是对宪法最形象的解读和贯彻。

党员队伍进社区　结对共建促发展
——广东水利电力职业技术学院探索市政工程系党员志愿服务队进社区党建共建模式

黄林成，梁程妙，方焕新

（广东水利电力职业技术学院）

摘要：新时代大学生志愿服务是加强社会精神文明建设，培育和践行社会主义核心价值的生动载体。为响应"从群众中来，到群众中去"的号召，进一步凝聚大学生党员思想，会聚党员力量，推动文明城市的建设工作，市政工程系于2016年6月成立"党员志愿服务队""市政人市政魂育人基地"作为校内主阵地，从化、天河两校区周边多个社区作为校外主阵地，以"思想引领、文明共建、技能扶持、爱心传递"四维度为主线，探索构建"两阵地四维度"的校社党员党建共建模式。作为学校探索建立大学生党员进社区的党建共建模式先行试点，该共建项目得到合作单位及学校的高度认可，荣获从化区街口街家庭综合服务中心"优秀义工团队"荣誉，学校"最美志愿服务集体"荣誉，第二批"广东省党建工作标杆党支部"创建培育单位并报送到教育部的荣誉。

关键词：大学生党员；志愿服务；社区；党建共建

一、项目背景

新时代大学生志愿服务是社会文明进步的重要标志，是加强社会精神文明建设，培育和践行社会主义核心价值观的生动载体。习近平总书记给华中农业大学"本禹志愿服务队"回信中强调："青年朋友们要弘扬'奉献、友爱、互助、进步'的志愿服务精神，坚持与祖国同行、为人民奉献，以青春梦想、用实际行动为实现中国梦作出新的更大贡献。"大学生党员作为学生的优秀代表，在不断加强党的建设，增强党组织的吸引力、战斗力，鼓励党员在服务社会、服务群众中发挥先锋模范作用，培育和践行社会主义核心价值观是高校精神文明建设的内在要求。为深入贯彻习近平新时代中国特色社会主义思想，不忘初心、牢记使命，响应"从群众中来，到群众中去"的号召，进一步凝聚大学生党员思想，会聚大学生党员力量，同时推动文明城市的建设工作，市政工程系于2016年6月成立党员志愿服务队，联合从化街口家庭综合服务中心、从化西宁社区、天河华标社区、金田社区，开展思想引领、意识形态、爱国主义等方面的宣传，发挥师生专业优势，以环境治理、水资源保护、环保知识普及、爱心传递、技术帮扶等形式进行志愿服务，通过与社区服务中心共建，深入社区，深入基层，探索打造校社党员服务站品牌，建立大学生党员进社区的党建共建模式。

二、主要做法

（一）准备工作

1. 确定主题，形成初步方案

召开支委扩大会议，由支部书记提出成立志愿服务队共建社区基本设想，组织委员和党员代表充分讨论和提出建议意见，会后成立工作筹备小组，确定最终方案，经系总支书记审核通过，报学校审批。2016年6月，成立党员志愿服务队，确定机构、章程及配套服务措施，制定了《市政工程系党员志愿服务队章程》，章程详细规定了队伍的各方面要求，章程内容包括服务对象、队员条件、队员权利与义务、队伍监督与管理、组织机构和领导等。服务队以"服务校园，奉献社会"为宗旨，用服务队章程规范服务工作，为校园及城市文明建设贡献力量。

2. 动员宣传，统一思想认识

利用党员大会集中学习后的时间，动员广大党员参与志愿服务活动，加入"党员志愿服务队"，得到党员的响应和号召，建立起一支优秀、年轻、创新、奉献、主动的党员志愿者队伍。后续通过系党总支会议、学生党支部委员会、党员大会、工作部署会等方式，教育引导学生党员用习近平新时代中国特色社会主义思想指导工作实践，做好前期思想准备，确保全体学生党员统一思想，统一步骤，凝心聚力，开展好每次志愿服务活动。

3. 签订协议，确保活动实效

2016年7月，起草、修订、签订共建协议，明确共建双方责任。党员志愿服务队与从化街口家庭综合服务中心、从化西宁社区、天河华标社区签订党建共建协议，确保活动顺利举行，形成常态化、制度化的志愿服务模式。

4. 项目管理，形成长效机制

综合前期调研，充分掌握社区整体状况及服务需求，结合目前市政工程系党员志愿服务队伍实际，志愿服务队伍积极谋划，设计富有特色的志愿服务方案。采用项目管理，由总支书记和社区负责人把关，党员骨干负责活动推进，确保活动顺利进行，精准服务不同对象。

（二）开展方式、过程及特点

党员志愿服务队进社区，联合社区，与社区共建，对接新需求，对标"三型"党支部建设标准，从校内、外两大阵地、四个维度助推支部基层建设及支部党员作用发挥，以期探索大学生党员进社区党建共建模式。

1. 自我提升，备好服务技能

党员志愿服务队在进入社区共建服务前，需要进行系列培训考核，通过"市政讲堂""市政党员服务站""市政人市政魂育人基地"进行政治思想、专业知识、实操技能、安全知识等方面培训，合格后方可持证上岗，提素质，强能力，确保服务专业和实效。在此期间，根据培训学员的专业特长及技能进行分组，如确定了"理论宣讲组""技术服务组"等。

2. 携手前行，促进共建模式

市政工程系党员志愿服务队进社区，与社区党建共建，互相提升，培养学生的志愿服务精神，促进社区服务水平进一步发展。第一个层面是社区服务中心社工们用更专业的社区服务知识和经验定期对学生党员进行志愿服务业务培训，让学生党员的志愿服务更规范、更专业，为群众提供优质志愿服务指引。第二个层面是学生党员将党的最新理论成果带入社区志愿服务，加强社区服务的精神引领，在给社区服务增加新的活力的同时，发挥学生党员的先锋模范作用。

3. 勇于创新，丰富服务方式

市政工程系党员志愿服务队进社区，与社区服务中心通力合作，创设更具特色的服务方式，从思想引领、文明共建、技能扶持、爱心传递四个方面开展志愿服务工作。

（1）思想引领

我系党员志愿服务队成立宣讲组，负责时事政策宣传推广，确立"党的十九大精神与习近平新时代中国特色社会主义思想学生党员宣讲组"，向社区居民宣讲党的十九大精神与习近平新时代中国特色社会主义思想，使社区居民对党的十九大精神与习近平新时代中国特色社会主义思想及国家政策有更深入的了解，更清楚如何践行党的十九大精神与习近平新时代中国特色社会主义思想。

宣讲组成立至今已开展 30 多场思想引领主题宣讲，如"永葆入党初心，牢记党员使命""学习党史，锤炼党性——谈谈如何践行党的初心和使命""聚焦国际风云，守护中国阵地——谈谈党员如何坚守我国的意识形态""我爱我的祖国"等。

（2）文明共建

党员志愿服务队进社区，开展环境治理、水资源保护、环保知识普及、禁毒宣传等城市文明建设活动。开展"垃圾分类，你我同行""社区安全，你我守护""红流溪清，你我行动"等活动，向社区居民宣讲垃圾分类投放常识、科普社区安全知识及呼吁共同维护从化河溪流的山清水秀；举办"党心民心万众一心，防毒禁毒众志成城"禁毒宣传活动，增强了广大市民自觉远离毒品、自觉抵制毒品的意识，进一步扩大了禁毒宣传的覆盖面，共同构建无毒社区、文明社区。

（3）技能扶持

我系党员志愿服务队进社区开展知识讲座、义务维修等活动，对社区进行技能帮扶。党员志愿服务队结合社区的实际电路情况以及家庭电器使用中易出现的用电隐患，为社区居民开展安全用电培训班和社区课堂，提高社区居民用电安全意识；为社区居民进行义务维修，帮助居民义务维修"家用小电器"，讲解家电使用和保养方法，提高学生党员实践动手能力，同时解决居民"闲置则未能物尽其用"的烦恼。

（4）爱心传递

我系党员志愿服务队与社区服务中心携手将爱心传递，开展关爱儿童、关爱长者、关爱环卫工人等活动。党员志愿服务队与社区服务中心举办了"迎六一暨家庭同乐日"和"长者趣味运动会"活动，促进亲子之间的感情交流和宣传科学的家庭教育观念，传播家庭正能量，促进社区老年人的身体健康发展；举办了"缘定流溪·见证永恒——长者集体纪念婚礼"，让长者体验现代结婚的喜悦，圆长者的婚纱梦；开展了 Teen 使行动青年公益服务队组建仪式及关注环卫工活动，用实际行动支持环卫工人。

（三）后续工作

我系党员志愿服务队 3 年多进社区志愿服务得到合作社区的认可和好评，并得到学校的支持和认可，后续工作重点主要分 3 部分。其一，及时总结，形成经验，抓典型示范。活动结束后及时总结，收集当地政府、社区居民、带队老师及学生党员对每一次志愿服务的意见和建议，并做出相应整改，通过心得撰写、制作活动成果、展播视频等形式，加大宣传推广力度。其二，深入服务，锐意创新，历练凝聚精神。继续深入与社区合作，创新志愿服务内容与形式，赋予志愿服务新的精神内涵，探索社区与党员党建共建模式，丰富基层组织生活活动载体，形成系统长效机制。其三，推广辐射，形成模式，将社区共建经验形成典型示范。尝试与天河校区系部深入合作共建社区，争取其他服务范围，形成各具特色的社区共建模式，提高覆盖面，让更多群体受益。

三、成效与启示

（一）成效

1. 党员志愿服务形成长效机制

自 2016 年 6 月我系推行党员志愿服务队进社区党建共建模式开展以来，深入与社区合作，形成党员服务长效机制，打造党员服务品牌，据不完全统计，我系 3 年多来党员进社区开展志愿服务共计 130 余次，参与服务多达 1500 多人次。

2. 党员志愿服务意识明显增强

该项目对接新时代社区新需求，既能发挥党员个人所长服务社区，同时深入社区，深入基层过程中，更能详细了解社区情况，了解百姓所需，了解国情，以后可以更好地服务社会、报效祖国，将为人民服务转变为自觉的行为模式。

3. 党员先锋模范作用充分发挥

党员深入社区，为社区居民开展形式丰富的志愿服务，进一步促进党员党性的锤炼，使党员坚定理想信念、强化宗旨意识，有效地激发党员正能量，充分发挥党员的先锋模范带头作用，加强了党员的教育效果。

4. 党员教育形式内容更具活力

支部党员志愿服务队进社区党建共建活动在活动方案设计、活动机制生成、支部特色品牌建设等层面加强了学生党员社区基层服务能力渗透。支部党建活动坚持理论性、实践性、创新性相结合，坚持理论教育与体验性教育相结合，活动形式多样，内容丰富，党员受教育面广，更具活力。

5. 党员志愿服务宣传成效更大

一方面，通过微博、"市政工程系快讯"微信公众号、市政工程系官网等线上平台做好活动的前、中、后期宣传，制作微视频进行展播，做好正能量宣传，吸引了更多学生党员参与其中；另一方面，通过工作部署会、中期研讨会、座谈交流会、总结会等线下会议进行宣传推广。

6. 党员进社区共建更具可能性

党员志愿服务队进社区党建共建模式是学校党建与社区共建的先行试点，活动成功开展为学校探索该模式的可能性奠定了基础。我系党员进社区共建项目得到合作单位及学校的高度认可，获从化区街口街家庭综合服务中心授予的"优秀义工团队"荣誉、校团委"最美志愿服务集体"荣誉、第二批"全省党建工作样板支部"创建培育单位荣誉。

（二）启示

首先，组织生活创新应富有时代气息，贴近党员思想、学习、生活实际，激发党员活力。结合"三型"党支部建设标准，探索更多创新的可能性，真正让组织生活成为党员锤炼意志、进步的主载体。

其次，学做结合，勤于实践，有利于提高党员政治学习的效果，加强党员的党性锤炼，通过深入社区开展形式多样的志愿服务活动，提高党员的宗旨意识。

最后，党建与业务深度融合，有利于夯实支部党建基础，业务工作丰富了党建的内容和形式，党员在实践中加强党性锤炼，充分发挥党员的示范表率作用。

爱水利　学水电　兴水业

——湖北水利水电职业技术学院水电站运行与管理专业思政特色育人

梁吟曦，朱光波，王春民

（湖北水利水电职业技术学院）

一、已实施情况

本项目以水电站运行与管理专业为主要载体，实施专业思政，以"水电站计算机监控技术"为主要课程载体，实施课程思政。为坚决落实立德树人根本任务，"点亮中国，见证时代"，从立德树人两个方面挖掘专业思政和育人特色。

1. 专业基本情况

湖北水利水电职业技术学院创建于1952年，水电站电力设备专业为学校最早开办的骨干专业之一，也是全国较早开设的专业。2002年，学校升格为高职院校；2005年，水电站运行与管理专业（以下简称"水电专业"）开始招生。2006年，水电专业被确定为学院四大重点建设专业；2010年，被中国水利协会确定为高职建设示范专业；2011年，被确定为学院特色专业；2012年，被遴选为湖北省战略性新兴（支柱）产业建设专业；2015年，被中国水利协会评选为水利类特色专业；2016年，被湖北省教育厅评选为特色建设专业。

水电专业在人才培养过程中，坚决落实立德树人根本任务，将社会主义核心价值观教育贯穿技术技能人才培养全过程。追求育人和用人相结合，成人和成才相结合，课程与岗位职能相结合，求知与求职相结合，不断适应市场和社会的需求变化，逐步形成特色鲜明的水电专业的课程思政育人特色。

（1）专业思政，改革人才培养模式

从人才培养方案的制定，组建"水电专业教师+水利专家+思政课教师"的三方交流和研讨，对接专业思政内容，紧密联系科技发展趋势，以技术技能积累为纽带，目的是培养符合新时期水利人才的需求，形成了"一主线、二融合、三层次、四岗位"工学结合人才培养模式。

一主线：以"水"为主线，注重学生职业能力和职业素养的培养，贯穿整个专业人才培养过程，实现专业思政，力求专业课程与思政课程同向同行、协同发展。

二融合：校企深度融合，一方面，企业为教学提供支持，校企共建实训室和实习基地；另一方面，学校为企业提供社会服务，培养合格人才的同时为企业员工提供学习深造的机会。

三层次：按照水电专业高技能人才培养要求和职业成长规律，分3个阶段，按照学生个性化发展来进行学生专业基本能力、专项能力和综合能力这3个层次的培养，学生职业能力逐层提升，并同步培养学生"爱水利""学水电""兴水业"的职业素养，实现专业思政。

四岗位：设置水电站安装、水电站运行、水电站检修、发电工程技术管理4个职业岗位方向，拓宽学生就业面。

以新时期建设高水平高职学校和专业建设计划为契机，水电专业教师也注重高职教育教学理论的探讨与研究，专业建设定位，全面贯彻党的教育方针，坚定社会主义办学方向，完善职业教育和培训体系，健全德技并修、工学结合的育人机制，服务新时代经济高质量发展，为中国产业走向全球产业中高端提供高素质技术技能人才支撑。本着教学内容与职业接轨、教学组织灵活多样和教学手段现代化的原则，在教学过程中，学生实习实训要结合工程实际项目来进行。注重学生实践动手能力的培养，部分专业课程的理论教学和实训项目直接在企业单位（工程现场）进行。在整个教学过程中，要求实践性教学环节不少于总课时的50%，保证学生顶岗实习不少于1个学期，使学生具备综合运用所学专业知识的能力，注重培育和传承工匠精神，引导学生养成严谨专注、敬业专业、精益求精和追求卓越的品质，为社会培养一批技艺高超的高素质技术技能人才。

（2）课程思政，重塑模块化课程体系

水电专业围绕立德树人的根本任务，"立德，就是立德业，养德行，有德行。树人，就是培才能，练技艺，有才学"。同时，为了服务水力发电产业，支撑湖北能源强省、国家全球能源互联战略，以水电特色专业建设为平台，基于工作过程重构课程体系，创新模块化教学模式。

水电专业教师团队的3名成员已入选首批国家级职业教育教师教学创新团队，为更好地为专业课程体系服务，助推基于生产过程的人才培养模式，体现以学生为中心，让学生在"做中学，学中做"，教师在"做中教"，紧扣专业体系"爱水利""学水电""兴水业"构架中对应的3个专业课程模块，梳理对应的职业岗位，使专业课对接岗位又对接课程思政，创建三个对应的课程模块作为创新载体。对3个课程模块的教学模式、创新教学团队建设、教材教法研究、技能提升、"1+X"证书等开展教学改革课题研究，探索基于工作过程导向的教学方法。每位教师全面参与人才培养方案制（修）订、课程标准开发、教学流程重构、课程结构再造、学生管理及评价等专业建设的全过程。

2. 制度建设提升内涵，过程管理保障质量

在学院开展内部质量保证体系建设的推动下，本专业在课程层面的质量保证体系成为重点建设部分，结合新形势下教学管理的新内容，先后出台和修订了《专业建设管理办法》《课程建设管理办法》《专业建设与动态调整管理办法》《在线开放课程建设管理办法》《专业教学资源库建设管理办法》《名师工作室建设管理办法》《课程建设规划（2018—2020）》《关于制定课程建设方案的指导性意见》《关于制定专业建设规划的指导性意见》《湖北水利水电职业技术学院技能竞赛组织管理制度》等一系列教学制度，为教学管理的内涵发展奠定了基础。

以专业建设和课程建设为抓手，强化过程管理，从过程中要质量。在统一的人才培养方案修订的框架下，水电专业基于广泛调研和校企共议，有序开展了人才培养方案的修订工作；在课堂教学中推广基于"一平三端"的智慧教学系统应用，既丰富了教师在讲课过程中与学生互动的形式，又对教师整个授课过程的质量进行了全过程信息化反馈；专业教师能力培训步入常态化，及时发现教师在教学、科研等方面的薄弱点和需求点，随时利用周四下午教研时间开展有针对性的培训交流，如利用学习通开展互动、使用云课堂等，鼓励教师参加教学能力大赛。

教育信息化推动教育现代化。深入推行以学生为主体、以教师为主导的教学理念，实施因材施教、分层教学，离不开现代信息技术手段的运用。随着学院2014年引进"超星泛雅"在线开放课程平台，2018年新建"智慧校园"网络，本专业教师不断在平台上建课，现已上线水电专业课程5门，累计资源总量3246G。为了更好地让教学平台用起来、活起来、热起来，我们在充分挖掘网络教学平台进行课程及教学资源建设管理功能的基础上，以平台为核心延伸建立了教室端、移动端和管理端，即"一平三端"体系，课程实施在课前、课中、课后以信息化贯穿全程，有力地推进了课堂信息化的进程。

——教室端，主要利用教室电脑、多媒体设备和学习通APP完成，趣味开展课堂互动。上课过程中，教师可以利用教室端投屏功能，在投影仪上实时展示签到、选人、投票、分组讨论、成果展示、小组互评情况。

——移动端，利用学习通 APP，师生共同开展课前预习准备、课中交互学习和课后复习阅读。

——管理端，又称"移动端智慧教务监控"。专业教师及教学管理人员可以随时掌握本校资源总量及每日上传资料数据，了解教学资源分类，资源数量，以及各课程、教师资源数量，统计数据，全面掌握上课情况、课堂活动发放情况、课堂作业布置和批阅情况、师生互动情况、讨论情况，有利于课程统计分析，有助于提高教学服务，更助推专业课程的诊改。

随着学院"智慧校园"的建设，水电专业的"智慧课堂"也在积极建设中，广泛应用线上、线下混合教学，促进自主性和个性化学习。教师可以通过"智慧校园"收集网络课程或实际课堂中学生的学习行为数据，基于学习活动全过程、全方位的多维大数据，利用教育数据挖掘和学习分析技术进行处理、分析和建模，帮助我们深入理解课堂教学数据蕴含的价值，做出基于数据的教学决策，支撑学情分析、把握学生学习行为、改进教师教学和优化学习过程。

3. 全方位评价体系，提升育人质量

（1）打造"两覆盖"，构建质量评价体系

水电专业建设指导委员会包括了"专业教师+企业导师+思政课教师"，在该专业建设指导委员会的指导下，共同研究制定人才培养质量评价标准，全面贯彻"三全育人"思想，实现全员、全过程、全方位的育人体系以及全面多维度的评价指标体系，要从"教"走向"育"，构建教育评价新模式，营造教育评价新生态，全面提升人才培养水平。

首先，实现评价体系全员覆盖，即评价体系中包括对在校生的评价和毕业生的评价。在校生的评价，主要通过院、系、室、生四级教学质量评价体系完成，毕业生的评价，主要将就业率、社会认可度等作为人才培养质量的核心指标。

其次，评价体系教学全过程覆盖，不仅要对在校的学习过程全跟踪，还要对毕业后的就业情况继续跟踪。根据今年大三毕业生数据分析，水电专业的毕业生工作单位主要分布在湖北省内。全国水利类院校中开设水电站运行与管理专业的一共只有两所，而我们专业在建设过程中也是立足服务本省经济，做出特色，向外辐射，以提升水电专业服务区域产业发展能力为出发点，力争把本专业建设成为服务湖北及周边地区经济发展方式转变和现代支撑型专业，并辐射带动同类院校相关专业群的发展。

最后，采用丰富多样的评价方法，构建由学校、企业、学生、政府等为评价主体的评价组织，采用专业思政的思路，不断完善评价方式，利用网络调查法、问卷调查法、访谈法和毕业生跟踪调查法等全面的方法，按照评价的指标融入思政内容，着重调查职前和职后的愿景实现和在校生与毕业生对专业及课程的满意度等问题，对人才培养质量进行全方位的评价，将以上几个方面的评价内容作为反馈，不断调整教学策略，也为调整人才培养目标提供重要依据。

（2）完善院、系、室、生四级教学质量评价与反馈系统

建立与完善以学院教学督导为主，系部、专业教研室教学督导为辅，学生教学信息反馈与评价为促的四级教学质量评价与反馈系统。完善学院教学督导制度，聘请有丰富教学经验的教师担任学院教学督导，不定时深入班级听课，了解教师教学情况，了解学生学习情况，掌握整个教学实施过程。

表1　考核评价体系

序号	考核项目	考核内容	考核标准	分值比/%
1	过程成绩	课前预习——提出问题；课中——对问题理解分析；课后——对问题总结情况和总结课堂参与情况	出勤情况、学习主动性、配合教师情况、完成作业情况等	30
2	任务成绩	基本知识考核 操作任务考核	每生单独进行运行任务考核，完成问答及模拟操作任务	20
3	考试成绩	基本知识部分 实际操作部分	每生单独进行试卷考试	50

人才培养质量评价体系，强化"主体多元、手段多样"的过程性考核方式。在教学过程中即时、动态、多次对学生实施评价，注重及时反馈，以强化和改进学生的学习。在实施过程中，我们将专任教师、企业教师、学生自身和学习伙伴均作为评价主体考虑，全方位了解学习者的学习状况；根据课程和课程教学模块的性质不同、考察目标不同，鼓励教师使用设计汇报、测验、报告、实物作品等多种手段的评价方式，全面评估学习者的学习成效。

此外，还在日常的监控基础上，开展了教学视导、教学诊改专项质量检查工作。在人才评价方面具体采取了以下新举措：一是利用学生顶岗实习阶段，通过"学生顶岗实习评价表"了解用人单位对学生知识、能力与素质的评价；二是每学期均安排专业教师深入用人单位开展企业回访，收集用人单位对毕业

生的评价和对人才培养的建议；三是结合学院每年组织的家访，听取学生家长对学生培养的期望和建议。逐步完善由学校、社会、企业和家长等参与的质量评价制度，形成全面、客观的人才培养质量的评价体系。

水电专业培养的人才面向湖北区域、水电行业，作为湖北电力重点产业的人才输出地，我们依托特色专业建设，加强人才培养质量评价体系的完善，发挥专业群的集聚效应和服务功能，实现高质量人才输送，使人才培养供给和产业需求全方位融合。

（3）实施常态化的教学诊断与改进

以全面质量管理思想为指导，按照"需求导向、自我保证，多元诊断、重在改进"的工作方针，以完善人才培养质量标准、制度，健全管理、监控机制，不断提高利益相关方对人才培养工作的满意度为目标，树立创新发展责任意识和现代质量文化意识，建立常态化、可持续的诊断与改进工作机制，按照目标任务，利用诊改信息平台和智慧校园信息管理系统，实时采集数据，采用质量改进螺旋，对学院重点工作任务、专业质量、课程质量、教师和学生发展5个层面实施诊断、监测、预警与改进，不断提高人才培养质量。

二、项目特色

学院以水建校，以水立身，坚持"以水育人，筑梦青春"的育人理念，在挖掘"金以刚折，水以柔成""绳锯木断，水滴石穿""流水不腐，户枢不蠹"等水文化内涵的过程中，不断探索行业、企业、学校各部门以及学生家庭联动育人的体制机制，在这样的大格局推动下，为落实立德树人根本任务，水电站运行与管理专业在完成教学和实训任务的基础上，协同思政课部千方百计融入"新中国水电站技术发展国情考"和"爱我千湖 绿满荆楚"等内容，本着"明确目标追求与功能任务，实现立德与树人、育人与育才的有机结合"的指导思想，在专业课与思政课同向同行问题上扎实迈进，取得阶段性成果，其特色如下。

1. "双元"同轨

"双元"中的"一元"是新中国水电站技术的发展演化，就是以时间为纵轴，专业课以新中国水电站技术从弱到强的技术革新史为课程推进主线，讲清楚每个时期技术进步的关节点，并要求学生学习并掌握必要的知识和技能。另一元是思政课教师结合新中国成立以来的国情，讲清楚在时间轴上与技术进步对应的历史时期以及当时我国国内国际的形势与政策，对国情进行分析，让学生明白在中国共产党的领导下，风雨兼程的70年是艰苦奋斗的70年，是自力更生的70年，学生作为强国一代，要继承和发扬前辈的奋斗精神，一不怕苦，二不怕累，砥砺前行，成为社会主义事业的建设者和接班人。这样，专业课与思政课同向同行，共同解答培养什么人、怎样培养人、为谁培养人这个根本问题以及中国共产党为什么能的问题。

2. 立德树人

"所谓立德，就是立德业，养德行，有德行。要培养受教育者具有坚定的理想信念、崇高的思想品格、优良的道德品质。所谓树人，就是培才能，练技艺，有才学。要培养高素质、能力强、具有健康心智，有一技或多技之长的人才。立德主要体现出的是育人，树人主要体现出的是育才。立德与树人、育人与育才也就是我们一贯强调的德才兼备、又红又专，引导学生成为全面发展的合格社会主义建设者和接班人。立德主要通过思政课程教育教学的引导来体现；树人则主要通过课程思政的教育教学来体现。"于向东教授对立德树人内涵解释得十分精当。就"水电站计算机监控技术"这门课来说，思政课教师负责挖掘水文化中的育人内容，协同学工和团委做好"爱我千湖、绿满荆楚"的志愿活动，组织征文大赛，引导学生探索水与人和谐共生的途径，使学生从心底对自己的职业有向往和追求；专业课教师负责指导学生去实训基地学习，向一线工人求知问技。专业课与思政课同向同行，把学生培养成德技并修，有理想、有本领、有担当的时代新人。

3. 水滴石穿

要做成一件事，必须持之以恒，久久为功。育人工作更是如此。有些高职学生学习习惯和行为习惯都不是很好，加强教育势在必行。思政课是立德树人的关键课程，为了提升"水电站计算机监控技术"这门课学习者的素养，主动参与到思政课部的校级品牌思政"创享课堂"。该"创享课堂"已运行近1年，在全院师生中有口皆碑。创享课堂的特色是专业课教师和思政课教师同上一堂课，大家就思政课的某一专题进行同台讲授，使课程在立德树人两个方面都能挖深挖透。例如，"树立正确的择业观和创业观"专题，思政课教师负责采编发生在学生身上真实的就业故事，并组织学生排演小话剧，在创享课堂作为开场戏导入课程，请学生投屏回答"你认同剧中哪一位角色的职业选择"，学生选择结果出来后，请专业课教师从专业的角度分析学生为什么有的能顺利就业，有的却不能顺利就业，然后请行业资深人事主管分享企业用工需求的倾向以及看中的品质，最后连线行业中的优秀毕业生代表讲一讲心得和建议。这种课不同于传统课程的地方在于，把专业的事交给专业的人去做，才会真正有效，学生才能真正获益。但是，组织这么一场课是非常劳神费力的，考验着组织者的承受力和热爱度，只有秉持水滴石穿的精神，才能真正做到课程解渴，直击人心。本课程愿意与思政"创享课堂"同进退，共同打造立德树人金课。

三、育人实效

1. 课程思政，促进职业素质全面养成

以习近平新时代中国特色社会主义思想为指导，保证职业教育改革发展正确方向；坚持立德树人，大力推行课程思政全覆盖；弘扬劳模精神、劳动精神和工匠精神，营造劳动光荣、技能宝贵的良好教风与学风。结合行业发展和企业用人需求，以立德树人为中心，以职业能力培养为导向，以服务区域经济发展为目标，以突出工学结合和校企合作为落脚点，形成了极具特色的"一主线、二融合、三层次、四岗位"工学结合人才培养模式。

在人才培养方案的"三层次"方面，特别融入了专业思政，为了实现专业课与思政课同向同行，协同发展，我们在培养学生"专业基本能力""专业专项能力""专业综合能力"三个阶段能力的同时，也同步培养学生"爱水利""学水电""兴水业"三个层次的职业素养，真正实现专业思政。

本专业教师与思政课教师协同从三个方面开展工作。

首先，人才培养方案制订方面，依托水电行业，聘请企业行业技术骨干与能工巧匠，与校内思政课教师一起交流和研讨，来制订本专业人才培养方案，基于水电专业工作岗位要求，以职业能力的提升为主线，坚持育人与服务有机融合，即课程结构体系设计基于工作岗位、工作任务，培养提升学生工作能力，对接行业，实现人才培养供给侧、产业与需求侧结构要素全方位融合。

其次，课程设置方面，为了实现专业课与思政课同向同行，协同发展，特别安排了相关专业课程，对应专业能力培养的同时，也培养学生"爱水利""学水电""兴水业"的三个层次的职业素养。比如，第一阶段"专业基本能力"培养，专门安排了"水情与水文化""水电站概论"和"水电站认识实习"等特色课程，对学生进行第一层次"爱水利"的基础教育；第二阶段"专业专项能力"培养，开设"水轮机""水力机组安装与检修"等课程及配套实训，来实现"学水电"的第二层次专业素养达成；最后一学年的课程有"水电站计算机监控技术"和"电气运行"等，培养学生"专业综合能力"，实现第三层次"兴水业"的宏图。

最后，师资培养方面，优化"双师"教师队伍结构优化。在专业教师团队中每个层次的教学队伍都配备一名思政课教师同步参与教学研讨，在同步的思政类课程中体现与水电专业相关的内容。为进一步提升学院教师教学水平，校内教师除参加专业理论学习、培训，提高专业理论水平外，还轮流到企业锻炼。开展"360下企锻炼"，建产业型"双师"队伍建设模式。为保障教师持续更新行业最新技术及行业标准，与国家能源集团共建专业教师培训平台，专任教师以下企锻炼方式进入企业，与企业工程师组成"校企教学团队"，校企人员共同承担学校教育、企业培训和技术服务，每位成员都集教师、培训师、工程师于一体。团队实施企业化管理，校企人员按同一标准进行培养、考核。专任教师的工程实践能力得到持续提升，解决了双师素质"保鲜"的问题；企业工程师深入参与专业建设和教学实施，解决了兼职教师教学参与度和队伍稳定性的问题。

从以上三个方面来看，有效保障本专业的"三层次"模块化课程体系，是以学习者为中心，在提升职业能力的同时深入渗透水文化，并加强了水电岗位职业素质的培养。重构之后的人才培养模式，极具水电专业特色，从学习课程循序渐进促进学生"爱水利"，到跟着懂水电的精英教师"学水电"，到最后实现用知识、用技能、用上善若水的精神来"兴水业"，为水电行业培养高素质的劳动者和技术技能人才。

2. 探索赛教融合的教学改革，提升学生职业技能和职业素养

本专业在高职技能大赛方面，不断提升师生信息素养。引导和促进师生参加各项技能大赛，以师生共同成长的方式来提高学生实践动手能力。组织学生积极参加学院每年举行的PLC技能大赛、单片机编程比赛、电气CAD制图比赛、电机组装比赛，组织学生参加全国大学生电子设计竞赛、全国水利高职院校技能大赛及湖北省技能大赛等活动，提高学生的专业技能；鼓励教师参加全国职业院校教学能力大赛，达到教学相长的目的。

教师的教学能力显著提升。在项目建设期间，教师团队在全国、全省水利行业职业院校教学信息化和教学能力大赛中多次获得大奖。

表2　教师参加水利行业职业院校教学信息化和教学能力大赛获奖情况一览

序号	教师	奖项	级别	获奖时间
1	梁吟曦	2016年全国信息化大赛（高职组）信息化教学设计二等奖	国家级	2016
2	向变	2018年全国教学能力大赛（高职组）信息化教学设计二等奖	国家级	2018

续表

序号	教师	奖项	级别	获奖时间
3	梁吟曦	2018年全国教学能力大赛（高职组）信息化教学设计二等奖	国家级	2018
4	梁吟曦	第一届全国水利职业院校青年教师讲课竞赛二等奖	国家级	2018年12月
5	王春民	2018年全省教学能力大赛（高职组）信息化课堂教学三等奖	省级	2019年6月
6	杨燕妮	2019年全省教学能力大赛（高职组）信息化课堂教学二等奖	省级	2019年6月
7	周园	2019年全省教学能力大赛（高职组）信息化课堂教学二等奖	省级	2019年6月

水电专业非常重视培育学生创新素质，启迪学生创新思维，鼓励学生在创新创业道路上不断前进。学院以大学生"挑战杯"竞赛为牵引，着力培养大学生的创新精神和创造能力，呵护、激发大学生的创新热情，为大学生创新实践活动的开展、大学生创新成果的转化"架桥铺路"。

四、推广价值

1. 知识传授与价值引领交相辉映

2016年，全国高校思想政治工作会议指出，做好高校思想政治工作，"要用好课堂教学这个主渠道，使各类课程与思想政治理论课同向同行，形成协同效应"。这一全新理念与精神指引，创造性地为高校提升"立德树人"动力提供了科学的行动指南。

水电专业在课程思政创造性转化过程中，充分提炼各门专业课中蕴含的文化基因和价值范式，全方位、多层次地引导学生树立社会主义核心价值观，本着"以水育人，筑梦青春"的育人理念，在"润物细无声"的知识传授中融入理想信念层面的精神指引，在对学生进行"专业能力""专业专项能力""专业综合能力"三个阶段能力培养的同时，也同步培养学生"爱水利""学水电""兴水业"三个层次的职业素养，真正实现专业思政。

（1）建立创新实训室，力求与时代同向、与祖国同行

水电专业为学生提供开放的创新工作室，能够为参加职业技能大赛的学生提供模型制作、动画视频制作、室内试验研究及报告编写等工作的场地。实训室教师与思政课教师协同，在学生知国情、知水情的前提下，引导学生明确努力方向，激发学生的学习热情和动力，扩宽学生自主学习的时间和空间。提供更好的创新创业平台，为提升学生的综合职业素养提供有力保障。

水电专业围绕立德树人的根本任务，服务水力发电产业，支撑湖北能源强省、国家全球能源互联战略，以水电特色专业建设为平台，基于工作过程重构三层次的课程体系，创新了三个模块化教学模式，又创建了三个创新工作室，作为创新载体，充分体现了学院对培养学生实践、创新、团队协作等能力的重视，也体现了专业课思政的更新脚步。学生有组织创新创业团队，主要为学生创新设计以及参加全国大学生水利创新设计大赛服务，在创新工作室能更好地发挥学生的自主学习能力，提高育人质量。

（2）利用国家网络资源库，拓展课程思政教育新空间

为适应"互联网+职业教育"需求，本专业教学团队发挥信息教学能力的优势，推进数字资源和教育数据共建共享，助力教育服务供给模式升级。本专业双师教学团队在核心专业课程建设中，发挥特长，将专业课程都采用信息化教学平台结合现场案例进行教学。以"发电厂及电力系统"国家级专业教学资源库建设为契机，联合项目参与院校共同开发建设资源共享课、视频公开课、微课等资源库。利用学院超星学习平台建设在线开放课程，引入现代信息化教学技术和手段，开展线上线下混合式在线教学。专业课中"电气控制与PLC技术""电气设备""电气运行"等5门在线开放课程已正式在"超星平台"上线并投入使用，"自动装置"这门课程在"智慧职教"上线使用，其课程情况及网址见表3。

表3 已上线使用的精品在线课程统计

序号	课程名称	在线开放课程情况及网址
1	"电气控制与PLC技术"	课程已上线并投入使用3届 智慧校园平台：http://mooc1.chaoxing.com/course/86631184.html
2	"发电厂微机监控技术"	课程已上线并投入使用2届 智慧校园平台：http://mooc1.chaoxing.com/course/86660752.html

续表

序号	课程名称	在线开放课程情况及网址
3	"电气运行"	课程已上线并投入使用2届 智慧校园平台：http：//mooc1.chaoxing.com/course/96646270.html
4	"电气设备"	课程已上线并投入使用3届 智慧校园平台：http：//mooc1.chaoxing.com/course/98651943.html
5	"自动装置"	课程已上线并投入使用1届 国家专业资源库平台：https：//www.icve.com.cn/portalproject/themes/default/nlc8adsmkyxltb－gpy－w3w/sta_page/Microclass.html
6	"专业认识实习"	课程已上线并投入使用1届 国家专业资源库平台：https：//www.icve.com.cn/portal/courseinfo？courseid=4u5haeiop71kwmikvj4f-g

我们将课程上线到"智慧职教"平台的同时，积极发挥课程思政的正向作用，对水电专业的整个课程体系进行梳理，并倡导学生学习水电历史，了解技术攻坚的过程，促进学生真正从内心"爱水利，学水电，兴水业"，力求专业课与思政课同向同行，协同发展。

在"智慧职教"国家级资源库中，有很多水电行业先辈和一代又一代甘于奉献的水电人，在当时的条件下，如何攻克技术难题的先进事迹。"智慧职教"云平台能够为学生提供必备的专业知识，还能打动当下学生，因为技术冰冷，难动人心，而人的奋斗，人造奇迹是可以让人动容的。因为技术背后一定有人的努力，才会有温度，才会让学生爱专业，才能领悟到自己专业的不容易，才能认真学习前人用汗水和生命拼搏出来的技术成就。

2. 以立德树人为中心，思政工作贯穿教育教学全程

（1）专业课与思政创享课堂同向同行，探索课程载体创新

打破专业壁垒，探索不同专业背景的教师同上一堂课的做法，打破校企壁垒和工学壁垒，结合高职实际落实"三全育人"工作，推进立德树人根本任务的落实。

今年5月8日，我院5名专业课和思政课教师同上一节课，并通过现场直播让全院相关专业的数千名师生共享课堂。结合专业讲择业，思政课和专业课老师同上阵；以身边案例入手，学生自导自演情景剧；数十名优秀毕业生自录工

作视频,为学弟学妹打气。这种探索全媒体情境下的协同育人模式,对湖北省教育厅和湖北省高工委提出的"五个思政"育人机制融合模式进行专题研究,创新教学方式方法,有效落实"大思政""课程思政"的重要举措。

学院思政课部杨燕妮老师作为湖北省高职院校唯一的代表发言,就学院专业课与思政课如何同向同行的探索模式进行现场交流,和与会的其他高校教师一同通过新媒体技术的思政课教学进行实例案例分享。

(2)加强主阵地建设,发挥校园文化育人载体作用

我院实施以文化人、以文育人工程,形成了涵盖水文化、向善文化、工匠文化三大文化名片。

①水文化。

主要围绕水志愿服务、水知识宣传、水保护实践、水科技研究形成。在湖北省高等学校校园文化研究会2018年年会暨纪念湖北省高校校园文化研究会成立30周年学术论坛上,学院围绕水文化的2篇论文分别获得二、三等奖,《弘扬水文化与实践育人机制探析——湖北水利水电职业技术学院积极培育新时代水利人》一文被收入湖北省高校校园文化建设优秀成果选编。

②向善文化。

以丰富多彩的向善校园文化活动、向善宣传阵地建设以及"七善"师德教育为主要构成,在教师中弘扬"上善若水,水有七善"精神,倡议教师要像水的品性一样,"泽被万物而不争名利"。如2018年学院举行湖北孝悌文化主题故事会暨第二届湖北省孝道文化进校园活动、省直机关关工委进校开展国学礼仪教育暨关爱大学生演出活动、全国道德模范董明事迹报告会、向学院最美学生谢波学习、先进学生事迹宣传等活动。

"七善"师德教育,既紧扣水利院校之本,又引经据典,教师在接受过程中无形提高了自我素养。"居善地,心善渊,与善仁,言善信,正善治,事善能,动善时。"借水为喻体,引导教师学高为范,身高为师,不忘立德树人之宗旨,加强了师德师风建设,传承和发扬了中华优秀传统文化。

③工匠文化。

以一年一度的技能竞赛月、企业大讲坛、校友事迹报告会等活动为载体,让学生受到工匠精神的熏陶和感染,再通过学生参加各项技能大赛打造学生的工匠精神。

3. 学习实训生产一体,发挥地方资源载体作用

我们依托水利水电职教集团,积极推进校企合作,将水文化深度渗透。由省水利厅牵头,我院联合93家院校、科研院所、行业协(学)会、企事业单

位，在省教育厅的指导下，组建了"湖北水利水电职业教育集团"，为本专业与企业的深度合作提供了广阔平台。我们充分利用水利水电职教集团的资源，依托湖北及中三角区域水电企业，在人才培养规格、人才培养方案制订、课程开发、实训场地共建、兼职教师聘请、师资锻炼、学生实训就业、职工培训、科研项目攻关等方面开展了深入的合作。

为了加强岗位培训工作，加强技术服务，本专业教师与企业联合申报课题，开展科技攻关，为企业解决技术难题，建设技术革新、产品升级、定制培训、技能鉴定、技术咨询等服务系统，协同创新实训中心和"发电厂及电力系统丁官元技能名师工作室"等技术技能服务平台，实施高质量技能培训，促进各项成果转化，不断提升本专业及专业群的社会服务能力。

2018年年初，经湖北省教育厅和省水利厅批准，我院面向水利行业开展水电站运行管理和水利工程两个专业技术技能人才的定向培养招生。湖北省基层水利单位可以选派年龄在45岁以内的往届高中毕业（含职高、中专同等学力）及以上学历的在职职工到我院参加单独招生考试，通过考试可获得普通高等教育学籍并进入我校就读，层次为专科，学制为3年，在校期间经考试考核成绩合格，由我院颁发普通大学专科毕业证书。

水利行业技术技能人才定向培养是学院在招生及人才培养上的一大创新，人才培养方案按照现代学徒制模式进行，教学过程体现"产教融合、工学交替"学习特点，学员既是学校学生又是企业职工，半工半读，作为更深层次的订单式人才培养，能够有效解决基层水利人才数量不够、人员不稳的问题，提高基层水利企事业单位应用型人才的整体素质，提高基层水利技能人才的能力水平。实现企业需要什么人，我们就培养什么人，根据社会需求全方位打造人才培养模式，实现水文化育人。

水文化"境—堂—戏"模式培养新时代水利职业精神的研究与实践
——以重庆水利电力职业技术学院为例

蒋涛,陈邦尚,秦素粉,张军红,李鸿,练波

(重庆水利电力职业技术学院)

摘要: 文化兴国运兴,文化强民族强。中华优秀传统文化是中华民族的命脉。传统文化关于以水育人教化民众的记载,最早可追溯自先秦时期。传统水哲学思想重视生存境界提升、人格理想追求、勇于开拓创新等精神锤炼,与社会主义核心价值观一脉相承。同时,中华治水兴水千年文化积淀,不断凝聚升华成为民族精神、行业职业精神的重要组成部分,特别是现当代更涌现出如红旗渠精神、抗洪精神、三峡移民精神等榜样典范,成为高职院校立德树人的文化宝藏和思想基石。

关键词: 水文化;水利职业;"境—堂—戏"

一、成果形成背景

(一)项目依据

成果以重庆市教育科学"十二五"规划课题"巴渝特色水文化教育内容体系建设研究"(项目编号:2014-GX-127)、2015—2019年国家社科基金项目"三峡外迁移民适应性影响因素与对策研究"(项目编号:14BTJ029)、水利职业教育研究项目"'若水文化'育人体系创新与实践"(项目编号:2019SLZJ3)为依托,结合2018年立项的重庆市优质高等职业院校建设项目(特色项目——水文化育人体系),以中华优秀水文化为载体,针对高职学生新时代水利职业精神培养目标内容体系构建不健全、方法路径条块分割,以及评价指标量化缺失等问题,组织相关专家团队经过2年多的理论研究和全校6年多的实践改革,形成"基于中华优秀水文化培育新时代水利职业精神的'境—堂—戏'模式研

究与实践"教学成果。

（二）成果价值

1. 解决目标内容体系不健全问题

当前高职院校学生职业精神培养，特别是对新时代的新定位、新使命，在教育内容、目标体系中存在系统化设计问题。在水利人才培养中，对如何传承优秀水文化，弘扬新时代精神铸魂育人，构建新时代水利职业精神培养的指标体系等，存在研究与实践明显不足的问题。

2. 解决方法路径条块分割问题

传统职业精神培养途径、方法单一，有效性差，在职业精神培养中第一、第二课堂建设各自为政，相互割裂，理论与实践脱节。在水利人才职业精神培养中，对如何通过水文化教育对接学生敬业、勤业、创业、立业、乐业等职业生涯发展，存在教育方法路径缺位和低效的问题。

3. 解决评价指标量化缺失问题

传统的职业精神培育评价指标，内涵抽象模糊且缺乏量化，使职业精神培育有效性评价十分局限，且明显缺乏量化，成为当前水利职业精神培育的桎梏。

二、方法与路径

（一）建构指标模型——"中华优秀水文化+新时代精神"

成果深入挖掘中华传统水哲学思想、古代治水兴水文化积淀，与社会主义核心价值观涵盖的工匠精神、劳动精神、劳模精神、水利精神等新时代精神深度融合。成果在建构新时代水利职业精神培育目标内容体系中，依据德尔菲法开展专家函询的数据采集，并科学采用 SPSS 软件、Matlab 和 Excel 等工具针对均值、标准差、变异系数、满分频度和极差对各一级、二级指标的四轮数据进行统计分析，包括通过均值观测数据的集中趋势，通过标准差和变异系数观测数据的离散程度（此研究主要关注变异系数），通过满分频度观察各指标的重要程度，建模运用，建构了包含职业理性、职业情感、职业态度、职业追求、职业信仰 5 个要素 20 个维度的目标内容体系指标模型，如图 1 所示。

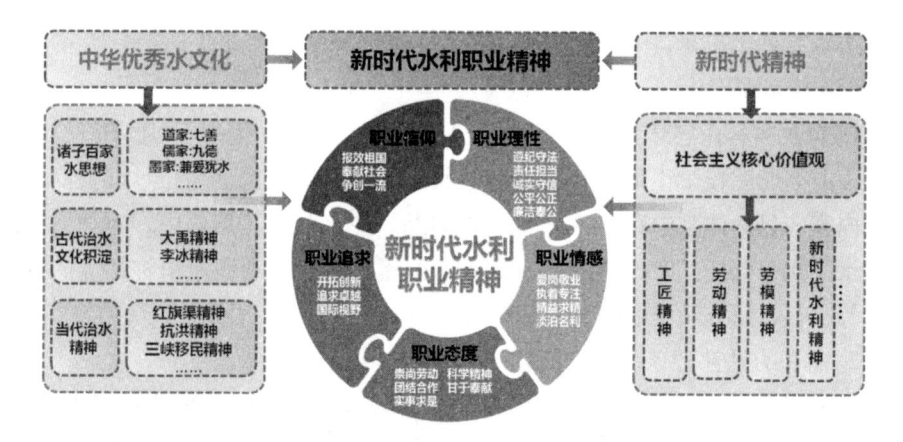

图 1　新时代水利职业精神培养的目标内容体系

（二）创新实践方法路径——"境"+"堂"+"戏"

成果坚定"文化自觉、文化自信、文化践行"方向，以项目化教学为抓手，通过中华优秀水文化制订专业人才培养方案（如图 2 所示），实施"境—堂—戏"项目化教学（如图 3 所示），培育新时代水利职业精神。

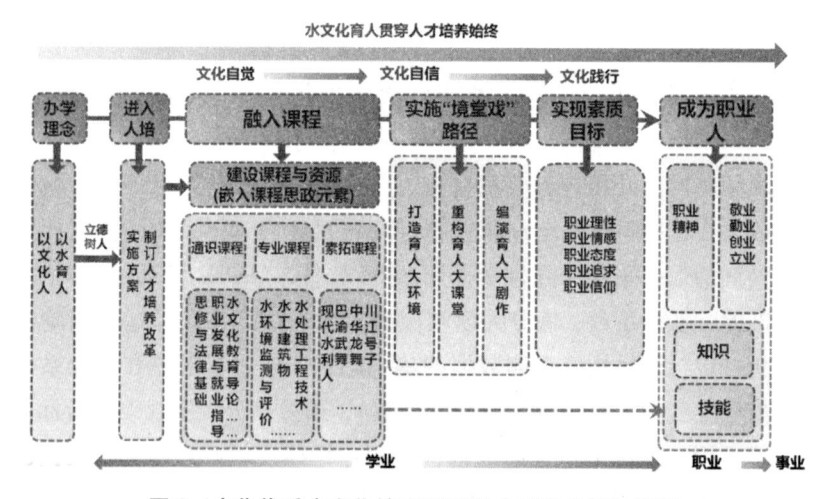

图 2　中华优秀水文化培育新时代水利职业精神路径

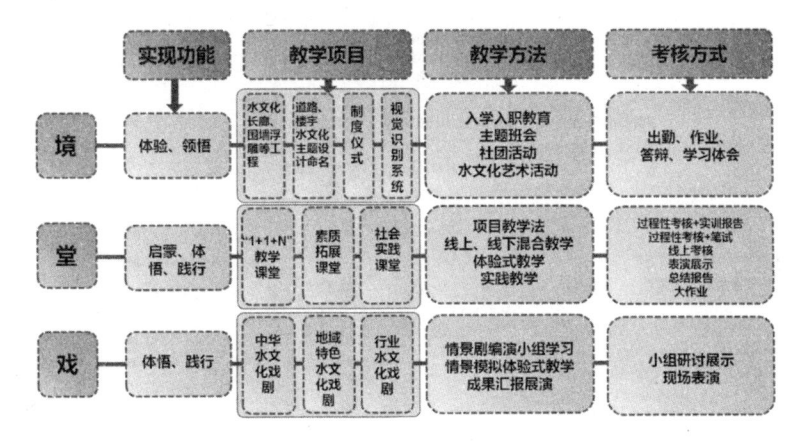

图3 "境—堂—戏"项目化教学设计

1. 营造大环境:"凝聚精神+规范行为"

学校充分发挥水利行业特色,深入发掘中华优秀水文化育人功能,以水为师打造学校软环境和硬环境,彰显"以文化人以水育人"的时代价值。

(1) 理念制度建设以水为魂

学院自建校始,即确立"上善若水、学竞江河"的校训,并将优秀传统水文化传承与社会主义核心价值观践行有机融合,劝勉学子以水铸魂。

(2) 景观楼宇建设以水为师

学院在校园建设中,立体展示传统水哲学思想中"水之源""水之德""水之行"与社会主义核心价值观一脉相承的丰富内涵,使校园文化环境潜移默化地影响、陶冶学生。

(3) 节水校园建设以水导行

大力推进节水型校园建设,教育引导广大师生深刻理解水资源对于人类社会可持续发展的不可替代性。

2. 重构大课堂:"拓展渠道+培优素质"

学校将中华优秀水文化与新时代精神有机衔接,重构集知识传播、素质拓展、社会服务于一体的水文化育人大课堂,使"堂"充分发挥主渠道作用(如图4)。

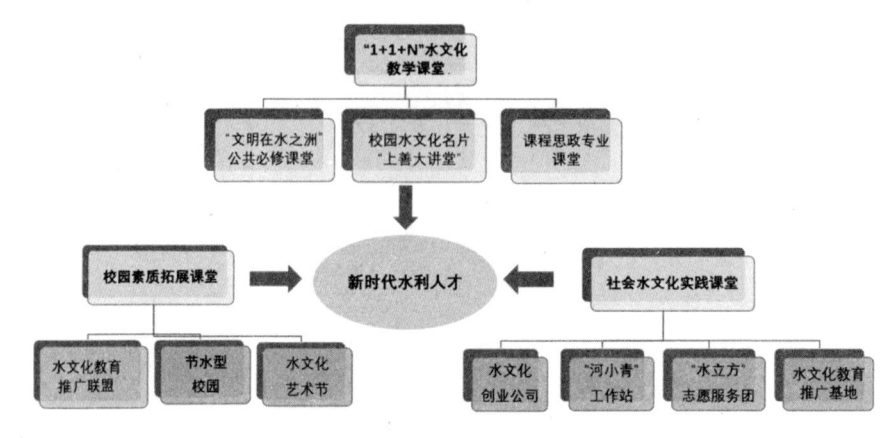

图 4　水文化育人大课堂构建

(1) 知识领悟——启蒙职业意识

面向全校学生开设线上线下混合式教学课程"文明在水之洲"（公共必修课，1 学分，重庆市精品在线开放课程）；邀请校内外名师大家，每月举办 1 个教学相长的"上善大讲堂"（素拓分：2 分/次）；以课程思政为主线，将水文化育人融入专业课程体系，建立 N 门专业课程（1~3 学分/门）与职业精神有机融合的课程思政典型范式，形成"1+1+N"水文化教学课堂，将"人水和谐理念""优秀水文化传承""水文化育德"等课程思政元素贯穿课堂始终，促进学生树立可持续发展理念，培养"忠诚、干净、担当，科学、求实、创新"的水利精神。

(2) 素质拓展——体验职业角色

校内素质拓展课堂（按照《学生综合素质拓展计分办法》累计学分）由水文化教育推广联盟、水文化艺术节、"川江号子"非遗传承基地、节水型校园、水利创业公司五大教育载体构成，全面对接水利部《水文化建设纲要》，提供行业职业角色体验，培养学生诚实守信、爱岗敬业、精益求精、开拓创新、团结合作等职业精神，全面提升学生职业素养。

(3) 实践运用——践行职业精神

社会水文化实践课堂（按照专业人才培养方案中关于社会实践计分办法累计学分），由水文化教育推广实践基地（7 个）、"河小青"工作站（1 个）、"水立方"志愿服务团（1 个）三大教学实践载体组成。自 2012 年始，实践课堂在政府、行业的支持下，由企业、学校教师共同指导，分别通过学生参与沿长江、嘉陵江、乌江等水系 15 区县水文化普查与推广活动，节水型社会建设中巡河护河、水环境治理等幸福河湖建设,暑期三下乡"寻美巴渝水文化"社会实践等系列社会服务活动,在实践中践行吃苦耐劳、责任担当、崇尚劳动、奉献社会等职业精神,培养学生家国情怀、人文底蕴、科学素养。

3. 创编大戏剧:"自我教育+自我成长"

遵循水文化发生发展的历史脉络,从民族根魂、国家意识、传统水哲学思想、本土文化品格、治水兴水文化传承等内容中,撷取历史文化发展历程中标志性的水文化符号,挖掘新时代水利行业精神的经典故事,编演包括中华水文化、地方水文化、水利行业文化等水文化育人"三台戏",作为全校学生水文化体验教育项目。在水文化戏剧创作和表演过程中,教师以学习者学习体验为中心,有效引导学生积极参与戏剧的编、导、练、评、演,使学生通过课本讲解与创作、课堂临摹与演练、校园展示与宣传、社会巡演与推广的全过程体验教育,增强职业角色意识,汲取职业精神力量。

(三)定量定性评价——"工程教育认证+第三方评价"

通过建立多元化、过程化和开放性评价方案,建构定量与定性相结合的评价体系。将"工程教育认证"的校内达成度评价方法,以及麦可思公司(Mycos)等第三方校外认可度评价有机结合,完善定量评价与定性评价的相互验证,达到客观、公正、有效、准确的目标。

1. 校内达成度评价

校内评价指标为对应目标体系的五要素,对每个要素进行了指标点设计、特征描述和达成度评价观测及赋分。通过"境—堂—戏"的育人项目实施,借鉴"工程教育认证"的达成度评价方法,实现对"水利职业精神"校内学生职业精神的达成度评价。校内达成度评价体系(见图5)。

2. 校外认可度评价

职业精神的校外认可度评价主要包含第三方专业机构评价、利益方(学生家长、行业、企业)评价、媒体评价、政府领导评价4个维度(见图6)。

图 5　校内达成度评价体系

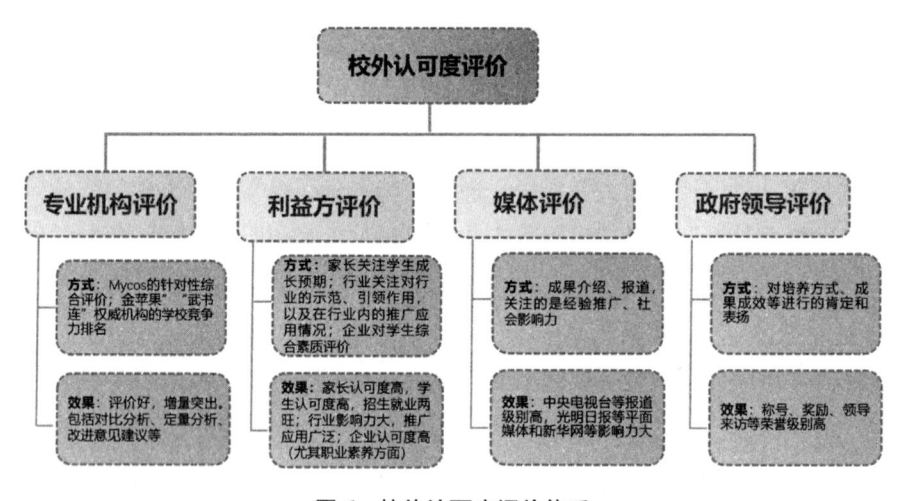

图 6　校外认可度评价体系

三、创新与启示

成果立足立德树人根本任务，突出中华优秀水文化传承和弘扬新时代精神主线，建立健全高职学生新时代水利职业精神培育目标内容体系，挖掘以中华优秀水文化"境—堂—戏"为载体的"三全育人"方法论，解决职业精神培育成效量化评价难题，形成了高职院校职业精神培育可复制、可推广的典型范式。

（一）创建"新时代水利职业精神培育内容体系"指标模型

成果坚持以优秀传统文化传承的"文化自信"与现代化建设的"文化反思"为背景，以"水"为核心，构建了"新时代水利职业精神培养的目标内容体系"指标模型，使职业精神培养更加契合新时代赋予的新定位、新使命，从理论创新层面解决铸魂与育人的方向性问题，为结合行业特色和职业特征开展新时代职业精神培养提供了可借鉴的教育策略。

（二）创造性形成"境—堂—戏""三全育人"方法论

成果将职业精神培养作为中华优秀水文化育人的明确目标，以水为师打造学校水文化育人大环境，使学生凝聚精神、浸润思想、规范职业行为养成；以水为魂重构水文化育人大课堂，充分发挥课堂主渠道作用，使学生启蒙、体悟、践行职业精神；以水导行编演水文化育人大剧作，充分发挥戏剧的情境性表达功能，使学生深层次感悟、体验职业精神。通过水文化育人"境—堂—戏"模式，达到精神与知识、素养与技术、情感与技能的有机融合，为落实立德树人根本任务，推进社会主义核心价值观入脑入心提供了可借鉴的"三全育人"方法论。

（三）科学解决职业精神培养定量评价缺失难题

成果借鉴"工程教育认证达成度"评价方法，将国际通行的工程教育质量保障制度中体现"学生中心、成果导向和持续改进"的工程教育理念引入职业精神培育成效综合评价，解决达成度量化评价；同时，通过第三方专业机构评价解决认可度量化评价，通过利益方评价、媒体评价、政府与领导评价，解决认可度定性评价，使多元评价科学实施、有机结合、相互验证，解决了职业精神培养的综合评价难题，为高职院校提供了职业精神培养成效评价的有效范式。

四、推广与成效

（一）学校铸魂育人成效凸显

1. 中华优秀水文化教育全覆盖

中华优秀水文化"境—堂—戏"育人，通过将学校治理、教师教学、学生成长、社会普适性教育推广有机融合，塑造人的灵魂，铸造人的精神世界，创新了"三全育人"方法论。2016年以来，学院将"境—堂—戏"融入人才培养方案，实现水文化教育课程全覆盖、素质拓展活动全覆盖、社会实践服务全覆盖。

2. 学风教风校风根本好转

学院立足中华优秀文化传承与弘扬新时代精神铸魂育人，以优秀水文化熏陶师生思想感情，开拓思维能力，提升精神境界，完善对民族凝聚力、人类共同体的认识等，有效改善了教风学风。2016年以来，学生上课出勤率保持在99%以上，课堂教学活动参与度保持在90%以上。教师参与水文化育人的热情高涨，水文化高水平研究立项，以及水文化精品在线课程、一流课程、规划教材与高质量论文、著作、专利不断涌现。

3. 学生职业素养全面提升

2016年以来，学生参加各级各类技能竞赛、创新创业大赛，获奖数量和质量大幅度提升。其中，国家级奖项20余项，省级奖项300余项，受表彰1000余人次。

4. 毕业生就业率平稳增长

学院连续5年毕业生初次就业率稳定在96%以上，高于全市平均水平近10个百分点；学生家长对本成果的育人效果满意率在97%以上，用人单位满意度达到99%以上。

（二）行业特征鲜明，应用广泛

1. 模式推广百余所高校

学院通过教育部、水利部、重庆市以及社会服务、媒体等，多渠道推广以中华优秀水文化为载体的水文化"境—堂—戏"模式"三全育人"实践，重庆市高教、职教学会、文化研究会到校举办"校园文化建设现场会""中华优秀传统文化与校园文化建设工作现场会""水文化育人经验交流会"等现场推广会，全方位展示水文化育人成果，全国100多所高校前来考察学习，交流经验，黄河水利职业技术学院等19所高校已正式采用。同时，学校在教育部组织的全国职业院校校园文化建设高峰论坛上面向全国宣传水文化育人先进经验。

2. 课程推广面向全社会

精品在线课程"文明在水之洲"面向社会推广水文化教育，已完成8轮全网络在线教学，北京大学、中国传媒大学、西南大学等近百所大学31000多名学生选课。《水文化教育导论》及其资源建设被水利部列入2021—2022年水文化建设重点任务清单，同时入选全国水利行业"十四五"规划教材，截至2020年12月31日，已发行《水文化导论》《水文化教育导论》教材共29477册。

（三）聚焦实践，喜获社会赞誉

在成果推广中，教育部、水利部等领导到校调研考察工作20余次，水利部副部长田学斌亲临现场并对此充分肯定。基于中华优秀水文化的"境—堂—戏"

育人模式和学生实践成果等,被中央电视台、中国教育报、光明网、新华网、华龙网等主流媒体报道23次,成为新时代职业精神培养的亮丽名片。

(四)实践物化,成果丰硕

全国水文化育人"一校一品"示范学校等国家级、省级奖励28项;2013—2019年立项国家社科基金、市教育规划、市社科规划等纵横向项目42项,其中,涉及水文化、水资源、水生态、水环境等项目26项;发表有关水文化育人的高水平论文100篇,其中,核心期刊40篇;出版《水文化教育导论》等教材5本、《巴渝水阔》等专著5本;近5年发明专利5项、实用新型与软件著作权70余项;学生获国家级奖20余项、省级奖300余项;2020年,2个教学团队获全国水利职教行指委首批水利职业教育教师教学创新团队立项建设。

"全覆盖"思想引领 "一站式"管理创新
——安徽水利水电职业技术学院构建 "双轮驱动" 三全育人新模式

张敏，程玉，张挺，方欢欢，张姝雅，董彩荣，樊朝阳

（安徽水利水电职业技术学院）

一、背景情况

2018年，安徽水利水电职业技术学院被安徽省委教育工委遴选为安徽省首批"三全育人"综合改革试点高校。试点工作启动后，学校党委始终坚持以习近平新时代中国特色社会主义思想为指导，深入学习贯彻落实全国教育大会、全国高校思想政治工作、全国学校思政理论课教师座谈会精神，始终围绕落实立德树人根本任务，针对高职学生的特点，采取"横向到边'全覆盖'，纵向到底'深耕作'"的方法，以"'全覆盖'思想引领+'一站式'管理创新"双轮驱动模式，全面推进大学生思想政治教育和实践养成。经过三年的建设，2021年顺利通过安徽省教育工委验收，"三全育人"综合改革取得了卓越的成效。

二、主要做法

（一）"全覆盖"思想引领，健全完善"大思政"工作格局

1. 全覆盖教育之一："中国梦·我的梦"和"社会主义核心价值观"专题教育全覆盖

培养能担当民族复兴大任的，有理想、有本领、有担当的德智体美劳全面发展的社会主义建设者和接班人，是社会主义高校的主要任务。每年11月，在学生中开展"中国梦·我的梦"和"社会主义核心价值观"专题教育活动，引

导在校大学生将"中国梦"与"我的梦"统一起来、结合起来,依据自身实际设定未来梦想以及实现梦想的方法和途径。引导全体大学生在未来的人生道路上学习、遵循、践行社会主义核心价值观,从我做起,从现在做起,爱国、敬业、诚信、友善,共同建设自由、平等、公正、法治的社会,进而把我国建成富强、民主、文明、和谐、美丽的社会主义现代化强国。

专题教育活动,首先让一年级大学生明晰国家未来发展大势的时空方位、个人未来发展的时空方位,明确"中国梦"与"我的梦"的关系;其次让二、三年级大学生知道,应遵循什么样的价值观去奋斗、去拼搏、去实现梦想。通过广播站、大屏幕、各院(部)黑板报等多渠道,多形式积极宣传,营造氛围,结合主题讲座、主题班会交流、主题演讲比赛、主题板报比赛、观看爱国主义电影等多种形式,让全体大学生明白了什么是"中国梦",明确了"我的梦"是什么,引导全体大学生思考并依据自身实际设计"我的梦"以及实现"我的梦"的路径和方法,开展学业规划和职业生涯规划。明晰了"中国梦"与"我的梦"的关系,引导大学生将"中国梦"与"我的梦"统一起来、结合起来,同向、同行、同奋斗,在奋力实现个人理想——"我的梦"的同时,为中华民族伟大复兴——"中国梦"做出自己的贡献。

通过两大教育的全覆盖,大学生思想政治教育成效显著。

一是提出了"中国未来30年"与"我的未来30年"的时空概念。概念通俗易懂,广大大学生非常容易明白"中国未来30年"与"我的未来30年"二者之间的时空关系,激励大学生同向、同行、同奋斗,进而达成"中国梦"与"我的梦"同实现。

二是实现育人力量由"单一"向"全员"转变。思政干部齐上阵,校院领导齐宣讲。学校在"干部联系班级制度"的基础上,学校思政骨干从校领导、学工部领导、二级学院领导、二级学院学工办主任到辅导员齐上阵、齐宣讲,践行"三全育人"理念。实施金凤凰、金翅膀、金摇篮"三金"计划,全方位引进、培养、打造一流教育教学和管理队伍。扭转长期以来思政工作仅仅是学生管理人员职责的误区。同时,邀请水利行业的单位领导和兄弟高校的专家参与宣讲,进一步提升了宣讲效果。

三是将专题教育引领与学业规划、职业规划有机结合,使思想政治教育落到实处。将专题教育引领与学业规划、职业生涯规划有机结合起来,将大学生的所思所想变成具体的学业规划与职业生涯规划,变成大学生的实际行动,取得了很好的教育引领效果,增强了广大学生对党的热爱和对中国特色社会主义建设的认同,更激发了大学生为中国未来崛起而读书的热情。

2. 全覆盖教育之二：网络思政教育全覆盖

为深入学习贯彻全国高校思政工作会议精神，推动高校思政工作质量提升，学院上下紧紧围绕立德树人根本任务，以健全完善网络思政工作体系为目标，以构建网络思政中心"四梁八柱"为载体，推动思想政治工作传统优势与信息技术高度融合，持续拓展网络育人功能，全力构筑网络教育新矩阵。

作为安徽省网络思政唯一高职试点院校，学院以"四大平台"（网络宣传、服务、教学、实践）建设为抓手，投入610万元打造网络思政中心"四梁八柱"，推动思政工作同信息技术高度融合。以"融媒体中心"为载体，加强校内新媒体平台的建设、整合、融合和共享，构建全程媒体、全息媒体、全员媒体、全效媒体；以"大学工"平台为载体，融日常管理、网上事务大厅、主题教育等于一体，引导、凝聚、服务和教育学生；以"思政课情景化实践教学基地"建设为载体，构建以现代网络技术、云计算技术为支撑的"思政课云平台"，打造开放性参与式实践型教学模式；以"社会实践网络平台"为载体，通过红色资源网络化、网络资源红色化等形式，形成集实习、公益及创业等活动于一体的网络实践平台。网络育人工作以深化"四大平台"建设为抓手，努力把网络育人工作"做到人"，让思政教育成效"入心田"。坚持互联互通。

2019年，学院微媒荣获全国百强职院校园媒体。学院官方微信公众号荣获安徽省高校"优秀微信公众号""十佳校媒""最佳人气奖"。师生积极参加校外各类优秀网络作品评比，在新华网、学习强国平台等媒介进行有效传播，发挥了较好的舆论导向功能。

在第三届全国大学生讲思政课展示活动中，学院选送的视频作品《最美的情感——爱国主义》荣获优秀奖（安徽省推荐3所高校，安徽省高职最好成绩，全国仅8所高职获奖）；在安徽省首届大学生学习马克思主义理论成果大赛中，学院选送的微宣讲作品《变化的走亲戚故事，不变的初心和使命》荣获微创作组一等奖（安徽省唯一高职）；在省委宣传部"新时代新思想新作为"理论微宣讲竞赛中，学院教师荣获优秀奖（高职最好成绩）。

实施了"教管服"一体化智慧思政平台建设，以现有系统平台为基础，通过集成学生学业管理、资助管理以及安全管理等现有数据采集与分析，对学生学习、生活、安全等方面行为进行监测，初步实现"教管服"智慧化，完成校级平台基本功能建设，实现能用、好用、实用的智慧思政功能可视化展示，实现与省级平台的数据对接，促进与省级中心联动，实现共建共享、互联互通。

3. 全覆盖教育之三：信息素养和安全教育全覆盖

为了强化大学生安全教育，正确引导大学生使用图文信息，提高大学生信息素养，学校对所有新生全面开展信息素养教育培训，对所有学生从入学到顶岗实习实施全面全过程安全教育全覆盖。大学生信息素养教育对大学生科学而正确地利用图文信息，学习先进文化，发挥正能量，发挥了积极而正向的思想政治教育和价值引领作用。使每一位大学生自入校之始就能全面深入地认识图书馆，正确掌握图书文献和信息资源检索方法，懂得更多的信息检索基础知识、数字资源利用与移动阅读、读者服务云平台应用、信息化设备操作、图书馆规章制度等。促进学生高效利用图书馆文献资源，正确使用图书馆和馆藏文献资源，提高了大学生自主学习能力，规范了大学生入馆行为，在营造了良好学习氛围的同时，提升了大学生文化素质和信息素养。2019年，学院在全国高职院校信息素养大赛中荣获突出贡献奖。

安全教育采取"互联网+大学生安全"的方式，通过"大学生安全教育网络宣传""互联网+"防诈骗主题班会和讲座、"互联网+"大学生安全教育网络微课（学生通过在线自学、助教老师答疑的模式，由麦课助教老师和辅导员对学生的学习状态和学习成绩进行管理）等形式，由浅入深、寓教于乐，提高了大学生安全防范意识，增强了学生自我保护能力，减少和避免了各类安全事故的发生，构建了安全稳定的校园环境，落实了安全教育进校园、进课堂、进教材的要求。

4. 全覆盖教育之四：学生社团与俱乐部融合发展，德智体美劳教育实践全覆盖

学校出台《关于推动学生社团与俱乐部融合发展的意见》（以下简称《意见》），以习近平新时代中国特色社会主义思想为指导，推行学生社团与俱乐部融合发展改革，打造学院落实立德树人根本任务，推进"三全育人"综合改革，服务德智体美劳教育实践的重要载体。具体做法如下。

（1）文化类学生社团（德育俱乐部）

负责将俱乐部融入文化育人、心理育人、组织育人体系，服务德育实践。将中华优秀传统文化、水文化、徽文化、工匠精神等文化元素融于日常活动，通过演讲、征文、知识竞赛、新媒体作品征集等活动形式，组织会员弘扬主旋律，传播正能量，讲好水院故事，帮助广大同学坚定理想信念，听党话、跟党走。

（2）科技类学生社团（智育俱乐部）

负责将俱乐部融入科研育人、实践育人、组织育人体系，服务智育实践。组织会员围绕专业，开展技能训练、科技创新、创业活动，支持会员参加职业技能大赛、"互联网+"大学生创新创业大赛、"挑战杯"大学生课外学术科技

作品竞赛等各类赛事。

（3）体育类学生社团（体育俱乐部）

负责将俱乐部融入文化育人、实践育人、组织育人体系，服务体育实践。做好校园公共体育设施的管理维护，利用课余时间组织会员"走出宿舍、走下网络、走向操场"，组织开展丰富的群众性体育赛事和健身活动作为体育教学的补充，帮助会员锻炼身体，增强体质。

（4）艺术类学生社团（美育俱乐部）

负责将俱乐部融入文化育人、实践育人、组织育人体系，服务美育实践。建强大学生艺术团，开展美育实践，做好校园艺术设备的日常运行维护，从在校生中挖掘、选拔、培养大学生艺术团文艺骨干，带动校园文化活动开展，让大多数学生参与其中，享受其中。组织实施高校美育浸润计划，积极开展对口定点帮扶、支教扶贫、社区服务等美育服务和社会实践。

（5）公益类学生社团（劳育俱乐部）

负责将俱乐部融入实践育人、网络育人、服务育人、管理育人、资助育人、组织育人体系，服务劳育实践。构建校、院、班三级志愿服务体系，搭建社会实践平台，立足校园，服务周边，定期组织开展劳育实践，组织全体同学开展日常生活劳动，自我管理生活，做好寝室、教室的卫生保洁，提高劳动自立自强的意识和能力。定期开展校内外公益服务性劳动，校内做好卫生责任区、办公区、实训教学场地、学生活动场地的环境卫生保洁工作，校外结合"大学生志愿服务西部计划""青年红色筑梦之旅""三下乡"等社会实践活动开展服务性劳动。

自《意见》实施以来，学校通过采取强化分类指导，配强指导教师，加强组织建设，规范活动管理4方面措施，在全校范围内遴选产生11个优秀学生社团转型为文化、科技、体育、艺术、公益五类学生俱乐部，实施融合发展，对学生开展兴趣式、启发式、探究式教学，满足不同类型、不同层次的学生德智体美劳教育实践需要，实现德智体美劳教育实践全覆盖，成效显著。

第一，德育实践方面。围绕庆祝新中国成立70周年等主题，广泛深入开展"我和我的祖国"万名师生集体观影等爱国主义教育活动。组织全校师生开展"网上重走长征路"暨推动"四史"学习教育工作。学校成功举办安徽省劳动模范工匠大师进校园首场活动。通过"校园科技文化艺术节""书香校园读书月"等活动弘扬正能量。持续举办水文化知识竞赛等水文化教育活动。出版校本教材《大学生文化导读》，对学生文化养成进行系统规划和教育。编写的教材《中华优秀传统文化》入选国家职业教育"十三五"规划教材，是安徽省传统文化类唯一入选的国家级规划教材。学院荣获安徽省第一届校园读书创作活动"优秀读书品牌活动奖",是高校组10所获奖校中唯一的高职院校。

第二,智育实践方面。实施《创新创业学分认定与转换实施办法》《大学生创新创业教育实施方案》等制度。开设"大学生创新创业教育""就业与创业"等创新创业实践课程,以技术技能协同创新平台、大学生创新创业实践中心等为载体,支持学生开展智育实践。近3年来,学生获创新创业国赛一等奖2项、二等奖1项、三等奖1项,省赛一等奖8项、二等奖21项、三等奖45项,省级优秀组织奖5项,1项大学生创新科技作品入选伊斯坦布尔国际发明展;取得技能竞赛国际赛第三名1项,国家级一等奖4个、二等奖12个、三等奖8个,省级一等奖46个、二等奖45个、三等奖72个,行业技能大赛特等奖12个、一等奖17个、二等奖26个、三等奖13个。

第三,体育实践方面。探索体育俱乐部教学改革与运动队联动建设,改革成果获省教学成果一等奖1项,学生在省运会中获一等奖10项、二等奖25项、三等奖21项。

第四,美育实践方面。学院积极支持艺术类学生社团发展,累计组织各学生团体组织开展各类艺术类竞赛、展演活动共计50余项。学校现有的艺术类社团涉及舞蹈、美术、书法、手工创作等各艺术领域。形成"学团嘉年华——学生社团招新展示""学生团体成果展示评比""学生团体风采展示月"3个品牌性活动,丰富学生课余生活,繁荣校园文化,为校园安全稳定做出了贡献。近年来,学生社团获得省直机关"优秀学生社团"荣誉称号3次,获得省直机关社团类竞赛三等奖2次。2019年,学院学生在安徽省高校首届国际标准舞比赛中,取得一等奖(第一名)2个、二等奖4个、三等奖2个的佳绩。

第五,劳育实践方面。以暑期"三下乡"社会实践、西部计划、志愿服务为载体,打造精品社会实践项目。"三下乡"社会实践团队2次获得团中央全国重点团队立项,实践成果获团中央表彰3次、团省委表彰6次、教育厅表彰3次,学院获得全省"三下乡"暑期社会实践优秀组织单位,在第十二届"挑战杯"中国大学生创业计划竞赛"挑战杯·实践云接力"活动中获优秀组织奖(安徽省唯一获奖单位)。志愿服务特色鲜明。1人先后荣获省直机关、安徽省"青年志愿者优秀个人"荣誉称号。

(二)"一站式"管理创新,推动促进"双主体"育人模式

1."一站式"管理创新之一:"书院制""一站式"社区综合管理

书院制以书院为载体,形成"一站式"学生社区管理模式,实现学习生活相结合、第一课堂第二课堂相结合、线上线下相结合,全员、全过程、全方位

促进学生德智体美劳全面发展。党的十八大以来，学院党委大力推进全员、全过程、全方位育人，决定开展书院制等教育管理改革，把立德树人融入思想道德教育、文化知识教育、社会实践教育等各环节，努力构建"大思政"工作格局。2017年以来，学院在水利工程学院、机电工程学院、机械与汽车工程学院、资源与环境工程学院开展书院制教育管理改革试点工作，以学生宿舍为生活社区建立书院，覆盖学生近1万人。书院制教育模式的实施路径包括以下方面。

（1）明确改革思想

深入落实学院"以生为本"的"一站式服务"理念，运用"知行合一"的教学模式，通过书院制试点，促进育人模式的转变，促进学生的全面发展。

（2）成立领导机构

学院成立了由校领导负责的书院制改革试点工作领导小组，指导试点书院开展工作。学院投入400万元专项经费，并争取合作企业捐助，共建书院。

（3）细化建设任务

打造书院文化，营造育人氛围；做好通识教育，提升学生素质；加强师生互动，融洽师生关系；完善学习平台，调动学生积极性；改造生活社区，便利学生需要。

（4）出台管理制度

学院印发《书院试点工作实施方案》，书院出台了相关制度规定，建立和规范了"一站式导师制"、学业辅导中心运行、评奖评优等各项工作制度。

（5）改造公寓设施

学院出资进行了公寓标准化改造，改造建设党团活动室、学业辅导中心、多功能厅、阅览室等功能室，成立大学生创业指导中心，为学生建设优美便利的生活社区。

（6）营造文化氛围

创建书院文化标志；对整栋楼的公共区域进行了分主题、多层次的文化装饰，打造走廊文化；创办书院宿舍文化节，引导学生打造健康的、特色鲜明的宿舍文化。

（7）强化素质养成

聘请院内外名师、专家、学者到书院讲学，年均开办讲座24期，形成宣传人文素质教育和科学精神教育的讲座文化。

（8）实施联合育人

实行"一站式导师制"，导师提供生活、学习、心理、就业等全方位辅导和指导。

（9）组织主题活动

以学生组织和社团为依托，设计并形成了一系列有利于综合素质教育的活动，总结提升为六大工程：党建创新工程、职业规划工程、书香阅读工程、主题教育工程、志愿者服务工程、和谐书院工程。

作为学院的"三全育人"综合改革试点窗口，书院运行已有三年时间，其间进行了积极探索，也取得了一定的成效。

第一，全员育人，将责任扛在肩上。书院管理的目的是构建全员、全过程、全方位育人体系。领导干部、专业教师乃至宿舍管理员都成为育人的重要力量。管理重心下移、端口前移，全体学工人员办公地点调整到书院内，教师工作时间和学生业余时间有机衔接，实现了时间和空间的充分保障。同时，通过网络媒介，随时随地与学生保持"热线"，弘扬正能量，唱响主旋律。

第二，党建引领，将旗帜亮在眼前。把党建工作落实到最基层，将学生党支部、团总支建在学生宿舍，提供党团活动室，开展标杆院系、样板支部创建和党团系列活动，发挥"一个党员一面旗帜、一个支部一座堡垒"的良好示范引领作用。将教学和管理工作都融入服务育人的细节。除了白天的日常工作外，还安排辅导员夜间值班，处理可能发生的突发事件等，24小时服务学生成长成才，面对面、心贴心，师生沟通无障碍、有真情，有一盏灯永远为学生点亮。

第三，润物无声，将文化浸润心底。积极探索校园文化建设新途径，以文化建设促进文化自信。开展中华优秀传统文化、水文化、徽文化、工匠文化、职业文化等方面的讲座、专题活动，培养具有健全人格、开阔视野、人文素养和专业技能全面发展的大学生。

2. "一站式"管理创新之二："大学生事务中心""一站式"综合服务

为深化"三全育人"综合改革试点工作，树立"以学生为中心"的服务意识，2019年4月，学院大学生事务中心正式实体化运行。大学生事务中心由学生处牵头，联合教务处、财务处、保卫处、总务处、团委、实验实训中心、图书馆、后勤管理中心等涉及学生事务的部门，实行"一站式"学生服务。开设服务项目包括学生费用的交纳与查询、校园一卡通办理和充值、成绩单打印、资助政策咨询与服务等30余项。力争做到"事务不出中心""让学生只跑一次"，切实发挥中心的统筹协调能力，努力做到窗口与部门之间上下通畅、窗口之间相互协调，促进各部门学生事务的横向联动和纵向转移，提升服务学生的效率，为学生成长成才创造良好的环境。

2021年以来，大学生事务中心以树立服务意识，规范服务行为，提高服务质量为主旨开展了一系列服务师生的工作。

一是坚持"找差距、抓落实、提质量",加强对窗口人员管理及考勤工作,目前中心窗口工作人员服务态度、工作质量、工作效率都有较大提升。

二是建立"好差评"反馈机制,定期向全校师生开展征求意见稿、问卷调查,广泛接收全校师生对中心的建议,集思广益,总结经验,改进不足。

三是中心日常实行错时办公、错峰办公,提供"一站式"服务,深受广大师生好评。

四是提高信息化办公水平。伴随着大学生事务中心线上服务大厅以及毕业离校系统上线运营,极大地缓解了中心各窗口"毕业鉴定周"集中办理的压力,大大地提高了中心办事效率,圆满地完成了2021级4322名毕业生的离校工作。

大学生事务中心以"快捷办事、服务育人"为宗旨,实现"大学生事务与服务育人"全覆盖。学校11个涉生事务的部门工作人员全部搬到事务中心办公,所有大学生事务全在中心办理,月均办理大学生事务8000余件。截至目前,事务中心共为学生办结事项20万余件,其中,线上6万余件,接待上级及兄弟院校参观考察16批次。经满意度调查,2019年满意率为95.7%,2020年满意率上升到98.0%。该中心目前也是安徽高职高专唯一一家实体化运作的大学生事务中心。

3."一站式"管理创新之三:"一站式"大学生美育实践中心

学院重视艺术教育经费的投入,统筹全校美育资源,建成"一站式"大学生美育实践中心,场地面积近1000平方米,可满足近千名在校学生同时开展艺术教育活动。通过不断改善艺术教育条件,确保艺术教育发展的基本需要,促进学生社团与俱乐部融合发展建设提质升级,为学院群团组织交流活动与服务平台建设起到良好的推动作用。学生俱乐部(社团)第二课堂活动数量质量明显提高,参与度显著提升,有效拓展了学院群团活动的空间。通过多元化的艺术实践,活跃校园文化生活,弘扬传统经典,开创美育新风,成为学院团学组织建设的全新阵地。

学院根据不同专业人才培养特点和专业能力素质要求,结合自身优势与跨学科特点,针对学生美育的实际需要,积极探索构建以审美和人文素养培养为核心、以创新能力培育为重点、以中华优秀传统文化传承发展和艺术经典教育为主要内容的公共艺术课程体系。进行新一轮人才培养方案的修订,规范公共艺术课程,把艺术教育课程纳入学院人才培养方案,其中"形象塑造与自我展示""中国传统文化"(2学分,32学时)被纳入公共必修课程。"形象塑造与自我展示"在国家"十二五"规划教材的基础上,被高等教育出版社推荐参加国家"十三五"规划教材建设;"中国传统文化"课程方面,在充分结合省情校情的基础上，出版了校本教材《大学生文化导读》，参编《中华优秀传统文化》教材等。此外，学院利用双休时间，在全校开展"古典音乐欣赏""歌剧欣赏""古代文学作品赏析""中国舞组合""中国茶文化"等公共选修课建设，学生在校期间必须选择一门公共必修和选修课程（4学分，64学时），满足4学分64学时方可毕业。

学院积极支持艺术类学生社团发展，累计组织各学生团体组织开展各类艺术类竞赛、展演活动共计50余项。学校现有的艺术类社团涉及舞蹈、美术、书法、手工创作等各艺术领域。形成"学团嘉年华——学生社团招新展示""学生团体成果展示评比""学生团体风采展示月"3个品牌性活动，丰富学生课余生活，繁荣校园文化，为校园安全稳定做出了贡献。学院高度重视美育教育工作，坚持把艺术教育覆盖到全体学生，把艺术教育融入学生成长过程。

4."一站式"管理创新之四："一站式""淠史杭灌区产教融合"校外综合实践基地

为深入贯彻校企合作、产教融合和实践育人、文化育人精神，学院与淠史杭灌区总局共同建设融教学、培训、生产、科研和技能鉴定于一体的"一站式"校外综合实训基地。基地建设坚持"以职业岗位需求为导向，以能力培养为中心"的教育理念，施行"工学交替双循环"的人才培养模式，实施"依托水利行业，联合企业共建"的专业建设模式。学院投资500万元，依托大别山红色文化资源，利用淠史杭灌区门类齐全的水利设施和丰富的人才技术资源，与淠史杭灌区总局共同建设思政教学基地、水利仿真模型实训基地、水生态与环境实训基地、节水与农田水利实训基地、工程施工实训基地和安全生产教育基地6个综合性实训平台，"一站式"满足水利和相关专业群学生教育教学需求。

学院与淠史杭灌区总局共同实施人才培养和技术研发，共享师资、技术和设备资源，打造真实的生产产品、真实的工作过程、真实的职场氛围、真实的企业文化，实现学训交替、工学结合、生产性实训和学生跟岗顶岗实习。校企合作共建共享，采用"融入型"建设模式；校企共同制定基地建设标准和建设方案、共同开发和优化实训项目、共同修订和完善实训教材、共同设计和编制生产实训流程、共同建立运行管理制度和考评办法。淠史杭灌区水利产教融合"一站式"校外综合实训基地建设，是对校企合作、产教融合职业教育理念的深度探索和有益尝试。完成水利类和相关专业群学生顶岗实习任务2000人/年，为淠史杭灌区培训员工500人次/年，接受教师实践锻炼50人次/年，企业兼职教师担任专业教学占总教学课时达50%以上。水利类专业100%和土建类专业40%以上学生直接受益，毕业生就业率达到95%以上。

三、特色创新

"三全育人"综合改革试点工作启动以来,学院紧紧围绕立德树人根本任务,立足高职教育技术技能型人才培养,通过"全覆盖"思政引领和"一站式"管理创新,努力构建"双轮驱动""三全育人"新模式。

一是"全覆盖"思政引领。通过"中国梦·我的梦"和社会主义核心价值观专题教育全覆盖,党政干部联系班级和教师党支部书记"双带头人"全覆盖,大学生事务中心服务学生全覆盖,"互联网+安全教育"全覆盖,信息素养教育全覆盖,中华优秀传统文化教育全覆盖,劳动教育全覆盖,大学生综合素质测评全覆盖,把思政工作贯穿教育教学全过程,横向到边全覆盖,纵向到底深耕作,提质培优强特色,健全完善"大思政"工作格局,服务学生成人成才。

二是"一站式"管理创新。通过"一站式"书院制学生社区综合管理改革、"一站式"浔史杭灌区水利产教融合综合实训基地建设、"一站式"大学生事务中心综合服务、"一站式"体育艺术俱乐部建设,"一站式"满足学生教育教学需求。"书院制"管理模式成果荣获2019年全国水利院校德育教育成果一等奖。"书院文化"品牌荣获2020年全国职业院校校园文化"一校一品"学校。新华网就"一站式"学生社区综合管理对学院进行了专题报道。"一站式"学生社区综合管理改革入选中华人民共和国成立70周年成就展。

(一)聚焦服务为本,深化"一站式"学生书院制社区综合管理改革

聚焦"全面发展的第二课堂、文化育人的生活园区、师生共享的公共空间、学生自我管理的教育平台"四大功能定位,将育人资源集聚下沉到书院,把书院打造为学生学习、文化、生活共同体。学生管理干部及辅导员等全部进驻书院办公,形成"一站式"学生社区管理模式。书院制管理以"专业学习在学院、通识教育和生活在书院"作为主要目标,将德育有机融合于学生在校的空间与时间中是其最大的特征。

"书院制"学生管理模式旨在以习近平新时代中国特色社会主义思想为指导,围绕落实立德树人根本任务,探索开展学生社区"网格化"管理,推动学生社区教育培养模式、管理服务体制、协同育人体系、支撑保障机制改革,践行"一线规则",把校院领导力量、管理力量、思政力量、服务力量压到学生中间,打造富有中国特色、体现思政要求、贴近学生实际的生活园区,推动形成全员、全过程、全方位育人格局。"书院制"管理模式成果荣获2019年全国水利院校德育教育成果一等奖。申报的"书院文化"品牌在全国177所职业院校

申报成果中脱颖而出，荣获2020年全国职业院校校园文化"一校一品"学校。

（二）推动网络"最大变量"成为"最大增量"，深化网络思政中心建设

一是致力"最大增量"，打造网络育人坚强阵地。2020年，投入专项资金610万元，加快推进安徽省网络思政中心试点高校建设，推进理念、内容、手段、体制机制等全方位创新，着力打造系统性、服务型、网络化的网络育人工作格局，实现网络思政效率最优化、效能最佳化、效果最大化。以"融媒体中心"为载体，加强校内新媒体平台的建设、整合、融合和共享，构建全程媒体、全息媒体、全员媒体、全效媒体；以"大学工"平台为载体，融日常管理、网上事务大厅、主题教育等于一体，引导、凝聚、服务和教育学生；以"思政课情景化实践教学基地"建设为载体，构建以现代网络技术、云计算技术为支撑的"思政课云平台"，打造开放性参与式实践型教学模式；以"社会实践网络平台"为载体，通过红色资源网络化、网络资源红色化等形式，形成集实习、公益及创业等活动于一体的网络实践平台。

二是聚焦教管服，推动智慧思政工作创新发展。作为安徽省"教管服"一体化智慧思政平台建设首批试点高校，2021年，学校投入40万元建立"教管服"一体化智慧思政平台，平台以促进学生德智体美劳全面发展为目标，以大数据分析与挖掘技术为基础，完成精准资助、学生管理、安全管理等三大模块建设，实现多个部门系统数据互联互通，推动思想政治工作"键对键"与"面对面"、线上线下的交融互动，探索出具有安徽水电职业技术学院特色的教管服一体化智慧思政平台，初步实现工作科学化，促进学生成长成才。

三是聚焦精准资助，着力完善资助育人体系。学院借助国家资助系统和建档立卡学生资助系统，针对资助对象积累数据，形成表格，完整记录资助对象基本信息和在校期间的资助详情，建立家庭经济困难学生档案，并实施动态跟踪、动态管理，从心理辅导到就业帮扶，形成了"解困—育人—成才—回馈"的良性循环。借助技术手段，辅助分析学生家庭经济状况。2020年，学院投入40万元建立智慧资助系统，精准认定家庭经济困难学生。在评定家庭经济困难学生时，采用科学合理、更加人性化的方式，引导学生如实反映家庭经济困难情况。2019年，在中国水利教育协会开展的水利院校德育教育优秀成果评选活动中，学院获得资助育人成果三等奖（全国唯一水利职业院校），"助学·筑梦·铸人"资助主题宣传音频作品在全国4000个作品中脱颖而出，荣获音频奖一等奖（全国前50）。

（三）创新学生社团与俱乐部融合发展机制，打造"五育并举"实践平台

2018年以来，学院在全面推行安徽省教育厅体育艺术俱乐部制教育教学改

革的基础上，于 2020 年在全国率先提出学生社团与俱乐部融合发展机制，制定出台学院《关于推动学生社团与俱乐部融合发展的意见》，以习近平新时代中国特色社会主义思想为指导，遴选优秀学生社团转型为文化（德）、科技（智）、体育（体）、艺术（美）、公益（劳）五类学生俱乐部，实施融合发展，服务德智体美劳教育实践环节，开展丰富的第二课堂活动，构建"五育并举"第一课堂与第二课堂协同育人机制，实现第一课堂到第二课堂的充分耦合和无缝对接。

经过 1 年多的实践，在全校范围内遴选出 11 个学生社团与俱乐部融合发展试点项目，已成为学院落实立德树人根本任务，推进三全育人综合改革，提升育人质量，服务"五育并举"的实践平台。学生俱乐部（社团）第二课堂活动数量质量明显提高，参与度显著提升，会员在全国、全省文化、科技、体育、艺术类竞赛中成绩优异，年度生均志愿服务劳动时长突破 20 小时，改革成果多次在全国水利类职业院校交流活动中做经验介绍。

四、成效与启示

（一）学院办学水平显著提升

通过构建"全覆盖"思政引领，"一站式"管理创新双轮驱动"三全育人"人才培养模式，学院办学水平显著提升。2018 年，获批全国首批优质水利高等职业院校建设单位（5 所高校）、教育部现代学徒制试点学校、全省首批"三全育人"综合改革试点高校（11 所高校，其中高职 2 所）、全省首批校企合作示范典型学校。2019 年，学院获批国家优质专科高等职业院校（全省 8 所）、全国高职高专院校竞争力 100 强院校（全省 3 所）、全国"1+X"证书制度试点高校、全省高职发展标杆校和全省网络思政中心建设试点高校（全省高职 1 所）。2019 年 12 月，教育部、财政部正式公布中国特色高水平高职学校和高水平专业建设计划名单，共有 197 所高职学校入选，学院在全国 1400 余所高职高专院校中脱颖而出，荣膺其中（安徽省 5 所）。2020 年，学院成功获批教育部全国职业院校校园文化"一校一品"学校、全国教育后勤信息化建设优秀单位、安徽省省级线上教学示范高校和安徽省第一批节水型高校。此外，2002 年以来学院连续荣获"安徽省直文明单位"和"全国水利水电工程系统文明单位"荣誉称号，2017 年学院荣获"安徽省文明单位"。

（二）人才培养质量显著提升

通过构建"全覆盖"思政引领，"一站式"管理创新双轮驱动"三全育人"人才培养模式，学院人才培养质量获得显著提升。在教育部第二届全国大学生讲思政课公开展示活动中，学院荣获优秀奖（全省推荐 3 所高校，安徽高校最好成绩）；在全国首届高校思政课教学展示比赛中，学院荣获二等奖（安徽高职院校最好成绩）；在第三届全国大学生讲思政课展示活动中，学院荣获优秀奖（全省推荐 3 所高校，安徽高职最好成绩，全国仅 8 所高职获奖）；学生在全省首届大学生学习马克思主义理论成果大赛中获得微创作组一等奖（全省唯一高职院校），调研报告组三等奖（高职院校最好成绩，仅 2 所高职获奖）。

（三）社会影响力显著提升

学院自获批安徽省首批"三全育人"综合改革试点高校以来，坚持大学生思想政治教育和价值引领全覆盖，形成长效机制，育人成效显著，获得社会广泛认可。接待上级机关及广西水利电力职业技术学院、浙江同济职业学院等省内外兄弟院校考察交流 16 批次。积极推广我校"全覆盖"思政引领，"一站式"管理创新双轮驱动"三全育人"人才培养模式，由先行先试到"示范引领"。相关研究和实践成果在全国水利院校第一届水文化育人研讨会、水利德育工作论坛等平台交流，深受上级部门和兄弟院校好评。新华网就"一站式"学生社区综合管理专题采访了学院党委书记周银平。相关论文荣获全国高职高专党委书记论坛 2020 年优秀论文一等奖。

（四）毕业生就业质量显著提升

第三方毕业生就业质量报告，学院毕业生就业质量稳步提升。2018—2020 年，连续 3 年毕业生就业率均在 95% 以上，毕业生初始薪资水平均在 4300 元以上。

用人单位对毕业生满意度较高。100% 的用人单位对学校毕业生的工作表现感到满意，其中，评价为"很满意"的占比为 69.09%。100% 的用人单位对学院毕业生的政治素养感到满意，其中，评价为"很满意"的占比为 70.91%。100% 的用人单位对学院毕业生的专业水平感到满意，其中，评价为"很满意"的占比为 68.52%。

三全育人特色，水利文化增活力
——以江西水利职业学院水生态文明类公益系列动画片《河小青历险记》为例

李耀卿，李也杨，彭巧双，章晓华

（江西水利职业学院）

背景思路：全面推行河长制湖长制是党中央、国务院推进生态文明建设的重大决策部署，是强化河湖管理保护、维护河湖健康生命的重要制度创新。水资源保护是一个持久性、世界性的公益事业，我们需要从青少年开始就培养保护水资源的理念，需要有长远的规划，我们希望能够打造一个勇敢、正义、有担当的动漫形象，代表着志愿者精神，潜移默化地影响着一代又一代的青少年。

主要做法：以项目的核心目的是希望以动漫为载体，推广和宣传国家相关政策。在国家制度做保障的前提下，我们还需要让民众对水资源的相关知识有所了解，动画片的内容设计中，每集涵盖一个水资源保护知识点，剧情围绕知识点进行设计，既保证可看性和趣味性，又起到了寓教于乐的作用。

目前，规划内容有10个知识点：可怕的闪电（主题：电鱼），黑龙的计划（主题：毒鱼），惊险沙尘暴（主题：河道岸坡），建设新家园（主题：非法挖沙），失踪的小鱼（主题：外来入侵物种），我家不见了（主题：围垦湖泊），垃圾大作战（主题：河道乱堆），肆虐的洪水（主题：洪水），黑色的河流（主题：工厂排污），守护着江河（主题：建立鱼道）。

呈现方式：以喜闻乐见的动漫系列片，以漫画趣味出版物，以及动漫衍生品为载体。本项目目前已经完成10集剧本、美术、动画、剪辑、合成、配音配乐相关工作初稿。计划完成第一季约30集漫画出版相关工作。公益类漫画读物作为青少年喜闻乐见的方式，使青少年通过轻松愉悦的渠道了解全省、全国水生态文明的建设与目标。

江西水利职业学院积极探索特色创新案例，结合江西省、全国情况，明确发展目标，树立做精做强，打造全国水文化、水生态文明品牌的理念。根据全国水文化建设现状，在原有水文化建设基础上，进一步明确了做精做强水文化品牌的两大目标，将其深化、内化，在校内开展水文化特色教育的研究和实践，使优秀水文化真正成为全校师生共同的价值观念、思维方式和行为标准，强化其导向、规范、激励、凝聚作用，增强其作为维系学校的精神力量，把学生培育成为具有"献身、负责、求实"精神的新一代水利人；充分发挥校园文化的引领和辐射作用，把校园文化与行业文化、社会文化相融合，着力把学校建设成为具有一定社会影响力的水文化社会传播基地、水文化培训教育基地、水文化研究推广基地，把水文化品牌融入中国特色社会主义特色重要部分，成为青少年、社会、学校的普及办学亮点。特色创新的案例具体如下。

第一，探索特色教育，打造做精做强水文化品牌的载体，在水利专业教育之中强化水利人文特色。

江西水利职业学院一直注重寓水利人文特色于专业教育之中。学院教师始终坚持教书育人、立德树人的教育理念，把水文化融于专业课讲授过程中，作为育人的重要内容。有的教师为了培养学生的专业自豪感，在课堂上结合中国几千年的治水历史和实践以文化人。有的教师为了培养学生对水利事业的责任感和使命感，针对江西水利现状、水资源短缺等特点，制作了江西水利建设成就课件；实施以思政建设辅助水利专业教学和学生文化素质教育，取得了良好的效果，获得了省内专家的一致好评。教师在向学生讲授专业知识和技能的同时，在学生的心里也深深播下了扎根水利、造福百姓的种子。学校还经常邀请水利专家做报告、讲座，组织各种研讨会等，帮助学生开拓视野，树立现代治水理念。学生从中获得了许多水利方面的前沿信息，进一步加深了对人水和谐的新的治水理念的认识和理解。同时，学生还从这些学者、专家的亲身经历中感受到了崇高的人格魅力，坚定了自己献身水利、立志成才的信心和决心。

第二，水文化教育进课堂、进教材、进社会。

水文化教育不仅仅是简单传播水知识，更是一项以实践活动为主，与实际紧密结合的学校教育方式。江西水利职业学院一直重视水文化特色教育的研究与社会实践，李耀卿老师申报的项目《河小青历险记》就是其中的典型。"河小青"是参与河湖健康行动、助力河长制的广大青少年的总称。近年来，江西省水利厅积极响应水利部、团中央号召，动员广大水利团员青年参与河湖健康行动，围绕建设"河小青"队伍体系、开展"河小青"巡河护河、实施"河小青"岗位创建、构建"河小青"对话河长机制、传播"河小青"绿色生态理念五个方面统筹推进，充分利用行业技术优势，通过发动社会力量参与保护河湖健康；向社会宣传"河长制"实施在生态、经济、社会方面发挥的巨大效应，对公众普及河湖保护知识，通过开发公众参与软件，建立河流保护档案，打造公益动画片《河小青历险记》，编制《中小学生河湖保护教育读本》等行动，提高公众节水护水的能力，形成人人争当"河小青"，人人成为"河长制"参与者、宣传者、监督者，为助推江西河长制湖长制工作做出了积极贡献。

第三，强化江西水文化内涵以及提升城市水文化品牌建设。

江西具有典型的江南水乡风貌，有良好的自然资源禀赋和悠久的水文化发展史，水文化是其城市文化非常重要的组成部分。在江西全面率先实现现代化建设进程中，我们应格外珍视历史文化禀赋，加强现代化背景下水文化发展研究与实践，为建设最具江南水乡特质的文化旅游名城提供文化品牌支撑。

"河小青"志愿服务活动得到人民网、中国新闻网、江西卫视、大江网等国内省内权威媒体的报道，受到社会各界的广泛关注和赞誉。"我是河小青生态江西行"志愿服务项目从全国300余个节水护水类志愿项目中脱颖而出，荣获第四届中国青年志愿服务项目大赛金奖及"第十二届中国青年志愿者优秀项目奖"，项目得到团中央和水利部高度评价，肯定江西"河小青"志愿服务在全国范围内起到了示范引领作用。国内首部以"河小青"为主题制作的动画片《河小青历险记》获得全国高校数字艺术设计大赛一等奖。在大家的共同努力下，江西省水利厅打造了一支目标明确、体系完整、特色鲜明的志愿服务队伍，江西"河小青"逐渐成为"爱水节水护水"的名片。

第四，整合江西优势水利品牌资源，推进"河小青"文化品牌推广。

水文化是一种重要的旅游资源，城市水文化建设有助于加强城市水域景观的娱乐和休闲效果。江西作为滨水之地，其水文化旅游资源没有得到科学合理的利用，城市活力不足，滨江特色正在逐渐消失。通过对江西水文化旅游资源进行研究，整合优势水利品牌资源，提出打造"河小青"水利品牌形象及其旅游产品项目和形象宣传策略与创意，希望通过挖掘江西城市特色和文化内涵，提升江西城市形象和整体品位。通过推广"河小青"动漫IP品牌，达到推广水利品牌，普及水利知识，建设和谐社会的总体目标。

江西水利职业学院在文化育人上、推广上颇具价值。

持续推进"河小青"志愿服务活动，围绕"社会化""专业化""标准化"三个特色工作，建立了"一市一局一灌区"河小青志愿服务试点（新余市、省水文局、省赣抚平原灌区）。志愿服务按段划分，责任到人。依据公众参与和手机平台反馈的信息，制定了"河小青"认领河段图，"河小青"认领河段共计215.1千米，让河湖有了专属的志愿保护人。依据调研的成果，组建了一支超过千人的稳定的志愿者服务队，开展了以"河长制"为代表的专业河湖保护宣讲服务活动超过30场，受众超过2000余人，培训专业志愿者100余人次，通过专题宣讲强化技能。发挥专业优势，自主研发了"一河一策"等河湖信息采集平台，目前江西省28个县可免费共享相关数据信息，2万余用户正在使用，为水资源管理提供便利，为河湖保护建立了健康保护档案。同时，依托河长制信息平台，研发了"河小青"巡河护河App，建立"河小青"数据信息库。深入推进"河小青"科教宣传工作，加大系列动漫科普书籍的普及力度，编制出版了《中小学生河湖保护教育读本》，累计发放40万册，同时打造公益动画片《河小青历险记》，目前已制作完成10集，正在开展进校园、进社区、进企业、进农村的"四进"活动。通过一系列志愿服务活动不断提升社会影响力，着力打造志愿服务品牌。

江西水利职业学院在水生态文明文化育人项目——《河小青历险记》的成效与启示如下。

第一，坚持以重要节庆日、重大事件、重大活动为契机，积极开展特色鲜明、健康向上、丰富多彩的志愿服务活动，以实际行动为守护河渠，为动画片提供素材思路，助力维护水生态环境。

第二，结合"三下乡志愿服务活动""河小青志愿服务活动""扶贫活动"，多次让动画片《河小青历险记》进学校、进乡村、进社区。期望通过动画片让学生及家长了解"河长制""湖长制"以及生态环境的科普知识，提高群众河道保护、节水护水的意识。

第三，积极把本项目向教育厅、水利厅、行业协会等相关部门推荐，通过各大网络平台推广，研发开发更多衍生品，让更多民众了解爱水、护水、节水常识，打造生态文明新的高度。《河小青历险记》系列动画片作为国内首部以"河小青"为主题制作的动画片，引起了各方关注和认可，该片先后获得第七届、第八届全国高校数字艺术设计大赛一等奖，助力"水来保护TA"项目在第五届全国志愿服务大赛获得银奖、第二届江西省志愿服务大赛获得金奖、第十届江西省志愿服务获得优秀，项目多次在全国、全省的各类会议中展出，得到了社会各界的认可，通过动漫故事科普水利工作，让全社会了解"河长制""湖长制"以及水生态文明的科普知识。

创新德育模式 培养三江源基层水利人才
——杨凌职业技术学院民族学生"双主体、四融合、六育人"德育教育模式的创新与实践

郝红科，刘儒博，韩红亮，张春娟，赵英，乔源

（杨凌职业技术学院）

摘要：针对青海三江源地区基层水利人才"引不进、留不住"的问题，在水利部和中国水利教育协会协调下，杨凌职业技术学院（以下简称"杨凌学院"）开办玉树、果洛、黄南3届三江源藏族水利人才订单班。人才培养过程中，杨凌学院坚持德育引领，基于政行企校四方合作机制，创新少数民族"双主体、四融合、六育人"的德育教育模式。"双主体"，即"政府+学校"；"四融合"，即"传统文化与民族文化融合、专业培养与德育教育融合、课程教学与思政教育融合、行为养成与心理健康融合"；"六育人"，即"党建育人、课程育人、实践育人、环境育人、社团育人、管理育人"。德育模式实施以来，3个藏族订单班中，92%的学生递交了入党申请书，学生学业成绩良好，受到水利行业肯定，在江西等地得到推广。同时，该模式也推广到杨凌学院畜牧兽医专业西藏民族订单班等，效果良好。

关键词：三江源；"订单式"培养；少数民族学生；德育教育模式；杨凌职业技术学院

一、成果背景与内容

（一）成果背景

三江源位于青藏高原腹地、青海省南部，为长江、黄河和澜沧江的源头所在地，该区域是我国重要的生态屏障，被誉为"中华水塔"。习近平总书记在考察青海时指出"要保护好三江源，保护好中华水塔"。三江源区水利队伍的现状堪忧，一是队伍总量不足，水利干部数量和技术比例分别列全国第26位和第28

位；二是综合素质偏低，队伍高、初、中级技术人员比例分别为 5.34%、22.21%、72.44%；三是队伍从业人员分布不均，基层人员匮乏；四是水利人才队伍流失严重。基于此，青海省水利厅委托杨凌学院举办的玉树州人才订单班（以下简称"玉树班"）于 2016 年 9 月在杨凌学院开班。中国水利教育协会向学院发了《关于委托杨凌职业技术学院举办青海省玉树州水利人才订单班的函》，委托学院开展民族地区的人才培养并进行相关研究。

（二）成果内容

成果名称：民族学生"双主体、四融合、六育人"德育教育模式。

1. "双主体"

学校和政府合作，协同育人，构建了民族学生德育教育的机制体制，双方在德育教育、人才培养方案、育人过程等方面为民族学生德育教育搭建平台。

2. "四融合"

（1）传统文化和民族文化相融合

在充分尊重民族习惯的基础上，引导学生了解、接触、融入中国传统文化，引导学生向党组织靠拢。

（2）专业培养与德育教育相融合

基于杨凌学院"四位一体"人才培养方案，做好"德技并修、以德为先"的顶层设计，从各个环节中渗透德育教育，做好"三全育人"。

（3）课程教学与思政教育相融合

做好"学校是主阵地、课堂是主渠道、教师是主力军"的定位，组织一线教师开展课程思政改革。

（4）行为习惯与心理健康相融合

做好民族学生行为习惯的引导，实施"双主体"下的双班主任工作制，确保民族学生心理健康。

3. "六育人"

（1）党建育人

实施"两级书记抓思政"工程，学校党委书记和分院党总支书记共同关注订单班学生成长，开展"党建带团建"工程，促进班级文化建设。

（2）课程育人

开展课程思政教育，挖掘普适化和民族特性的思政元素，专业课程中融入思政元素，提升民族学生思想觉悟和专业视野。

（3）实践育人

根据民族学生专业基础特点、成长规律特点和学业任务，适当增加实践教学，增加实践教学比例，增加社会实践机会，校政合作开展实践锻炼。

（4）环境育人

营造民族学生成长氛围，充分尊重少数民族生活习惯，为民族学生营造较好的住宿环境，充分营造杨凌学院南校区"秦人治水"文化氛围。

（5）社团育人

学校团委要求各社团更多吸纳民族班学生成员，鼓励民族学生党员加入社团，鼓励民族班学生参加各类社会志愿者、社会调研等活动。

（6）管理育人

把管理育人作为育人的保障措施，实行"学院—分院—双班主任—助理辅导员—班委会"五层次的管理体系，落实学校和政府对育人的要求。

二、主要做法

2015年9月，针对水利部拟成立青海玉树水利人才订单班的工作部署，落实中国水利教育协会《关于委托杨凌职业技术学院举办青海省玉树州水利人才订单班的函》的基本要求。

（一）校政广泛对接，水利行业参与，开展玉树三江源藏族聚居区人才需求调研

学校深入玉树开展玉树三江源人才培养调研，对三江源国家公园设立的人才需求进行摸底，先后走访了水利部、青海省水利厅、玉树州人民政府，深入基层单位走访，召开座谈会，形成调研报告，为后续《玉树水利人才订单班人才培养方案》奠定了基础，使人才培养更具有针对性。

（二）校政合作为主，行业协同参与，构建民族学生协同育人机制

"学校—政府"协同育人，构建了民族学生培养的坚实平台，学校与玉树藏族自治州人民政府签订校政合作协议，共同制订人才培养方案、共同开展人才培养、共同进行德育教育、共同提供育人资源、共同管理顶岗实习、共同开展人才质量评价。

（三）基于"四位一体"人才培养方案，突出民族学生德育教育，做好民族学生人才培养顶层设计

我校"四位一体"人才培养方案涵盖了通识课、专业课、个性发展课和创新创业课，以"学分银行"为抓手，得到教育界专家的认可。基于"四位一体"人才培养方案，制订了"德技并重，德育为先"的《玉树订单班人才培养方案》，其特点在于：一是增加了德育课程的比重，增设了"汉语言文学"等通

识类课程；二是调整了思想政治理论课的教学内容，更加突出中华民族命运共同体和习近平总书记"三个离不开"的重要论述；三是优化了专业课程设置，增设"生态环境保护"等玉树生态保护的专业课。

（四）挖掘思政元素，开展课程思政改革，民族学生教育润物无声

以陕西"秦人治水"为基本特色，兼顾藏族聚居区思政元素，挖掘思政元素，与专业课有机融合。一是注重陕西"秦人治水"的思政元素，如大禹治水、郑国渠、冯家山优良传统。二是注重挖掘青海藏族聚居区的思政元素，如守护可可西里无人区的改革先锋索南达杰等。三是注重融入新时代水利精神、工匠精神等思政元素，培养高尚的职业情操。

（五）创新"四融合"理念，实施"六育人"工程，全方位提升民族学生育人质量

1. 创新"四融合"德育思路，为民族学生德育教育的开展提供了全方位的理论支撑

（1）文化层面的融合，以社会主义文化为引领，加强民族学生马列主义熏陶，实施党员"一对一联系"导师制，引导学生向党组织靠拢，培育学生共产主义理想。

（2）专业层面的融合，增加德育课程比重，调整思政课程内容，提升育人针对性和适应性。

（3）课程层面的融合，开展课程思政改革，专业教师挖掘并融合思政元素，尤其注重民族元素（如索南达杰）的挖掘，渗透新时代水利精神、工匠精神等。

（4）管理层面的融合，开展经典晨读、晚自习的演讲、"玉树班故事"等具有民族特色的班级活动，养成良好的行为习惯，保障身心健康。

2. 实施"六育人"德育路径，为民族学生德育教育的营造开辟新格局

（1）开展"两级书记抓思政"、以党建带动班级团建，建立学院、分院"两级书记抓思政"机制，开展"党团支部一对一"帮扶，创新"晚自习演讲"等文化活动。班级团支部组织各类活动，促进班级团结力、凝聚力、向心力的培养，增强与汉族班级学生的融合。

班级团支部在收到陈雷部长（时任）回信后，学校及时组织学习陈雷部长回信的主题班会，积极落实陈部长"珍惜韶华、砥砺品格、热爱学习、回报社会"的嘱托，开展了一次激动人心的主题班会。

（2）开展教学实践锻炼，提升学生综合素养。为培养高素质人才，在认识实习、专业实习、施工实习等实践课程的基础上，利用课余时间，组织学生到泾惠渠灌区、西安水土保持科学体验馆、杨凌农博园等教学基地参观。

2019年，校、政再次联动，组织订单班学生代表参加"爱国爱水北京行"活动，进一步表达了对订单班学生的关怀和关心，鼓励订单班学生学好技能。

2017年、2018年暑期，玉树订单班40名学生在玉树市水利局和囊谦县水利局开展暑期实践锻炼工作，每组20名学生，为期10天。杨凌学院水利工程分院领导参加开班仪式，4位指导教师全程指导。

果洛订单班复制玉树订单班暑期实践锻炼的模式，于2018年开展了暑期分散实习。2019年，在中国水利教育协会的组织下，开展"寻美家乡河"社会调研活动，青海果洛、黄南两个民族订单班组建了北川河调研团队，以青海北川河为调研对象，调研成果获得组织方"最佳调研团队奖""最佳调研报告奖""最具创意短视频奖"3个最高奖项。

（六）营造水文化育人环境，增强育人氛围

以"秦人治水"为主线，开展校园文化建设，营造有利于民族学生生活、学习的环境和气氛，促进民族文化充分融合。在宿舍楼中专门安排民族生活区，尊重民族学生生活习惯，经常关心民族学生生活、学习情况。

（七）创新"双主体、五层次"管理方式，实施双班主任管理

构建了"双主体、五层次"的班级管理模式。"双主体"指学校和政府两个管理主体，学校是学生管理的主要阵地，州政府对学生发展持续关注，动态指导。"五层次"指学校主体的"学院—分院—双班主任—助理辅导员—班委会"五个管理层次，该管理体系的建立，实现了订单班学生"立体化、全方位"的管理。基于"校政合作"模式下的"双班主任"制度，是班级管理的创新举措，政府方的生活班主任负责学生日常管理，学院方的专业班主任负责学生的学业引导，两位班主任共同负责学生的思想政治教育。

（八）以德育教育为中心，开展班级文化建设

第一，精心组织经典晨读活动，督促学生及时到场，认真晨读。第二，开展"晚自习演讲"主题活动，学生自选主题，自己做PPT，利用晚自习的前10分钟，轮流上台演讲，分享心得。第三，借助互联网优势，开展"玉树班的故事"主题活动。第四，鼓励学生"走出去"，到社会中去锻炼，班级学生积极参加杨凌马拉松志愿者服务、杨凌农高会志愿者服务活动。

三、成果的创新点

1. 创新了校政合作、协同开展民族学生德育教育的育人机制

针对民族学生特点和民族地区对高素质技术技能人才的需求，创新合作机

制，通过"校政共同设计培养方案、协同开展学生德育教育，双主体实施管育"等做法，创新了民族学生的"校政合作、协同育人"机制。

2. 创新了民族学生德育教育目标、内容体系

针对三江源地区水利人才需求，校政协同确立了该订单班学生德育教育总体目标："政治立场坚定、理想远大、信念崇高、爱国团结、勤劳勇敢、自强不息。"结合民族学生特点确立"一年融合、二年达标、三年强化"的年度阶段目标。

四、主要成效与启示

（一）主要成效

1. 实现了三江源地区高素质水利人才储备

订单班学生的思想、观念、行为和生活习惯发生了很大转变。92%的学生递交了入党申请书，9名学生被发展为中共预备党员。104名学生积极参加了西北农林科技大学水利水电工程专业本科函授培训班，取得了结业证书。1名学生参加西北大学自考本科学习。截至2020年6月，118名学生全部回到生源地，服务三江源建设。

2. 育人成效突出，行业广泛认可

2016年9月，在全国水利职业教育与产业对话活动上，杨凌学院院长王周锁做了题为"创新校企合作机制，深化合作协同育人"的主题发言。2017年4月，订单班收到了陈雷部长的回信，勉励学生珍惜韶华，砥砺品德，刻苦学习，全面发展。2018年8月，水利部在玉树召开"水利人才'订单式'培养工作座谈会"。副部长田学斌讲话，向中西部地区少数民族自治州的14个省（区、市）进行推广。2020年10月，《"订单式"人才培养为地区脱贫提供人才支持——青海省玉树藏族自治州"订单式"水利人才培养案例》，入选"全球减贫案例有奖征集活动"最佳减贫案例。

江西、广西、湖北等省份借鉴杨凌学院德育做法，开办相应订单班，杨凌学院成为中西部地区、民族地区和边远地区培养本土水利专业人才的"源头活水"。

（二）主要启示

1. 坚持党的领导是做好民族学生人才培养的首要因素。

在精准扶贫背景下，坚持党的领导是做好人才培养、精准扶贫、民族团结

的首要因素，使人才培养有主心骨。

2. 抓好德育引领是提升少数民族学生综合素养的关键。

立德树人是教育的首要任务，在少数民族学生中开展德育教育，用中国传统优秀文化、革命文化培育新时代民族学生，在育人环节中十分重要。

3. 做好协同育人是培养高素质民族学生的有利载体。

搭建育人平台，坚持协同育人，是职业教育培养高素质人才的有利载体，是培养三江源水利人才的重要载体。

以水育人 筑梦青春
——湖北水利水电职业技术学院打造荆楚水文化"三融通"育人长效机制

张强,冷涛,丁绚,吴思思,叶继强,梁辰

(湖北水利水电职业技术学院)

摘要:湖北水利水电职业技术学院立足水利行业办学背景和荆楚水文化特色,坚持"三全育人"工作理念,以"以水育人,筑梦青春"的水文化育人工作理念为核心,打造了荆楚水文化与育人实践融通、与社会实践融通、与校园文化融通的"三融通"育人长效机制,在创新人才培养方案和课程体系、丰富大学精神、传承与创新荆楚水文化、强化社会实践、构建水文化育人环境等方面取得了突出成效:水文化、水相关专业等课程体系建设走在同类高校前列;水文化育人相关成果多次受到上级有关部门表彰;"爱我千湖"水资源志愿服务队在省内拥有较大影响力;学院人才培养质量不断提升,社会影响不断得到扩大。

关键词:荆楚水文化;"三融通"育人机制;人才培养

坐落于东湖之滨,南湖之岸,汤逊湖之畔,湖北水利水电职业技术学院依湖而建,傍水而筑,因水而厚,因水而名。沉淀着近70年的办学底蕴,以培养中国特色社会主义事业可靠接班人和合格建设者为己任,将弘扬水文化与学生成长成才相结合,培育了一代又一代的水利人。

一、背景情况

水利高职院校承担着弘扬创新水文化和培养一线水利技术技能人才的重要职责,湖北水利水电职业技术学院坚持以习近平新时代中国特色社会主义思想为指导,不断强化"三全育人"工作理念,全力拓展"大思政"工作格局,充分利用水利行业的办学优势和湖北丰富的水文化优势,在多年弘扬水文化、创新融合新时代水利精神的实践基础之上,努力将水文化融通于教育教学各方面,打造了"三融通"水文化育人长效机制,助力湖北水利事业发展和学生成长成才,成效显著,影响深远。

早在高职办学之初,院党委就明确提出了"以水育人、筑梦青春"的水文化育人工作理念,并将其作为大学生思政工作的龙头工程进行推动,从发展规划、理论研究、人员配备、资金保障等多方面给予支持。经过多年的探索与总结,打造行之有效的荆楚水文化"三融通"育人长效机制,即与育人实践融通、与社会实践融通、与校园文化融通。

二、主要做法

(一) 以水为基,融通育人实践

一是树立将荆楚水文化充分融于民族精神的育人理念。中国水文化积千年之精华,植根于中华民族的沃土中,成为民族文化、民族精神和时代精神的重要组成部分,学院秉承大禹"开掘九川"、李冰父子"筑堰活水、科学治水"的实践精神,积极实践以社会主义核心价值观为核心的育人理念。

二是以新时代水利精神丰富大学精神。大学精神的核心价值是永恒的,但也会根据时代的变化被赋予新内容。湖北水利水电职业技术学院秉承中国水文化和"献身、负责、求实"的水利行业精神,结合近70年的办学历史,形成以"修身、明志、励学、求真"的校训精神和"百折不挠、自强不息"的办学精神为主体的学院精神。在新时代背景下,学院高度发挥水利人的自觉自信,以新时代水利精神丰富和充实学院精神。对"明志"做出了新的释义:在学生层面,即树立为水利事业和生态文明建设认真学习,努力成为担当民族复兴大任的时代新人的志向;在教职工层面,即树立服务地方水利和生态文明建设,落实立德树人根本任务,努力成为"四有"好老师的志向。通过对学院精神的进一步丰富,全体师生的精气神进一步得到了提振。

三是树立传承和创新水文化的育人理念。学院积极响应"建设美丽中国""加强生态文明建设"和"弘扬中华优秀传统文化"的具体要求,第一时间调整人才培养方案,合理开设"美丽中国"相关专业,普及"水情水文化"通识课程,充分发挥学院作为水利行业示范高职的影响力,树立传承和创新水文化的育人理念。

四是树立将荆楚水文化全面融于学生社会实践的育人理念。学院依托水利行业以高职育人的主要目标为导向,依靠荆楚大地丰富的水文化优势,自学生入学之初，通过水文化熏陶、渗透、实践、弘扬，实现理论和实践相结合，促进学生在实践中树立知水、懂水、乐水、爱水、用水的理念，利用学院厚重的校园水文化积淀，教育学生牢固树立专业思想，不断学习，勤于实践，甘于奉献，逐步引导学生培养了解水利、熟悉水利、热爱水利、服务水利、献身水利的行业精神，在学生实践中全面弘扬水文化。

（二）以水为媒，融通社会实践

一是完善齐抓共管的弘扬荆楚水文化与社会实践育人工作机制。学院每年将弘扬水文化的社会实践活动作为学生素质教育与职业技能、职业素养培育的重要内容，结合时代主题和水利行业特点，聚焦水利热点，关注水利重点，主动联系湖北水利厅、教育厅相关处室和共青团湖北省委等上级单位和部门，聆听指导意见，修改实践育人方案，拟订实践育人计划。学院划拨专项工作经费，学工处、团委、学生就业指导中心密切配合，各系部组织实施，形成了由学院分管学生工作的副院长亲自主抓，相关中层干部积极参与，学业导师和辅导员实际指导的健全工作机制。

二是构建常态化的弘扬荆楚水文化主题志愿服务活动机制。建立校内外社会实践服务岗，组织学院青年志愿者开展各类弘扬水文化服务社会的公益活动。按照构建"五个湖北"的统一部署，响应建设"美丽湖北"的号召，学院志愿者积极参与"爱我千湖"志愿服务活动，以南湖和汉口江滩为主要服务点，积极开展各类爱水、护水宣传，并参与护湖服务。以汤逊湖为主要服务岗，每周组织学生志愿者200余人开展消除白色垃圾，捍卫碧水蓝天学雷锋志愿服务活动，受到楚天都市报等社会媒体的关注与报道。利用寒暑假积极组织全院学生开展服务当地水利建设、水资源保护的社会实践活动。学院"爱我千湖"志愿服务队连续多年获得湖北省"三下乡"活动优秀团队表彰。

三是加强荆楚水文化社会实践理论研究。学院充分利用水利行业办学和水利学科优势，组织相关部门和有关专业教师，就结合学院实际，为更好地开展水文化志愿服务进行相关研究，做好理论准备。2013年，报送的"弘扬水文化实践育人机制探析"获湖北省高校校园文化优秀成果三等奖；2014年，报送的"弘扬水文化，践行社会主义核心价值观"获湖北省高校校园文化优秀成果二等奖，同获当年全国高校校园文化优秀成果三等奖，是湖北唯一获奖高职院校；2016年，我院"爱我千湖"志愿服务队指导教师撰写的论文《生态博弈背景下的湖泊区域健康发展问题探讨》《从武穴看湖北省水库饮用水源地安全保护对策》《从梁子湖破堤还湖看湖北省湖泊管理应采取的对策》在湖北省首届湖泊生态保持与绿色发展研讨会上进行了交流；2020年报送的"水利行业高职院校水文化实践育人机制研究"被中国职业技术教育协会认定为中华优秀传统美德典型案例。

（三）以水为魂，融通校园文化

一是积极构建弘扬水文化的育人环境。为充分发挥环境育人的功能，提升广大师生对水文化的认同感、责任感与使命感，以凝聚的人心，振奋的精神，昂扬的斗志，共同挖掘学院的水利精神与人文内涵，构建师生共有的精神家园。学院将主要建筑物以水命名，"长江楼""黄河楼""嘉陵楼"等；将学院广播台命名为"水苑之声"，让广大学子在醒来的每个清晨听到的第一个音符是来自水之声音，伴随着他们三年的成长，将水文化元素充分融于学生最熟悉的学习生活环境；在南湖校区的行政楼前设置"大禹治水"大型雕像，将"大禹治水一去十三年，三过家门而不入"的治水精神倾注于学院的自然建筑中。通过环境的熏陶，将水之精髓潜移默化于水院人的印记里，充分发挥水乃万物之源，生命之本，无处不在，润物无声的育人效果。

二是积极开展以水生态文明为主要内容的校园文化活动。全院师生每年结合"世界水日·中国水周"，围绕水情、水法、河湖长制、节水用水知识等主题，通过参与知识竞赛、读书交流、演讲比赛、专题讲座、辩论赛、线上有奖答题等形式的互动，有效地普及了水利生态相关知识，提高了师生水生态文明意识。其中，成功举办的首届全国水情知识高校巡回赛（湖北站）系列活动广受好评。结合水文化，践行和培育社会主义核心价值观。连续举办了15届"大禹杯"红歌会、14届"水苑之声"校园科技文化艺术节、13届"水之韵"主题文艺演出等，已经成为学院特色鲜明的校园文化经典品牌。

三是开展绿色校园创建活动。在学生中设立生态保护文明督察队，对校园中乱丢乱扔、公共场所吸烟、浪费水电及粮食等行为进行管理。在教职工中，对办公用品的领用进行了制度规定，严禁浪费。同时，结合学院相关专业，制定相关课题，对校内水、电、气等设施设备进行优化设计，不断节约资源。

三、实践效果

一是形成了优良的水文化育人环境。由于水文化的大力弘扬，学生以水为起点，将水利精神融入工作与实践，学生毕业后积极主动到艰苦地区就业，成为水利事业合格的建设者。在湖北水利水电职业技术学院，"修身、明志、励学、求真"的学校精神逐渐形成，"忠诚、干净、担当，科学、求实、创新"的水利行业精神在师生中得到了充分体现，人水和谐理念得到了高度的认同，平安、和谐、向上的育人环境蔚然成风。

二是取得了大学生思政工作新成效。通过水文化育人体系，促进了学生在实践中树立知水、懂水、乐水、爱水、节水的理念，培养了学生熟悉水利、热爱水利、服务水利、献身水利的信念，新时代水利精神在广大学生中得到践行。特别是，"爱我千湖"志愿服务队中先进典型络绎不绝，有勇扑山火受到当地政府表彰的镇方龙，有雨中撑伞守护摔倒老人的谢波，有参与防汛救灾勇救落水老人的刘振东，有全家参与雷神山建设的徐卓航；等等。

三是扩大了学校在社会上的积极影响。学院每年为社会培养高职学生3000多人，毕业生普遍受到用人单位欢迎，毕业生就业率已达95%以上，始终名列湖北省同等层次高校前列。10年来，学院面向社会开展各级各类职业培训鉴定达16000多人次，现已成为全国重要的水利水电人才培养基地、行业定点培训中心和水利行业职业技能鉴定中心。通过弘扬水文化，学院连续多年获得湖北省"文明单位""最佳文明单位""省级平安校园"、省直机关五四红旗团委、全省水利水电工程系统先进基层党组织等荣誉。

四、创新与启示

一是紧跟时代发展大局，走战略化路子。要紧跟国家和时代发展大局，深刻理解习近平生态文明思想，从文化的高度解读水利在经济社会发展、现代农业建设和生态环境改善中的重要战略地位，将水文化的弘扬与新发展理念、长江经济带高质量发展、河湖长制等有机结合起来，在融入国家发展大局的过程中，不断推动水文化的传承与创新。

二是依托水利行业，走专业化路子。弘扬水文化，必须紧紧依托水利行业，充分利用水利行业资源，做好水利专业建设工作，参与水利工程项目，为水文化的弘扬与传承提供专业背景支撑。

三是创新水文化活动载体，走大众化路子。要进一步创新和丰富活动载体，不断扩大受众面，以喜闻乐见的方式、务实有用的效果更好地弘扬水文化。要进一步加强水资源保护志愿服务队伍建设，完善体制机制和项目管理，不断提升志愿服务水平与效果。通过"三融通"水文化育人机制的实践，弘扬荆楚水文化，传承水的精神，用水文化提升自我，使学生进一步提升自身素养，以更加积极的姿态投身水利事业，更好地服务社会。同时，以学生社团及专业实践活动为载体，传承弘扬水文化传统，从文化的高度解读水利在经济社会发展、现代农业建设和生态环境改善中的重要战略地位，提高全社会的水利意识、水患意识、节水意识、依法治水意识和人水和谐意识，进而为湖北水利事业科学发展提供重要的智力支撑。

实施"正禾"工程，打造育人特色品牌
——杨凌职业技术学院深化立德树人的创新与实践

陈宁，任得元，裴红波，刘新燕，陈军峰，张伟

（杨凌职业技术学院）

摘要： 高校立身之本，在于立德树人。聚焦学校内涵建设和师生成长成才，杨凌职业技术学院围绕"加强党建工作，推进'三全育人'，深化思政课教学改革"三大目标，启动实施"正禾"育人工程，通过梳理25个教学要点、设置10个育人项目、开展60项支撑活动、建立工作长效机制、强化载体平台建设等，形成了"目标引领、项目实施、要点突出、学分明确、活动支撑"育人体系，构建了"三全二元一心"育人模式，教师队伍的精神风貌、广大学生的综合素质不断提升，学校的育人品质和文化内涵持续加强。

关键词： 立德树人；三全育人；思政课教学改革；"正禾"育人工程

"才者，德之资也；德者，才之帅也。"人才培养是育人和育才相统一的过程，而育人是本。为全面落实立德树人根本任务，切实把育人使命扛在肩上，杨凌职业技术学院以习近平新时代中国特色社会主义思想为指导，以培育和践行社会主义核心价值观为主线，以思政课教学改革为切入点，大力实施"正禾"育人工程，通过目标引领、项目实施、活动支撑，积极构建"三全二元一心"育人模式，着力打造独具杨职特色的育人品牌，在全校形成了浓厚的"正禾"文化氛围。

一、背景思路

"正禾"育人工程是学校围绕"加强党建工作，推进'三全育人'，深化思政课教学改革"三大目标提出的一项系统性工程。工程取名"正禾"有两层含义。第一层含义，用正确的思想观念教育引导学生，像雨露阳光一样滋润禾苗茁壮成长，与习近平总书记在学校思想政治理论课教师座谈会上强调的"青少

年阶段是人生的'拔节孕穗期',最需要精心引导和栽培"相契合。第二层含义,学校是一所因农而生、伴农而长的高职院校,办学以来,一代代师生坚守为农服务初心、牢记强农兴农使命,书写了学校高质量发展的新篇章。"禾"泛指粮食作物,代表着农业,"正禾"充分表明了学校知责明责、履责尽责的强烈使命担当。

工程从大学生必修的思政课中系统梳理提炼出项目实施教学要点25个,使思政课贯穿课上、课下,实现课堂教学与实践教学的有机结合。围绕新时代大学生的培养目标,有针对性地提出"灯塔引航""爱国力行""德种心田""新知视野""昂扬奋进""行为养成""人文浸润""耕读修身""饮水思源""精技强能"10个项目,并对应设计60项支撑活动。60项支撑活动即工程的主要内容,分为必选活动、认领活动和创新活动。必选活动由学校各部门牵头,结合上级有关要求和学校工作实际,制订具体落实方案;认领活动由各二级学院党总支结合实际主动认领,并制订具体落实方案,逐步形成"一院一品""一院多品"的工作格局;创新活动分校级创新活动和学院创新活动,即各部门和二级学院每年在开展各项活动的基础上,在活动的内容与形式上有所创新,形成品牌效应。

通过工程的长期实施,旨在打造学校党建特色品牌、"三全育人"品牌、思政教育品牌,进一步提高人才培养质量、凸显学校办学特色;构建"一院一品""一院多品"立体育人格局和"百县千企万创,三全二元一心"协同育人格局,推出一批特色鲜明、内涵丰富、影响力大、带动性强的活动;形成"目标引领、项目实施、要点突出、学分明确、活动支撑"育人体系,扎实推进学校"三全育人"工作和"双高"建设工作。

二、主要做法

(一)梳理 25 个教学要点

结合大学生两门必修思政课"毛泽东思想和中国特色社会主义理论体系概论""思想道德与法治",系统梳理提炼了25个教学要点,以明确学生思政教育的核心素养,推动思政课教学方法改革创新。

(二)设置 10 个育人项目

根据新时代大学生的培养目标,有针对性地提出了"灯塔引航""爱国力行""德种心田""新知视野""昂扬奋进""行为养成""人文浸润""耕读修身""饮水思源""精技强能"10个项目,通过项目带动工程落地落实。

（三）开展60项支撑活动

对应10个育人项目，精心设计了60项支撑活动，其中，必选活动14项、认领活动46项。每项活动合理赋予相应"正禾积分"，学生参加各项活动获得的积分计入个人"'正禾'育人工程成绩单"，最终根据德育学分评分标准转化成学分，纳入学生德育得分。

（四）建立工作长效机制

1. 加强组织领导

成立了由党委书记和校长任双组长的"正禾"育人工程实施领导小组。领导小组办公室设在党委宣传部，负责该工程的统筹协调和安排部署，形成了书记校长共抓、党委宣传部牵头、部门协同配合、二级学院组织实施的工作机制。

2. 建立结对制度

建立了思政课教师与二级学院结对制度，从思政课的总学时中拿出一定学时，由思政课教师指导各二级学院开展"正禾"育人工程各项必选和认领活动，指导活动所用的课时折算为思政课实践教学课时，确保了思政教育有效融入各项活动当中。

3. 建立考评体系

学校与各部门、二级学院党总支签订了"正禾"育人工程目标责任书，每年对工程实施情况进行考核评价，将考核评价结果作为各部门、二级学院党总支年度目标责任考核的重要内容。

4. 开发积分系统

开发了"正禾"育人工程积分系统，实现了学生手机填报、辅导员审核、积分转化学分、计德育得分的"互联网+德育"模式。

（五）强化载体平台建设

为推动工程落地见效、提质升温，学校积极搭建广大师生乐于参与、便于参与的载体平台，现已建成"两馆八中心"。

1. 建成校史馆

建设了面积1000平方米的校史馆，面向师生广泛开展校史校情教育，使其全面了解学校悠久的办学历史，切身感受学校深厚的文化底蕴，增强师生的爱校、荣校意识。

2. 建成耕读文化馆

建设了面积1000平方米的耕读文化馆，积极构建"力耕勤读"的校园文化体系，教育引导广大师生在读中行、在行中悟，成为一个德业兼修、知行并重、创新奉献、报效祖国的时代新人。

3. 成立八大教育中心

学校成立了书画、文学、音乐、舞蹈、曲艺、摄影、新闻宣传、职业礼仪八大教育中心，聘请校内有特长的教师担任中心主任，对学生进行培训与指导，积极培养学生的个性特长。

三、取得成效

工程实施以来，已开展话剧《共产党宣言》排演、"十大节庆"教育、"中华经典晨读"教育、"二十四节气暨农耕文化"教育、"耕读文化"教育、"传承赵瑜精神甘做奉献杨职人""重温红色经典　弘扬革命传统"红色教育、"151"关爱老教师志愿服务、"万名师生冬至包饺子""千名师生一线支农助农"等14项重点活动，带动了其他各项活动全面铺开、深入推进。

（一）彰显了学校办学特色

1. 育人特色激活力

工程聚焦师生成长成才需求，结合地情和校情实际，确保了每名学生参加必选和认领活动至少在10项以上，学生的综合素质不断提升；促进了各二级学院紧密结合自身专业特色开展相关认领活动，提高了学生参与的积极性和主动性；建设了一支政治素质高、业务能力强、作风扎实的思想政治工作干部队伍，学校现有"双师"素质专任教师483人，国家课程思政教学名师和团队各2个、省级师德标兵2人、省级师德先进个人3人；构建了学校各单位、家庭、社会、学生"四位一体"协同育人机制，浓厚的"正禾"文化氛围正在加速形成。

2. 成果特色有亮点

一是将学校原本分散零落、规模不大的小活动进行整合和统筹安排，使活动的德育价值和功能最大化。

二是项目设计和活动内容瞄准乡村振兴、生态文明、文化强国等国家战略，促进了人才培养与社会服务、文化传承创新的紧密结合。

三是通过"一院一品"或"一院多品"建设，形成了可复制、可推广的高校思政育人模式和经验。

3. 创新特色重实效

一是思政课教师与二级学院结对制度的建立，进一步强化了思政课教师、辅导员和班主任育人的主体意识和责任担当，特别是发挥了思政课教师的主动性和创造性。

二是从思政课的总学时中拿出一定学时进行思政课实践教学，增强了思想政治工作的吸引力和感染力。

三是必选活动、认领活动和创新活动的设计，既确保人才培养阶段性目标的实现，又推动了各二级学院结合专业实际开展特色育人活动，拓展了育人新途径。

四是"党建+X"工作理念的贯穿，使基层党组织的战斗堡垒作用和党员先锋模范作用得到了充分发挥。

（二）构建了"三全二元一心"育人模式

"三全"即全员育人、全程育人、全方位育人。工程聚合了思政课教师、辅导员、班主任和党员干部等多种育人力量，形成了强大的育人合力；实现了校内的知识传授、技能教育、价值引领与校外实践的知识内化、技能强化、素质优化等功能深度融合，促进了校内外各种实践教育资源共建共享、有效利用；统筹了学校、家庭和社会的育人资源，建立了以学生为中心的"三全育人"长效机制和以学校为阵地的一体化育人体系。

"二元"即以教师为主导，以学生为主体。通过全体师生的共同参与，广大教师着眼于落实立德树人根本任务，推进思政课改革创新，全面提升开展"思政课程"和"课程思政"的意识和能力，做好学生成长成才的引路人；广大学生从各项实践活动中汲取养分、丰富思想，成为目光远大、奉公守法、道德高尚、关心社会，且具有浓厚学习兴趣、扎实专业基础、强烈创新意识和较强创造能力的新时代青年。

"一心"即以学生全面发展为中心。工程坚持以习近平新时代中国特色社会主义思想为指导，进一步加强社会主义核心价值观的引领作用，使广大学生坚定了理想信念、厚植了爱国主义情怀、加强了品德修养、增长了知识见识、培养了奋斗精神、提高了综合素质。

四、推广价值

"正禾"育人工程的实施，一是实现了育人力量的多元聚合。学校把实施"正禾"育人工程作为"一把手"工程，党委书记、校长亲自抓、负总责，并且压紧压实其他校领导班子成员和各党总支（直属党支部）负责人的责任，充分发挥思政课教师、辅导员、班主任和党员干部的"主力军"作用，确保了工作同心同向、步调一致。二是实现了育人过程的多维贯通。工程既关注学生的政治素质、理论涵养和价值观培育，也关注学生个性发展和成才需求，构建起了德、智、美、体、劳"五育并举"的人才培养体系。三是实现了育人能力的全面提升。工程通过开展形式多样的教学实践活动和高雅向上的校园文化活动，使学生在生动鲜活的实践与文化活动中获得更真实、更具体的体验与认知，真切感受到了时代责任和历史使命的现实召唤，激励了广大学生脚踏实地、奋发有为。四是实现了育人体系的有机融合。工程紧密结合学校的办学历史、专业特色和育人传统，对育人项目进行系统谋划，对支撑活动进行精心设计，并贯通专业体系、教学体系、教材体系和管理体系各方面，实现了育人要素互促融通。

五、经验与启示

1. 坚持正确政治方向

思想政治工作关乎办学治校的道路旗帜。做好思想政治工作，就要牢牢把握坚持和加强党对高校的全面领导这个根本原则。学校党委首先必须担负起政治责任和领导责任，将学校党建工作与思想政治工作深度融合，切实加强党的政治领导、思想领导和组织领导，通过各项育人活动的开展，持续推动思想政治工作不断加强，把立德树人的根本任务落到实处。

2. 围绕学生这个中心

开展思想政治工作是帮助学生"扣好人生的第一粒扣子"的重要途径。学校必须遵循学生成长规律，以爱国主义为重点，以基本道德规范为基础，以社会主义核心价值观为引领，引导大学生学习传承中华优秀传统文化、革命文化、社会主义先进文化，并注重宣传教育、示范引领、实践养成相统一，让学生成为德才兼备、全面发展的人才。

3. 加强思政队伍建设

教师作为学生锤炼品格、学习知识、创新思维、奉献祖国的引路人，应该以德立身、以德立学、以德施教。学校必须按照政治要强、情怀要深、思维要新、视野要广、自律要严、人格要正的要求，不断加强思政课教师、辅导员、班主任和党员干部等思政队伍建设，注重教育培训和实践锻炼，不断推进思想政治工作者对自身工作的接受、认可和赞同，从而使思想政治教育工作更接地气、更聚人气、更扬正气。

4. 打造高雅校园文化

校园文化是对学生进行教育的载体之一。学校必须推动校园文化活动方式、载体和平台的创新，增强以"文"化人的亲和力和感染力；深入开展校园精神文明创建活动，着力提高广大师生的思想觉悟、道德水准和文明素养；聚焦时代发展主题，广泛开展特色鲜明的文明实践和志愿服务活动，进一步滋养学生心灵、涵育学生品行。

水蕴匠心：办"思源"道德大讲堂 建典型培育"微阵地"

——长江工程职业技术学院"依托讲堂树典型、涵养道德育新人"文化育人工作实践

梅来源，黄利娟，王妍

（长江工程职业技术学院）

摘要： 2017年，长江工程职业技术学院（以下简称"我校"）开始大力推进"依托讲堂树典型、涵养道德育新人"文化育人工作实践，开办了"思源"道德大讲堂，以不同主题举办了14期，80多位教书育人、干事创业、学习成才典型走进"思源"道德大讲堂，讲述自己的奋斗故事，发挥了"身边人讲身边事、身边人讲自己事、身边事育身边人"的作用。在师生典型的带动下，近年来，我校接续涌现出近300名各级各类先进典型，形成了独特的先进典型"群星现象"，构建了长江工院人的精神谱系，"思源"道德大讲堂成为我校"水蕴匠心"文化育人工作品牌，也成了我校重要的特色育人阵地。

关键词： 高职院校；道德大讲堂；育人

一、背景情况

"思源"道德大讲堂取名"思源"，来源于成语"饮水思源"，寓意学校因水而生、依水而兴，也指要大力弘扬"艰苦奋斗、忠诚质朴、担当进取、甘于奉献"的办学精神，接火传薪、弦歌不辍，推进我校第三次创业发展，为建设省内有贡献、行业有地位、社会有声誉的有特色、高水平职业院校而奋斗。

一是贯彻习近平总书记关于公民道德建设的重要论述精神的举措。党的十八大以来，以习近平同志为核心的党中央高度重视社会主义精神文明建设，特别是思想道德建设，对加强立德树人、以文化人等工作做出了一系列指示，对选树、学习宣传道德模范提出了明确要求，推动社会主义思想道德建设在新时代展现新气象、取得新成就。开办"思源"道德大讲堂，就是要引导学生以礼

敬自豪的态度对待中华优秀传统文化，让中华文化基因更好地植根于师生思想意识和道德观念，厚植于师生思想道德根基。

二是落实《新时代公民道德建设实施纲要》的举措。中共中央、国务院印发的《新时代公民道德建设实施纲要》强调，要大力培育和践行社会主义核心价值观，精心选树道德模范、身边好人等先进典型，发挥各类阵地道德教育作用，广泛宣传他们的先进事迹和突出贡献，树立鲜明的时代价值取向，彰显社会道德高度。开办"思源"道德大讲堂，是落实《新时代公民道德建设实施纲要》的重要举措，就是要以"身边人讲身边事、身边人讲自己事、身边事育身边人"，推动先进典型接续涌现，营造有利于学生修德立身的良好氛围。

三是推进"三全育人"改革的举措。中共中央、国务院《关于加强和改进新形势下高校思想政治工作的意见》提出，要"坚持全员全过程全方位育人"。2018年，教育部启动"三全育人"综合改革试点工作。学校是公民道德建设的重要阵地，文明校园创建要聚焦立德树人，培养德智体美劳全面发展的社会主义建设者和接班人。2019年，我校印发《"三全育人"改革实施方案》，实施了"明灯引路"行动，开办"思源"道德大讲堂，就是要"实施典型示范，点亮'文明之灯'，让学生有高尚的道德情操"，打造"三全育人"的"长江工院范式"。

二、主要做法

"思源"道德大讲堂聚焦"谁来讲、怎么讲、讲什么"，建立了一套完整的机制，产生了良好的效果，形成了极具特色的"水蕴匠心"文化育人品牌。自开办以来，以不同主题举办了14期，80多位教书育人、干事创业、学习成才典型走进"思源"道德大讲堂，讲述自己的奋斗故事，发挥了"身边人讲身边事、身边人讲自己事、身边事育身边人"的作用，在师生典型的带动下，近年来我校接续涌现出近300名各级各类先进典型，形成了"树典型、学典型、育典型"的典型培育机制。

（一）谁来讲

能走进"思源"道德大讲堂是一种肯定、一种荣誉。每期宣讲人由党委宣传部和承办单位共同遴选确定，在严把意识形态观的同时，强调宣讲人的代表性、先进性、示范性。

教师典型讲。近年来，我校共有40余位优秀教师走进"思源"道德大讲堂，包括马克思主义学院思政课教师团队，经济管理学院"初创"团队，"荆楚好老师"伍艳丽、肖青、熊俐、陈志兰，湖北省优秀党务工作者孙锂婷，湖北省高校优秀共产党员侯林峰等，他们讲述的潜心教书、静心育人、干事创业的感人故事，在师生中产生了强烈反响。

优秀学生讲。积极宣传学生中的好人好事，40余名思想道德、学习实践、创新创业、参军入伍等方面的优秀学生走进"思源"道德大讲堂，包括全国优秀志愿者、"中国大学生自强之星"提名奖获得者魏文通；用实际行动诠释孝道真情、获评"湖北省孝德青年"的阮一明；被同学们称为"学习达人"、国家奖学金获得者欧阳雯莉；大学光荣入党、在中国国际"互联网+"创新创业大赛上斩获大奖的江涵雯；"不爱红装爱戎装"、升入一本院校深造的朱蓉蓉等，分享了他们学习成才的奋斗故事，他们也成为学生中的"闪亮明星"。

知名校友讲。我校因水而生、为长江服务，有60多年悠久办学历史，培养的校友遍布长江上下、大江南北。第5期主题是"新时代水利行业精神"，邀请了校友陈建湘、汪卫东、张涛走进"思源"道德大讲堂。陈建湘扎根水文基层一线工作30多年，讲述了习近平总书记考察长江城陵矶水文站时，给习近平总书记当"讲解员"的经历。汪卫东、张涛是全国水利行业首席技师，分享了自己"干一行爱一行、专一行精一行"，扎根基层、奉献水利的奋斗故事，引导学生践行新时代水利精神、劳模精神、工匠精神，产生了良好效果。

（二）讲什么

讲教书育人故事。近年来，党中央高度重视高校思政课建设，强调要发挥思政课的主渠道作用。在第1期，我校马克思主义学院思政课教师团队分享了他们推进思政课改革创新、打造思政"金课"的故事。"荆楚好老师"伍艳丽、肖青的分享感人至深。伍艳丽像妈妈一样关心关爱学生，出资出力帮助困难学生，学生手写"好老师"荣誉证书对她表示感激；肖青老师通宵达旦指导学生备战职业技能大赛，一步一个脚印将学生送上国赛领奖台。还有王丹萍老师传承孝道，无怨无悔，悉心照料公婆；余勇老师带父上阵参加康复驿站，建设"突击站"；钱伶俐老师化身"网络主播"自制教具上网课等。这些教书育人的故事是我校教师爱岗敬业的真实写照。

讲干事创业故事。第6期的主题是"巾帼不让须眉"，机械与电气学院肖青、谭月涵、李曾三位女教师分享了她们发挥"半边天"作用，在专业改革、实践教学、学生管理岗位上默默耕耘、无私奉献的感人事迹，展现了女教师在我校第3次创业发展中的担当。在第11期，我校经济管理学院教师团队讲述了他们克服困难、迎接挑战，让经济管理学院从无到有、从小到大、从弱到强的奋斗历程。在第14期，全国高校党建样板支部——机械与电气学院教师第一党支部书记孙锂婷讲述了他们坚持党建和事业互融互促、以党建引领事业高质量发展的做法和经验。

讲学习成才故事。第7期的主题是"励志女孩",讲述了欧阳雯莉同学面对家庭的困难,坚忍不拔,保持乐观自信,刻苦学习取得优异成绩,积极参加志愿活动回报社会的成长故事。第9期的主题是"弘扬五四精神,展现青年风采",围绕"爱国、奋斗、担当、奉献、坚守"5个主题词,9位优秀学生登台讲述,展示了"长江工院青年奋进群像"。"毕业季"第10期的主题是"青春、梦想、奋斗",邀请学习标兵、就业明星、创业达人、入伍学子、志愿者进行了精彩分享,青春的激情、离别的不舍、深情的祝福、道德的力量让宣讲现场氛围热烈感人。

(三) 怎么讲

(1) 规范讲的程序,统一标志布景

每年我校党委宣传部制定《"思源"道德大讲堂活动安排》,明确承办单位、每期主题、举办时间等,设计了统一标志、背景板样式,对场地布置提出了统一的要求。简洁的logo、醒目的名称、明确的主题,让每期宣讲现场成了师生进行道德体验和反思的特殊空间。统一程序步骤,实现了流程化,体现了庄重感、仪式感,每期包括5个步骤:①全体师生向"德"鞠躬,向中华民族传统美德,向用生命砥砺文明之光的古圣先贤、英模好人鞠躬致敬;②主持人围绕宣讲主题,引导现场人员集体诵读名言警句。③围绕宣讲主题和名言警句,讲述一个中华优秀传统文化中的故事,揭示宣讲主题和名言警句的内涵,围绕社会主义核心价值观阐释宣讲主题和名言警句的时代价值。④宣讲人讲述。⑤嘉宾或专家点评,结合宣讲人的讲述,围绕宣讲主题提升升华,引导听众深化认识、学习践行。

(2) 选好讲的主题,围绕重要节日选主题

充分挖掘传统节日、现代节日的内涵,围绕传统节日、现代节日选主题。如第8期是在"五一"劳动节前举办,主题是"爱岗敬业、师品育人",邀请了陈志兰师生团队、周伟师生团队分享师生团结协作,冒着高温酷暑备战职业技能大赛,最终取得优异成绩的事迹,弘扬爱岗敬业、精益求精的精神。第14期是在"七一"建党节前举办,主题是"一个党员一面旗,我为党旗添光彩",邀请了优秀党员代表分享他们发挥带头作用、服务师生、助力学校发展和成长成才的故事。第9期在"五四"青年节期间举办,邀请了青年骨干、学生干部分享他们投身社会实践和志愿活动的成长历程,描绘了"长江工院好青年"群像。根据重大节点定主题。我校共有500多名师生投身军运会志愿服务,武汉

军运会结束后,举办了主题为"最美'小水杉'"的第13期"思源"道德大讲堂,师生志愿者分享了他们的"军运故事",推出了梅云金、梅云健兄妹志愿者典型,一间宿舍6名"小水杉"服务军运会的故事在校内外传为佳话。

(3)提高讲的质量,发挥"三方"合力

我校"思源"道德大讲堂由主办、承办、指导三方参与,充分发挥了工作合力。党委宣传部负责指导宣讲活动策划和开展,新闻稿件传播推送,视频、图片采集,管理档案资料。承办单位负责布置宣讲场地,落实有关设备,遴选宣讲人员,发布宣讲预告,安排宣讲听众,撰写新闻稿件。马克思主义学院负责指导,每期由一名思政课教师担任指导教师,指导承办单位挖掘宣讲主题内涵,围绕主题确定宣讲思路,指导宣讲人准备宣讲内容,对宣讲内容进行把关。指导教师承担的指导工作计入年终社会服务工作量。细化工作要求。我校将每期"思源"道德大讲堂作为学校重大活动,纳入每周重点工作,党委书记等校领导出席并点评。每期承办单位都组建工作团队,开展多次集体研讨。对主持人、宣讲人提出了标准,要求主持人具有调动现场气氛、把控现场节奏的能力,宣讲人需要在道德层面有典型事迹和一定影响力,承办单位要落实意识形态工作责任。在遵守规定的统一程序和要求的前提下,鼓励承办单位积极创新,形成自己的活动特色,打造自己的亮点。活动结束后,2天内发布新闻稿,按照"一讲一档"的要求,3天内将视频、照片、宣讲资料归档。

三、成效与启示

(一)打造了"水蕴匠心"文化育人品牌

中共中央、国务院《新时代公民道德建设实施纲要》指出:"结合基础教育、职业教育、高等教育的不同特点,把社会主义核心价值观和道德规范有效传授给学生。""思源"道德大讲堂坚持"身边人讲身边事、身边人讲自己事、身边事育身边人",围绕重大节日、重要节点选取具有时代感的主题,深入挖掘"身边人"的"身边事",讲述平凡人的平凡事,没有"遥不可及"的宏大叙事,而是身边的老师、周围的同学、同校的校友,讲述他们亲身经历的故事,不是"高不可攀"的单向灌输,而是围坐一圈的娓娓道来,社会主义核心价值观润物细无声地浸润学生的心田。"思源"道德大讲堂成了我校"水蕴匠心"文化育人工作品牌,也成了我校重要的特色育人阵地,《中国教育报》以长江工程职业技术学院:"四聚"助力"三全育人"落地生根为题,对我校举办"思源"道德大讲堂、开展文化育人实践进行了报道。

（二）构建了长江工院人的精神谱系

连续举办 14 期"思源"道德大讲堂，深入挖掘、广泛宣传我校教师的先进事迹、学生的奋斗故事，推出了一批"校园明星"，他们成为广大师生的榜样、标杆，在全校各方面发挥了示范、辐射作用，极大地激发了教职工在学校第三次创业发展中担当作为，形成了教师比师德、比奉献、比业绩，学生比学习、比技能、比风尚的浓厚氛围，凝练了"团结、文明、诚信、清廉"的校风，"我命由我不由天的豪迈、狭路相逢勇者胜的无畏、踏平坎坷成大道的坚定、咬定青山不放松的执着、为伊消得人憔悴的境界、功成有我不在我的担当"的作风，"传道授业、日精日进"的教风，"尚能精技、匠人匠心"的学风，"修德、勤学、笃行、创新"的校训，构建了以学校办学精神和在第 14 届全国水利职业院校"长江杯"技能大赛中形成的大赛精神为核心的长江工院人精神谱系。

（三）形成了独特的先进典型"群星现象"

依托"思源"道德大讲堂，大力挖掘、宣传师生的先进事迹，使他们的先进事迹传播开来、宣传出去，也使一批师生先进典型"树了起来""走了出去"，他们的事迹得到了学习强国平台、湖北日报、极目新闻·楚天都市报、湖北电视台等媒体的关注，先后涌现出各级各类先进典型近 300 人，包括湖北省优秀党务工作者孙锂婷，湖北省高校优秀共产党员侯林峰，全国优秀志愿者魏文通，"全国大学生自强之星"李昌政、刘洋，"湖北省孝德青年"阮一明，湖北省"最美新生"朱蓉蓉等。特别是从 2017 年至今，湖北"荆楚好老师"评选活动连续举办了 5 届，我校是湖北省唯一在 2018—2021 年连续 4 年榜上有名的高职院校，教师典型接续涌现，形成了独特的先进典型"群星现象"。

技工院校学生良好习惯养成研究
——黑龙江省水利学校德育教育的探索与思考

袁立东，崔淑灵，姜连超

（黑龙江省水利学校）

摘要：养成教育就是培养学生良好行为习惯，树立良好道德品行。由于技校生源质量普遍不高，大多来自未能升学深造的初中生、高中生，学生道德素养、文化基础参差不齐，给学生管理和教育教学带来了很大难度。就业后存在的诸多德、能不足问题，导致岗位不胜任、就业不稳定、收入低等一系列连环效应。该成果通过开展传统文化教育，引导学生知孝亲、懂尊师、互助友学、立志报国；通过心理健康教育，引导学生悦纳自己、悦纳他人，培养合作沟通能力和阳光活泼性格，营造和谐共处社会关系；通过"青爱小屋"推进青少年的性健康教育，艾滋病防治教育；通过公益慈善教育培养学生拥有爱心和奉献精神。

关键词：良好习惯；养成教育；行为习惯；感恩教育

一、课题立项背景

教育家叶圣陶说："教育的本质就是培养习惯。"拉开孩子差距的，往往不是智商，而是从小养成的各种习惯。那么什么是好习惯呢？——爱阅读、爱运动、爱总结、爱做家务，守规矩、守时间、守信用、守感恩、守孝道。养成教育就是培养学生良好行为习惯，树立良好道德品行，并受益终身的教育。由于技校生源质量普遍不高，大多来自未能升学深造的初中生、高中生，很大一部分学生道德素养、文化基础参差不齐，给学生管理和教育教学、技能培训带来了很大难度。习近平总书记在纪念五四运动100周年大会上上讲，"青年要把正确的道德认知、自觉的道德养成、积极的道德实践紧密结合起来，不断修身立德，打牢道德根基，在人生道路上走得更正、走得更远"。我们的日常活动中有90%都是出于习惯，也就是说，如果我们能看到并改掉坏习惯，看到并坚持好习惯，我们在生活方式上至少可以得 90 分。

二、主要做法

（一）开发数字化德育校本教材《文明健康与安全》

以习近平新时代中国特色社会主义思想和党的十九大精神为指导，按照中等职业学校学生的年龄、心理、生理等特点，从实际出发，将教学内容分为传统文化、礼仪道德、心理健康、青爱教育、安全常识五大部分。从传统文化的孝亲、尊师、友学、乐业、道德、礼仪、心理健康、青少年艾滋病防范、毒品危害、消防、出行安全、生态环境等多个层面切入各自的主题，全方位、多角度进行讲述。

（二）大力弘扬、推广青爱教育

通过开展艾滋病防治教育、性健康教育、心理健康教育、传统文化及公益慈善教育，实现对青少年道德教育、思想教育以及人生观、世界观的教育。以品德教育为核心，以人格健全为目标，实现对青少年身心健康成长的关爱，有效促进了学生道德习惯的养成。

1. 传统文化教育：孝亲、尊师、友学、立志

青少年的道德素养直接关乎家庭幸福和祖国未来，没有道德素质，怎么会爱家、爱党、爱国、爱人民，怎么能担负起建设中国特色社会主义的重任？

（1）孝亲："三养一心"孝敬父母

孟子曰："饱食暖衣逸居无教则近禽兽。"人区别于动物在于求德，人不求德如同禽兽。羊羔有跪母之意，乌鸦有反哺之恩，何况人乎？通过对比一系列孝亲榜样与忤逆不孝的情感教育视频，情境感染，传递感恩心声，通过"三养一心"教育——养父母之身、养父母之心、养父母之志、对父母关爱责任心，阐明为什么要孝敬父母，如何孝敬父母。

（2）尊师：师者传承文明，"知行合一、德技双馨、工匠精神、出彩人生"

唐代韩愈在《师说》中说："师者，所以传道受业解惑也。"教师是人类文明的传播者，肩负着教书育人的神圣职责；教师是"人类灵魂的工程师"，尊敬老师是中华民族优秀传统美德。师者传承文明，百年大计，教育为本；教育大计，教师为本；教师大计，师德为本。教师把毕生的精力都倾注到教育事业上，但他们从不向学生要求回报。正像诗人所赞美的那样："春蚕到死丝方尽，蜡炬成灰泪始干。"老师燃烧了自己，照亮了我们。教师是世界上最爱我们的人之一，教师是最可爱的人。教师的恩德，做学生的要一生铭记。

（3）友学：同师为朋、同道为友

有这样一段诠释友情的感人视频：三个人扛一根长木头过深坑，第一个人被后两个人撑着，跨过深坑之后，与第三个人坚实地踩着路面，把中间的人撑过了深坑，第一个和第二个人过了深坑后，把第三个人撑过了深坑。这深坑就是人生际遇中不可预知的困难，每个人的一生中都需要有这样的朋友，他有困难时，你撑着他，你有困难时，他撑着你，拥有这样的友情，人生才够精彩。友情如何培养？来自真诚相待，来自乐于助人，来自理解包容，来自生活中点点滴滴的互相关爱、互相帮助。风雨人生路，相依相扶，并肩同行。友情温暖孤独，友情让你不再畏惧艰难险阻。通过友学教育，日常生活中，学生间相互照顾，技能实习时，团结互助，共同完成工作任务，极大程度上减少了不学、不做、不练的现象，教学质量有了大幅度提升。

（4）立志：大国工匠

成书于战国初期的《周礼·考工记》曰："知者创物，巧者述之守之，世谓之工。百工之事，皆圣人之作也。"这可以说是中国传统文化对工匠内涵的最早阐述。通过大国工匠事迹专题视频，展示他们以高超的技艺、精湛的技术、敬业的品德和灵巧的双手，践行"工匠精神"，唤醒学生的奋斗目标，引领学生的成长方向。

（5）开展多种健康讲座，宣传校园文明，加强对学生的文明教育

学生有诸多不文明行为，比如，不守公共秩序、吸烟、喧哗、上厕所不冲水、穿戴不整洁、不讲究个人卫生、课上吃零食等。可以通过八德教育加大卫生健康宣传说教，增强学生的文明行为意识。让学生确立自尊和尊重他人的理念，确立责任感。尊重自己，就不会衣衫不整地出入公共场所；尊重他人，就不会随地吐痰、乱扔垃圾或污言秽语。有了责任感，就不会把个人不道德、不文明的举止视为小节问题。

（6）通过丰富的课下文化社团，陶冶情操，提高修养

在社团组织各种活动，陶冶情操，提高修养，改变学生的错误行为习惯，通过展现自我，建立自信和实现情绪沟通与释放。学生通过多参加各种文体活动，与其他学生多交流多沟通，学会表达自己，发觉自己身上的优点，彰显个性，提高学生的自信心，克服自卑胆怯的心理，让封闭自己的学生在活动中得到锻炼。

（7）在全校推行7S管理，"零距离"对接企业模式

从课上教学到车间实习，根据专业特点规范管理，强化7个方面的素质培养，培养学生会整理、会整顿、勤清扫、爱清洁、有素养、懂安全、节约资源。

按校规行事，按企业标准生产实习，按大国工匠走过的成长历程践行自我人生价值，按社会用人标准修正德行，按专业就业能力标准提升技能水平，良好习惯培养良好德行，良好德行促进技能成长，以高超的技艺、精湛的技术、敬业的品德和灵巧的双手，践行"工匠精神"，成就德技双馨的技能型人才。

2. 心理健康教育

通过"青爱小屋"开展心理健康教育是建设和谐校园与和谐社会的需要。一个人即使没有心理疾病，处于一般心理健康水平的人，如果不向更高水平发展，其生活是不可能充满幸福和丰富多彩的，即使满足了自己的一切需要和动机，仍然会感到不幸福和不满足。通过心理健康教育：①认识自我接纳自我；②面对未来树立自信；③调节情绪激扬青春；④开展师生心连心座谈和多种社团活动，家校联动，动态呵护心理健康成长。

3. "青爱小屋"推进青少年性健康教育和艾滋病防治教育

"青爱小屋"的建立为学校推进青春期教育、心理健康教育工作提供了新平台。"目前青少年普遍出现性早熟现象，艾滋病也呈现出低龄化趋势，性健康教育从娃娃抓起已经刻不容缓。"我们开设有家长课堂，对家长进行不定期培训，并将方式、方法在家委会的QQ群和微信群里传播，让家长一起帮助学生健康度过青春期。

4. 公益慈善教育

公益慈善教育培养慈善，属于道德范畴，是善德与善行的统一。培养慈善理念有助于推动慈善事业的发展，从而有利于调节利益冲突，缓解社会矛盾，维护社会稳定。

三、创新点

1. 开发数字化德育校本教材《文明健康与安全》

全书与众不同的创新点是采用数字化教学方法，引入贴近生活的案例、发人深省的故事，配以精简、感人的视频，阐述其中蕴含的教育思想，大到家国情怀，小到同窗友情、三餐衣食、文明礼貌，通俗易懂。视频故事吸引力强，突破学生学习缺乏兴趣、主动性差、自觉性低的难点，育人于事、于情、于景，克服了理论说教的乏味感，培养学生的学习兴趣，让学生觉得学习不再是一种负担，让学生从被动学习变为主动学习，使学生克服了厌学情绪，颇受学生喜爱和关注，看则懂，听则明，学则受教，受教则改变，改变则成长，数字化德育教材的开发，对矫正学生不良习惯起到了事半功倍的突出成效。

2. "知行合一、德技双馨、工匠精神、出彩人生"

按校规行事，按企业 7S 标准生产实习，按大国工匠走过的成长历程践行自我人生价值，按照社会用人标准修正德行，按专业就业能力标准提升技能水平，良好习惯培养良好德行，良好德行促进技能成长，成就德技双馨的技能型人才成长。

四、工作成效

1. 通过主题班会，全校教工全员参与，德才并重

"德""才"不同的组合，会有不同类型的人。"有德有才"是全人，"有德无才"是庸人，"无德有才"是小人，"无德无才"是废人。所以，宁可用有德无才之人，也不用无德有才之人。社会永不停顿的用人原则：有德有才，破格使用；有德无才，培养使用；无德有才，限制使用；无德无才，坚决不用。全职班主任的工作职责是了解学生个性志趣、爱好、性格、思想品德、健康状况、家庭情况，加强爱国主义教育，了解思想动态，耐心细致地做好思想工作，帮助学生树立正确的人生观、价值观，树立正确的学习态度，开展丰富多彩的教育活动，做好日常管理，处理好突发事件。工作看似琐碎，实则是全校教育工作的重中之重，要求教师既是心理健康辅导专家，又是成长路上的引路人。

2. 通过孝亲、尊师、友学、感恩教育，转变了学生的行为习惯，促进了学生的全面发展

通过尊师教育，学生遇到老师主动问好，课上认真听讲，实习中认真练习；通过友学教育，日常生活中学生间相互照顾，技能实习时团结互助，共同完成工作任务；通过感恩教育，感恩父母的养育，尊重长辈，关心父母身体健康，主动为家庭做力所能及的事；通过节约教育，节省粮食，不买、少买零食，衣食用度考虑父母的辛劳。

3. 开展多种健康讲座，宣传校园文明，规范了学生的不文明行为

学校要多多开展健康讲座，宣传校园文明，使学生树立正确的文明观念，自觉与不文明现象做斗争。

4. 通过丰富的课下文化社团，陶冶情操，提高修养

文明是一种养成。对尚未成年的技工院校学生来说，拥有良好文明素养靠的是学校、家庭和社会春风化雨般的引导和教育。学校教育的真谛是不仅要教给学生知识，更要教会学生做人，尤其是在技工院校里，德育教育远大于技能教育。

5. 建设一个良好的育人环境

良好的校园环境，能够给学生更愉悦舒适的感受。一方面学校应加大投资，逐步完善现代化教学设施；另一方面通过空中大讲堂，家校联手，共同塑造文明、健康的行为习惯和清新淡雅的校园风尚。

五、推广价值

虽然技工院校学生的文明行为有许多不足的地方，但是绝大多数学生都希望做一个文明的学生。通过全校师生共同努力，把告别陋习作为自己义不容辞的责任，对自己、对他人、对整个社会负责，自觉革除陋习。勇于指出不文明行为，逐渐养成讲文明、讲卫生的良好习惯新风尚，营造文明健康的环境。从我做起，从小事做起，持之以恒，养成良好的行为习惯，让陋习从我们的生活中逐步消失。

六、经验与启示

成功的教育是用最低的投入，获得人才最大化的成长，使人的能力最大化成长，也就是我们所说的德才兼备。凡是成长得好的人，都是从小养成诸多良好习惯的必然结果。国之大计在教育，教育大计在教师，家庭是人生的第一所学校，父母是孩子的第一任启智教师，家庭教育质量起的作用是学校教育无法取代和弥补的，错过了对孩子成长黄金时期的科学培养，忽视健康心理引导，当孩子长时间积累的不良行为习惯暴露出来时，会导致许多天资聪颖的孩子成长质量并不高，我们才意识到教育的重要性，这不再是家庭成员成长质量的损失，而是国家层面人才资源的损失。

"大思政"下中职劳动育人实践研究
——以湖南省水利水电建设工程学校为例

卜海英，贺辉，丁丹丹，刘定琪，黄启发，黄启超

(湖南省水利水电建设工程学校)

摘要：为深入贯彻新时代对中职学校德育工作要求，落实"大思政"教育工作下劳动教育的育人功能，创建富有特色的劳动育人模式，以坚持推行劳动育人近50年历史的中等职业学校为例，调研其人才培养中开展劳动育人的系列举措与方案，提出以1个星期劳动教育实践周为根本，充分发挥学校、家庭、企业和社会的协同育人合力，全过程、全方位培育劳动观念，端正劳动态度，养成劳动习惯，增强劳动情感，构建多方位的"1+X"型劳动育人模式，为社会主义建设培养德智体美劳全面发展的技能人才。

关键词：大思政；中职学校；劳动育人；劳育实践；教育教学

一、"大思政"下开展劳动育人的必要性

《大中小学劳动教育指导纲要（试行）》指出，劳动教育必须始终将马克思主义劳动观贯彻于教育教学全过程。马克思主义劳动观是思想政治理论课的重要组成部分，树立马克思主义劳动观是劳动教育的目标和主要内容，劳动教育具有鲜明的思想性。"大思政"工作格局下强调通过"全员、全过程、全方位"方式培育中职学生理想信念、价值观，培养德技兼备的高素质、高技能人才。劳动教育是中职学校实施"大思政"教育路线的主渠道和重要内容。针对劳动育人淡化弱化现象，如何突破体制机制难点，促进学校、家庭、企业、社会协同育人，创设符合"大思政"格局下的劳动育人模式，是中职学校亟须解决的问题。

二、"大思政"下开展劳动育人的可行性

湖南省水利水电建设工程学校创建于1973年，是由中央在湘企业——中国

水利水电第八工程局有限公司创办、湖南省人社厅批复设立的一所国有公办、国家级重点职业学校，2021年成功申筹湖南工程技师学院，获评"国家技能人才培育突出贡献单位"，是湖南省唯一获此奖项的中职学校。学校坚持以服务为宗旨，以就业为导向，与30余家大、中型企业建立了长期的合作关系，具有配套齐全的校内实习实训设施和稳定的校外定点实习实训基地，成立有罗建湘电工技能大师工作室、周伟生创新工作室、赵远航劳模工匠人才创新工作室等，为劳动育人奠定了基础，将职业道德、职业精神、工匠精神教育贯穿学生实习实训全过程，为推动全员、全过程、全方位"劳动育人"与"产教融合"互联互通互促，以及为中职学校培养高素质劳动者和技术技能人才提供了有利条件。

三、"大思政"下"1+X"型劳动育人模式的基本内容

学校通过构建"1+X"型劳动育人模式，实施新时代对中职学校德育工作的要求。"1"即学校建立每班级在每年度内开展1个星期劳动教育体系学习，即实践活动与16课时的理论学习。"X"是多课程、多活动融合劳动教育，包含课程设置、实习实训、一班一党员制、技能文化节、社团艺术节、校园劳动实践日、宿舍内务评比和家务劳动、社会实践活动、公益活动、青年志愿者服务、产教融合下的顶岗实习等，实现一课一育、一活动一育，将劳动教育全方位渗透到教育教学及育人全过程，全面构建新时代劳动教育体系。

四、"大思政"下"1+X"型劳动育人模式的组织保障

（一）配备专业的劳动教育教师团队

为较好地完成每个班级1周的劳动教育体系理论学习和实践活动，教务处与学生处两个部门共同组织和管理，全校各个部门共同参与，具体由各班班主任、劳动教育实践辅导员、劳动教育理论授课教师、各部门实践岗位的责任教师组成。班主任配合辅导员统筹安排学生到各个岗位开展劳动教育学习和实践，全过程跟踪学生思想状态和行为表现；理论教师根据班级的实际情况合理安排理论课程与主题活动；实践课程融入学校的管理岗位，各部门有兼职指导学生开展劳育实践的教师，负责对学生的劳育实践进行指导与考核；各司其职完成1周的劳动教育实践和教学任务，践行"全员育人"与"劳动育人"两者同向同行的教育理念。

（二）建立课程的管理办法与评价机制

学校针对1周的劳动教育课程制定管理办法和评价机制，纳入人才培养方

案和教学计划，教务处统筹各班级开展实施。劳动教育体系评价按实践评定成绩和理论考试成绩各占60%、40%综合折算。其中，实践成绩由实践岗位的责任老师评定，理论考试成绩采取线上形式作答，由班主任负责。劳动教育综合成绩纳入学生本学期期末考试总成绩，不及格的学生取消本年度评优评先资格，并按实践、理论要求完成补考。

五、"大思政"下"1+X"型劳动育人模式的实施路径

（一）"1+X"型劳动育人模式"1"的具体方法

1周的劳动教育体系分两个部分，一部分是实践活动，另一部分是理论学习。实践课程由辅导员负总责，班主任和各岗位责任指导老师协助完成。辅导员将班级成员分为若干个小组，每个小组负责1个区域，每小组配备1名由各部门指定的兼职责任老师做指导。周一至周四上午的第2—4小节，下午的第6小节，学生在教室参加劳动教育理论必修课程的学习，周五下午第6小节由班主任组织全班参加劳动教育理论考试。劳动教育理论教师可以根据班级情况和专业特点因材施教，学习高技能人才和大国工匠的事迹、精神，弘扬劳动精神、劳模精神和工匠精神，鼓励学生走技能成才、技能报国之路。

劳动教育理论必修课程安排

劳动教育理论课程：

"学习习近平总书记在全国劳模表彰大会上的讲话"；

"习近平新时代中国特色社会主义思想学生读本"；

"'五一'劳动节的由来，劳动节最光荣"；

"全国技能成才、技能报国先进事迹报告会"；

"深刻理解劳模精神、劳动精神、工匠精神的深刻内涵"；

"劳模大讲堂、大国工匠进校园"；

"学习企业劳模、学校优秀老师先进事迹"；

"学习优秀毕业生事迹"；

"职业生涯指导规划"；

"劳动法规专题讲解"；

"劳动安全专题讲解"；

"顶岗实习岗前培训"；

"垃圾分类"；

"中华优秀传统文化之传统美德与文明礼仪"；

"心理健康与人际交往";

"团队合作"。

（二）"1+X"劳动育人模式下"X"的实施过程与路径

"X"是为更好地完成劳动教育的多项补充，是指课程与活动融合的劳动教育，即以课程设置、实习实训、一班一党员制、技能文化节、社团艺术节、校园劳动实践日、宿舍内务评比和家务劳动、社会实践活动、公益活动、青年志愿者服务、产教融合下的顶岗实习等为载体，将劳动教育融入教育教学全过程和全员育人体系。

课程设置：以学科融合为抓手，根据学生专业和年龄特点，将劳动精神融入德、智、体、美课程之中，编制"全学科融合劳动教育清单"，给予学生广泛的学习空间和充分的动手机会，通过"学科融合"实现"五育融合"，达成学生的全面发展目标。

课堂教学中的思政教育实习实训：实习实训是实施劳动教育的重要载体，学校开设多门理实一体化课程，由专门的理论和实习教师负责，将现场管理8S纳入实习实训课考核。实训中，学生根据真实的任务清单，完成操作，经历完整劳动过程，引导学生从现实生活中发现需求，综合运用所学知识、技术，解决实际问题。通过一个个零件、一道道工序、一次次试验，不断地渗透劳动教育的精神内涵，厚植工匠文化，培育学生不断探索、精益求精、追求卓越的工匠精神和劳动态度。

实习实训中工匠文化培养

一班一党员制：为发挥党建引领作用，落实党组织德育教育工作，党支部根据班级学生特点、班级专业性质、党员专业背景和特长等为每个班级配备一名党员，以"党课开讲啦"活动为载体，以主题活动为契机，党员每学期到辅导班讲2~3次党课传授党的基本知识、光荣历史、优良传统，教育广大学生坚定理想信念、努力学习、立足岗位、不断奋斗，练就过硬的专业技能，为全面建成社会主义现代化强国、实现中华民族伟大复兴的中国梦贡献力量。

"党课开讲啦"——党员进班讲党课技能文化节：技能文化节由教务处组织，技能比赛是学校选拔参加市级、省级、国家级技能竞赛的重要途径。教务处每年组织举办一次技能比赛，全体师生参与，通过理论知识切磋和实践技能展示，传播和弘扬劳动光荣、技能宝贵、创造伟大的理念，厚植工匠文化，不断加强和培养"专一行、精一行"的劳模精神、工匠精神。

第八届学生技能大赛比赛现场社团艺术节：学校社团由学生处总负责，在每学期初进行社团招新、换届，学生根据自己的特长、爱好选择适合自己发展的平台。各社团根据活动任务清单发挥各自优势，积极参与各类活动并集中展示，利用社团培养学生干一行、爱一行、专一行、精一行的敬业奉献精神，坚信"三百六十行，行行出状元"。

学生社团招新与风采展示劳动实践日：每周三下午4：30—5：30是学校安排各班大扫除的时间，由学校后勤处总负责，班主任和班级党员辅导员督促完成。各班根据划分责任区域和卫生要求，完成劳动任务，学生会劳动部负责检查、评比。通过每周劳动日，切实把身边的劳动机会还给学生，让学生在出力流汗的劳动中懂得爱护环境卫生、珍惜劳动成果，提高社会公德意识。

劳动实践日学生开展卫生大扫除活动、内务评比和家务劳动：学生宿舍内务和家务劳动由学生处负责，让学生承担一定的宿舍、家庭日常清洁、烹饪，宿舍、家居美化等是实现劳动教育日常化，凸显学校、家庭教育的基础作用，实现家校协同劳动育人的最佳途径。让学生立足个人生活事务处理，培养良好生活习惯和卫生习惯，强化自立自强意识，增强家庭责任意识。

学生处开展宿舍内务整理评比活动公益劳动活动：公益活动由学生会劳动部负责，参加公益劳动的学生课后到学校办公楼各个科室和实训场馆，根据各部门责任老师安排，打扫卫生、整理档案、实习实训器械、实验材料和仓库物资等。营造"时时育人、事事育人"的良好氛围，强化劳能树德、劳能增智、劳能强体、劳能美育的意识。

学生协助整理实训器材、仪容仪表青年志愿者服务：学校每周举行有特色的青年志愿者服务，是所在社区授牌的青年志愿者服务基地，具备多渠道开展劳动教育的基础。学生根据所学专业和掌握的技能、特长，参加学校建设和社区建设，学校与社区同向同行，协同育人。如水电维修服务队，敬老服务队、安全员服务队等，通过志愿服务引导学生运用专业技能为社会、他人提供公益服务，培育社会公德，厚植爱国爱民情怀。

企业顶岗实习活动：下企业实习是校企协同劳动育人的重要途径。每个实习点有1名企业导师和1名学校派驻的实习教师负责。学生在企业真实体验现代学徒制下的职业感，学校派驻的实习教师每天会到学生住宿点询问一天的工作情况，实时追踪学生思想和工作动态。及时关心、诊断和解决学生在工作中遇到的问题，并跟企业对接、反馈，确保学生能尽早适应岗位对个人工作态度、技能和能力的要求，培养学生吃苦耐劳、团结合作、严谨细致的工作态度和"干一行，爱一行"的敬业精神。

六、"大思政"下劳动育人模式的成效与启示

办学以来，学校始终坚持劳动育人，劳动育人是学校开展德育工作的重要实施途径。学校秉承"厚德强技、自强不息"的校训，坚持培育执着专注、精益求精、一丝不苟、追求卓越的工匠精神、劳模精神，培养了大批优秀毕业生，为促进学生就业和满足企业技能人才需求提供了强有力的保障。

（一）形成完善的劳动教育体系

通过不断探索实践，形成了一套完善的劳动育人模式，以劳动教育实践周为依托，通过多课程、多活动融合劳动教育，丰富了劳动教育的内容和形式，具体化劳动教育实施的过程与方法，具有可操作性。对弘扬劳动精神、劳模精神、工匠精神，营造劳动光荣的社会风尚和精益求精的敬业风气，起到了积极作用。

（二）发挥企业办学优势促进职业能力培养

通过劳动育人厚植工匠文化，深化校企合作，提升了人才培养质量，服务区域经济发展，为中国水电八局输送近10万人，分别被公司的各个项目录用，对口就业率达到98%。通过毕业生的回访，人员稳定率在90%以上，部分学生已经发展为企业成熟的技术人员和核心骨干力量。其中，毕业生简晓辉，获得了"盾构工匠"和"电建工匠"荣誉称号，同时获聘电建集团"首届特级技师"，为广大技能学子技能成才、技能报国树立了榜样。

（三）承担社会责任提升社会服务能力

学校通过劳动教育加强、提升学生的社会责任感。一方面，学校在做好学历教育的同时，积极开展企业内训与社会各类取证培训，学生毕业时可获得毕业证、各类技能证和上岗证。另一方面，开展了"教育扶贫""技能扶贫""送培上门"等系列工作，得到政府关注和赞扬，获得2019年度"湖南省就业扶贫基地"称号，仅2020年就招收了50余名贫困学生到我校就读，并为他们建岗立卡，确保他们享受系列资助补助。学校以育训并举为抓手，通过教育的高质量发展给产业增值，为学校、教师、学生赋能。